中国社工·能力为本系列丛书

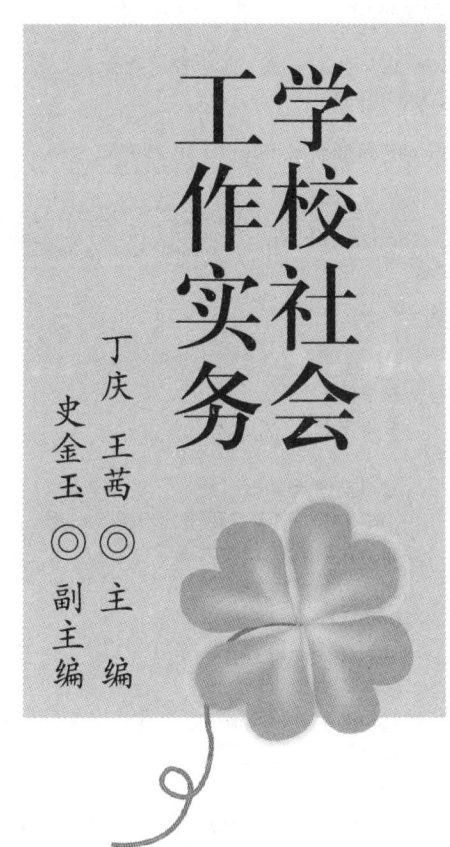

学校社会工作实务

丁庆 王茜 ◎ 主编
史金玉 ◎ 副主编

西南交通大学出版社
·成都·

图书在版编目（CIP）数据

学校社会工作实务 / 丁庆，王茜主编. —成都：
西南交通大学出版社，2018.2（2024.2 重印）
ISBN 978-7-5643-5992-8

Ⅰ. ①学… Ⅱ. ①丁… ②王… Ⅲ. ①学校－社会工作－研究　Ⅳ. ①G40-052

中国版本图书馆 CIP 数据核字（2017）第 320952 号

Xuexiao Shehui Gongzuo Shiwu
学校社会工作实务

主编　丁　庆　王　茜

责 任 编 辑	左凌涛
封 面 设 计	原谋书装
出 版 发 行	西南交通大学出版社 （四川省成都市二环路北一段 111 号 西南交通大学创新大厦 21 楼）
营销部电话	028-87600564　028-87600533
邮 政 编 码	610031
网　　　　址	http://www.xnjdcbs.com
印　　　　刷	郫县犀浦印刷厂
成 品 尺 寸	185 mm × 230 mm
印　　　　张	19.5
字　　　　数	315 千
版　　　　次	2018 年 2 月第 1 版
印　　　　次	2024 年 2 月第 3 次
书　　　　号	ISBN 978-7-5643-5992-8
定　　　　价	45.00 元

课件咨询电话：028-87600533
图书如有印装质量问题　本社负责退换
版权所有　盗版必究　举报电话：028-87600562

前 言
PERFACE

学校社会工作是社会工作的重要实务领域之一，也是社会工作的一门分支学科。学校社会工作旨在助力学校形成教与学的良好环境，为学生成长、发展提供资源与支持。学校社会工作实务是践行这一目标的重要过程。然而，现有的学校社会工作实务领域的教材几乎都是为本科学生而编写，罕有针对高职高专学生的学校社会工作实务学习资料。鉴于此，编者结合自己丰富的教学经历及大量的实务经验，编写了这本实务性极强的学校社会工作教材，为高职高专层面的学生学校社会工作以及社会工作机构一线社工开展学校社会工作提供参考。

本教材的设计充分考虑了学生职业核心能力的培养，故而在体系结构上整体分为上篇和下篇两个部分：上篇是学校社会工作简介，介绍社会工作视角下的学校，阐述学校社会工作的涵义、价值观、功能、实务型态、实务方法及实务技巧，细分为三个项目；下篇是学校社会工作实务聚焦，在上篇内容学习的基础上，探讨针对学生学习困境、生活困境、人际关系困境、学生特殊行为及其他问题的社会工作介入，综合目前学校社会工作发展趋势，进而讨论了未来社区教育中的学校社会工作，细分为六个项目。在内容编排上，教材以项目化的形式推展，每个项目都包含了项目导学、学习目标、任务情境（导入案例）、任务要求、必备知识、实务操作和课堂练习七个部分，整体上偏重实务操作，以期向用书者呈现理论运用于实务的全貌与细节。

本教材是重庆城市管理职业学院社会工作专业进行重庆市社会工作专业骨干建设的建设成果之一，获得了重庆市社会工作专业骨干建设资金的大力支持。

教材能顺利完成，得益于整个编写团队的通力合作，在此表示感谢。编写团队分工如下：方媛（重庆城市管理职业学院）编写上篇项目一任务二，谢艳园（长沙民政职业技术学院）编写上篇项目二，王健男（西安翻译学院）编写上篇项目三；方婷婷（广东揭阳职业技术学院）编写下篇项目一，王丽萍（重庆仁怀青少年社会工作服务中心）编写下篇项目二，刘炯（重庆城市管理职业学院）编写下篇项目三，史金玉（重庆城市管理职业学院）编写下篇项目四，王茜（重庆城市管理职业学院）编写下篇项目五，兰小铃（广西壮族自治区拉浪林场）编写下篇项目六；其余为丁庆（重庆城市管理职业学院）编写。在编写过程中，重庆城市管理职业学院周良才教授、田奇恒教授对本教材的编写给予了很多支持和宝贵的建议，与此同时，编写过程中，我们也参考、借鉴了许多同类优秀学校社会工作实务书籍和案例，在此一并致以真诚的谢意。

由于学识有限，书中存在不妥之处在所难免，真诚地希望专家、学者、同行不吝赐教，也希望使用本教材的师生们给予批评指正。

编 者

2017 年 6 月 27 日

目录
CONTENTS

上 篇
学校社会工作简介

002　项目一　学校社会工作

002　任务一　学校社会工作的概念

020　任务二　社会工作视角下的学校

037　项目二　学校社会工作的实务方法

037　任务一　学校社会工作实务的通用步骤

051　任务二　基本方法（个案、小组、社区、个案管理）

062　任务三　游戏辅导在学校社会工作中的运用

071　项目三　学校社会工作的实务技巧

071　任务一　建立专业关系的技巧

083　任务二　评估服务成效的技巧

下 篇
学校社会工作实务聚焦

102　项目一　学生学习困境与社会工作介入

102　任务一　学生成绩低下与辅导策略

113	任务二	厌学逃学行为与介入策略
127	项目二	学生人际关系困境与社会工作介入
128	任务一	家庭关系不良与介入策略
138	任务二	同伴关系不良与介入策略
150	任务三	师生关系不良与介入策略
160	项目三	学生家庭生活困境与社会工作介入
161	任务一	经济困难学生与介入策略
170	任务二	家庭暴力与介入策略
191	任务三	留守家庭学生与介入策略
201	项目四	特殊行为群体学生与社会工作介入
201	任务一	校园暴力与介入策略
219	任务二	药物滥用与介入策略
231	任务三	网络成瘾与介入策略
245	项目五	其他问题的学校社会工作介入
245	任务一	新生学校适应问题与介入策略
254	任务二	自我评价问题与介入策略
263	任务三	青少年自杀未遂与干预
276	项目六	学校社会工作在未来社区教育中的运用
277	任务一	学校社会工作对社区教育的导向意义
288	任务二	学校社会工作嵌入社区教育的策略与方法

上 篇

学校社会工作简介

> 学校社会工作是专业工作者遵循社会工作的价值理念，运用社会工作的专业知识和方法，帮助全体学生，特别是处境困难的学生克服困难、解决问题，以此获得适当的心智与行为发展、恢复与发展正常的社会功能、适应现在及未来生活的专业性服务活动。学校社会工作是社会工作在教育领域内的一种重要方法。本篇要求学生了解学校社会工作的定义、包含要素，熟悉社会工作视角下的学校组织体系，理解学校社会工作的价值观、功能，并掌握学校社会工作的实务型态、实务方法及实务技巧。

项目一　学校社会工作

【项目导学】

学校社会工作是社会工作的一门分支学科,是社会工作在学校领域内的专业实践。近年来,校园事件的频发、学生问题的纷繁,引起社会对校园问题的关注,也为学校社会工作的发展与介入提供了契机。学校社会工作旨在助力学校形成教与学的良好环境,为学生成长、发展提供资源与支持。学校社会工作实务是践行学校社会工作目标的重要过程。学校社会工作实务操作离不开专业基础知识的支撑,因而,了解学校社会工作的基本概念,熟悉学校系统的运作,明晰学校社会工作者与学校相关人员的关系就显得至关重要。

【学习目标】

- 掌握学校社会工作的基本概念。
- 理解影响学校运转的内外在因素。
- 明确学校社会工作者与学校相关人员的关系,学会与学校相关人员有效沟通与合作。

任务一　学校社会工作的概念

【任务情境】

东莞学校社工:为学生成长提供"营养套餐"[①]

"如果没有你们,我不知道我的世界会变成怎样?"这是一个案主考上大学后写

[①] 张应义,陈笑霞. 学校社工:为学生成长提供"营养套餐"[J]. 中国社会工作,2015(5):42-43.

给社工小张的信。2009年，东莞正式启动社会工作，学校社会工作成为首批试点。对东莞教育界而言，这无疑是一剂良药，既给教育事业注入了新的元素和活力，也为成长中的青少年学生带来了丰富的成长"营养套餐"。社工小张便是这样一位"营养师"，像小张一样的"营养师"还有很多，散布在东莞各个社工机构中。

营养一：帮助"野百合"迎来春天

"游戏中这个环节，你们是怎么完成的，大家说说自己的看法？""我们大家一起想办法，通过团队的力量做到的"……2009年11月的一天，东莞横沥中心小学一楼的教室里不时传出阵阵笑声，这是学校里的"后进生"参加社工开展的小组服务时的情景。

参与这一类服务的学生，他们或"无心向学，不做作业"，或"不遵守班级纪律，同学关系不良"，因而被贴上"坏学生"的标签。在部分人眼里，行为偏差的学生"无可救药""叛逆""自暴自弃"，但在社会工作视角下，这一类群体被认为只是缺乏合适的空间和平台来发掘自身潜能。针对这一群体，学校社工在这方面做了积极探索和努力。

东莞隔坑机构开展的"1+1>2"重点青少年阳光成长辅导和"蓝天下我们一起成长"项目，通过学校、班级、班主任、同伴、个体等不同层面的介入，协助行为偏差的学生改变自我。在学校层面，社工通过改善学校对重点青少年的教育策略，打造学校正面的校园文化；在班级层面，社工则发挥班主任的支持以及正能量的积极作用，加强学生和班主任的联系；在同伴层面，社工给学生提供如何辨识和选择朋辈的向导，让身边的同伴给予更多正面支持；在家庭层面，社工通过加强学生个人的家庭角色及功能，强调为人子女应该有的基本责任和义务；在个体层面，社工则协助学生探索自我、认识自我，以正面、积极的视角去肯定自我，从而达到改变的效果。

营养二：有效补充"微量元素"

学生个体发展的需求，不仅仅是经由传统教学课程学习科学文化知识，还有身心的全面发展。现在部分学校课程主要以完成学业、升学为目的，强调应试教育的重要性，而忽略了对学生的素质教育。因此，学校社工结合学生的需求，通过开展丰富多彩、形式多样的活动，补充学生成长所需的"微量元素"，以达到学生的全面发展之效。

东莞正阳机构开展的"少年法眼活动课"，运用社会工作的专业方法，为学生提供青少年法治教育课，补充学校课程在法治教育中的缺失；东莞展能机构开展的"迈入青春的第一步"项目则通过分析民办学校在青春期健康教育工作中的被动性和民办学校学生对青春期健康教育的需求，以讲座和主题班会等形式，为不同年级的初中生提供青春期生理健康知识、人际交往知识以及自我保护知识等服务。这些项目的实施，不仅促进了学生对法律知识、生理护理知识的正确掌握，也促进了同学之间良好关系的建立。

营养三：给梦想插上"翅膀"

"希望和老家的爷爷奶奶吃团圆饭，因为我不知道他们长什么样。""我希望能够治好我的腰椎，这样长大以后我就不用去武警医院动手术。"……这是"儿童圆梦计划——关爱新莞人儿童发言权"分享会上的一幕，这些发言者有一个共同的身份：新莞人子女。这部分学生与本地学生在物质条件、文化背景、语言沟通等方面存在一定差异，所以他们在社会适应、人际交往、自我认知等方面也出现了一定程度的困难和障碍。

学校的学习压力和融入新环境的压力，让新莞人学生觉得自己很孤单，不受人关心和理解，而他们自己也不愿主动和人沟通，不愿与别人分享自己的感受。东莞隔坑机构开展的"儿童圆梦计划——关爱新莞人儿童发言权"项目通过愿望表达、画画、讲故事等形式，让他们畅所欲言，表达自己的愿望，抒发心中一直想表达的想法。不仅如此，社工还通过整合学校系统、家庭系统、个人朋辈系统等力量，协助新莞人学生获得接纳和支持，满足这一类学生群体被认同的需求。

营养四：打造校园文化"风景线"

"能帮助到别人，我感到很开心，我没有想到我也会有今天。"作为社工小助手，晓玲几乎每天都会来社工办公室帮忙。

一年前，自卑胆小的晓玲被同学欺负——不让洗澡和进宿舍。在老师转介下，社工先改善晓玲的自我形象，还帮晓玲找到她的特长，让乐于助人的她成为了社工小助手；对于班级同学，社工则开展"同学情深"的主题班会；在宿舍，社工通过交心会和角色扮演，让舍友体会到晓玲的处境；在校园里，社工引导晓玲主动参与到"社工之声"的播音中，呼吁同学之间要团结友爱，共建和谐校园，并让其参与志愿服务，从付出中肯定自己的价值。晓玲只是参与"和谐校园，朋辈互助"项目的无数学生中的一个缩影。该服务项目通过社工全方位地介入，由个人至班级，再到校园层面，社工通过辅导、支持及教育三个层面来建立和谐的校园文化。

校园文化作为一种汇聚环境教育的力量，对学生的人生观、价值观有着潜移默化的影响。健康、向上、丰富的校园文化对学生的品性形成和人文道德素养具有重要的推动作用。在校园文化建设项目中，学校社工以不同的方式来推动校园正面文化及正向价值观的建立。东莞大众机构的"社会工作介入校园广播"项目以广播作为平台，通过不同的互动和接触，将主题讯息带给每一位师生。东莞隔坑机构的"我爱我，共建校园正能量音乐剧"项目则运用了青少年喜爱的音乐和戏剧元素，传递出爱自己、健康生活的讯息。

5年的历程，东莞学校社会工作在探索的过程中不断发展出各种契合本土需求的服务，以上只是其发展状况的一个缩影。路漫漫其修远兮，东莞学校社工需要扎根土壤，破旧立新，为青少年学生输送更丰富的"营养套餐"。

阅读上述案例，请回答：什么是学校社会工作？学校社会工作者推展了哪些服务项目，促使服务对象发生了改变？试选取其中一个服务项目阐述学校社会工作的构成要素有哪些？

【任务要求】

- 理解学校社会工作及其构成要素的内涵。
- 分析具体事例中包含的学校社会工作要素。
- 评价学校社会工作构成要素对学校社会工作实务工作的意义。

【必备知识】

美国是学校社会工作产生最早、发展最为完善的国家,20世纪初美国中等学校"访问教师运动"的开展被视为是学校社会工作的开端,随之逐渐发展,形成学校社会工作这一专业。20世纪70年代学校社会工作作为一门专业在香港、澳门和台湾地区出现,学校社会工作服务的产生与当时社会的种种问题密切相连,其发展也经历了动荡与磨合过程。而在中国内地,因社会工作作为正式的专业起步较晚、发展较慢,因而专业化的学校社会工作还处于初步发展之中。2004年,"社会工作者"首次被写入中国职业标准目录,随着社会工作规范化和系统化的发展,学校社会工作日渐得到重视并缓慢发展起来。2006年10月,中共十六届六中全会发布《中共中央关于构建社会主义和谐社会若干重大问题的决定》提出:"造就一支结构合理、素质优良的社会工作人才队伍,是构建社会主义和谐社会的迫切需要。"自此,社会工作开始步入全面系统规划阶段。2007年,中共中央首次提出为每2 000名学生提供1名学校社工服务,确立了"一校一社工"的发展目标,由此,北京、上海、广州、深圳、武汉等城市开始了"建设学校社会工作人才队伍"的实验,并探索了不同的学校社会工作发展模式,从而推动学校社会工作职业化、专业化发展。从这个角度看,学校社会工作在中国内地的产生与发展历程,实质上是与社会工作的发展过程紧密联系在一起的。

由上述学校社会工作的发展历程看,我国获知学校社会工作的概念、开展学校领域中社会工作专业实践相对较晚,有关学校社会工作的著作也相当有限,因此,一般人对于学校社会工作的基本概念混淆不清,甚至存有误解。学校社会工作基础知识是开展学校社会工作实务的基础,因此,我们有必要先了解学校社会工作的概念及其基本的构成要素。

一、学校社会工作的定义

"学校社会工作"是一个外来语,是由英文"School Social Work"翻译而来。那么,何为学校社会工作?简要地说就是属于社会工作实务领域的一种专业服务。一般而言,社会工作服务领域包括医疗卫生领域、司法领域、企业领域、教育领域等,其中教育领域，特别是在学校领域中实施的专业社会工作服务，就是学校社会工作。如此，社会工作有时也称为"教育社会工作"（Education Social Work），泛指教育体系之内的社会工作实务（Social Work Practice in Education and School Setting）。①②在我国，一般都称为学校社会工作。不过，对于学校社会工作的理解，目前并没有一个统一的定义：不同的国家、地区基于他们本身的文化来讨论对学校教育的理解；不同的学者依据自身不同的学校社会工作实践，融入自己的学养和理解，对学校社会工作的定义也不同。以下介绍几个具有代表性的观点。

1. 美国社会工作学者的理解

美国学校社会工作学者罗斯（G. Rose）与马歇尔（Tony F. Marshall）认为："学校社会工作"一词的出现，其所涵盖的工作类似个人的咨商，但此类工作有赖于训练有素的社会工作者去完成，有时此类工作人员并无充分的社会工作训练，他们不一定是合格的教师。学校社会工作者已被视为专家之一，随同过去已经组合而且现在仍然组合在一起的查勤人员、护士、心理学家和职业咨商人员，共同提供咨询和协助服务，此种服务乃众所周知的学生人事服务。③

这个定义强调了学校社会工作需要具有一定社会工作专业训练的人员来承担，并且他们应该是与学校的其他学生人事服务人员一道工作。

2. 美国社会工作百科全书的理解

美国社会工作协会（NASW）出版的《社会工作百科全书》（Encyclopedia of Social Work）对于"学校社会工作"一词的解释是：学校社会工作是运用社会工作的理论和方法以实现学校的主要目的。学校的主要目的是为学生提供教与学的场所，使学生能为现在所居住的世界与未来可能面对的世界准备他们自己。④

这则定义是强调用社会工作的手法帮助学校实现学校的目的，而学校的目的是

---

① Torres. S. (1996) The status of school social workers in America, Social Work in Education,18:pp. 8-18.
② Huxtable. M. (1998) School Social Work:An International Profession, Social Work in Education, Washington: April, Vol.20, Iss.2．
③ Costin Lela B. An Analysis of the Tasks in School Social Work. Social Service Review, 1969, 43, 3 (9): 226．
④ 林胜义. 学校社会工作[M]. 台北：巨流图书公司，1998.

帮助学生准备自己,而这也正是社会工作的目的——对人的关怀。

3. 我国台湾地区学校社会工作学者的解释

我国台湾的社会学者对学校社会工作的定义对我们也颇有启发,《云五社会科学大词典·社会学分册》是这样描述学校社会工作的:"对有社会及情绪问题之学生的一种服务,因为这种问题足以妨碍学生与学校之间的调适。学校社会工作者的功能是协助有困难的个别儿童,使其能够适应学校环境,帮助学校当局对学生的背景有更多和更深入的了解,同时也对学生的家长解释学校的教学方法与宗旨,使学校与家长之间建立良好的关系。"①

在这里,特别强调了社会工作对处境不利的学生的首要关怀,强调学校社会工作是对有社会及情绪问题学生的服务,是协助有困难的个别儿童,并提出了其方法的连接资源功能,强调学校、学生、家庭之间的关系与连接。

4. 我国台湾地区出版的《社会工作词典》的解释

台湾地区出版的《社会工作词典》关于学校社会工作的定义是:学校社会工作是指学校中的社会工作,又称为学校社会服务,其服务的对象包括全体学生,少数在学习和适应上有困难的学生也包括在内,换言之,也要对智能不足、天资优异、肢体残缺、情绪障碍以及行为偏差等学生服务。学校社会工作的方法是社会个案工作与社会团体工作并重,并兼顾社区工作方法。社会工作在学校内也提供对教师的咨询服务,并希望促进学校行政之统整。

这则定义强调了学校社会工作的具体方法主要是个案工作、小组工作,并兼顾社区工作的方法,提出了除了服务于学生,学校社会工作也应该为学校的教师提供咨询服务,并促进学校行政工作的改进。

5. 国内其他社会工作学者的解释

学者范明林在其编著的《社会工作方法与实践》一书中则认为,学校社会工作是社工依据专业的理论和方法,在学校教师和管理人员的密切配合下,主要以学校为工作范围,以帮助学生解决问题和促进学生发展为工作重点,为学生、家长、教

---

① 王雪五. 云五社会科学大辞典·社会学分册[M]. 台北:台北商务印书馆,1976.

师及相应的学校环节提供服务的一种专业活动。①

这个定义强调了社会工作专业理论和方法的重要性，指出社会工作者工作重点对象是学生，同时也需要为家长、教师及学校提供必要服务。

6.《中国社会工作大百科全书》的解释

《中国社会工作大百科全书》将学校社会工作定义为："学校社会工作为政府、社会各方面力量或私人经由专业工作者运用社会工作的理论、方法与技术，对正规或非正规教育体系中全体学生，特别是处境困难学生提供的专业服务。其目的在于帮助学生或学校解决所遇到的某些问题，调整学校、家庭及社区之间的关系，发挥学生的潜能和学校、家庭及社区的教育功能，以实现教育目的乃至若干社会目标。"②

这则定义规定了社会工作服务资源的提供者是政府及社会各方面力量，服务的对象是学校的全体学生，特别是处于不利处境的学生，学校社会工作者是学生改善的媒介。

通过以上讨论，我们综合概括学校社会工作的定义：学校社会工作是专业工作者遵循社会工作的价值理念，运用社会工作的专业知识和方法，帮助全体学生，特别是处境困难的学生克服困难、解决问题，以此获得适当的心智与行为发展，恢复与发展正常的社会功能，适应现在及未来生活的专业性服务活动。

二、学校社会工作的要素

综合学校社会工作的诸多定义，学校社会工作概念主要涉及六个方面的要素，即服务对象、学校社会工作者、专业价值观、助人活动、专业方法、服务目标。

1. 服务对象

服务对象也称受助者、案主或工作对象，是学校社会工作者直接提供服务或帮助的对象，是社会工作过程中需要接受帮助的一方，是在正常生活中遇到困难希望得到帮助而解脱困难的人。服务对象或受助者的存在是学校社会工作得以发生的基本前提，没有服务对象或受助者，学校社会工作就失去了意义，也就失去了必要性。

---

① 范明林. 社会工作方法与实践[M]. 上海：上海大学出版社，2005.
② 史柏年. 社会工作实务（中级）[M]. 北京：中国社会出版社，2007.

具体而言，学校社会工作是以全体学生为服务对象，其中以处境困难的学生为首要关怀对象，当然，根据"人在环境中"的理论视角，学生的发展离不开社会环境，学校社会工作者也将学生生活环境中的"重要他人"，如学生家长、学校教师、学校管理人员、社区人士纳入工作范围，与他们进行沟通协调或为他们提供咨询服务。具体而言，学校社会工作的基本对象和工作范围包括以下方面：①

（1）有各种困难的学生。

学校社会工作服务对象的主体是在校学生，范围包括与学生成长有关的各类问题。从我国实际情况来看，学生在校期间面临的问题主要包括：第一，学习方面的困境；第二，人际交往方面的困境；第三，家庭生活方面的困境；第四，特殊行为或情绪困扰方面的问题；第五，身心成长、发展方面的问题。学校社会工作者的主要工作就是运用社会工作的理论与方法，分析这些困难学生的问题所在，找出原因，并帮助他们制订解决问题的方案，共同面对和解决问题。

（2）学校的教师与管理者。

学生的健康成长应该是教育者和学校社会工作者共同的目的和心愿。为实现这一目标，教师、管理者是学校社会工作者的重要资源、依靠者和支持者。同时，学校社会工作者的工作又能提供学生的信息和需求，协助校内教师、管理者的教育工作，学校社会工作者和校内老师、管理者一起，形成合力，共同为学生的健康成长服务。

（3）教育行政部门的管理者。

学校社会工作以教育者、被教育者之外的第三方身份对教育行政部门具有监督、协助、咨询的作用。它能够从受教育者的角度，同时又超越利害关系，公正地反映学生对教育行政部门的看法，促进教育行政管理部门在制定、执行教育方针及政策上做到科学、有效和公正。

（4）学生的家长。

学生在成长过程中遇到的许多问题都与家长及家庭有关，尤其在我国，家长及

---

① 文军. 学校社会工作案例评析[M]. 第1版. 上海：华东理工大学出版社，2010.

家庭在学生成长中具有十分重要的作用。因此，学生家长应是学校社会工作的重要对象。

（5）学生生活的社区环境。

学生生活的社区环境是学生学习生活的重要条件和基础，学校社会工作的开展不仅要主动认识和利用这一重要资源，还要积极推动社区建设和环境改造，为学生的成长提供优良的环境。在我国，由于学生生活的社区环境差异很大，在社会转型、人口流动频繁的条件下，加强学生生活的社区环境与学生的沟通、互动十分重要。

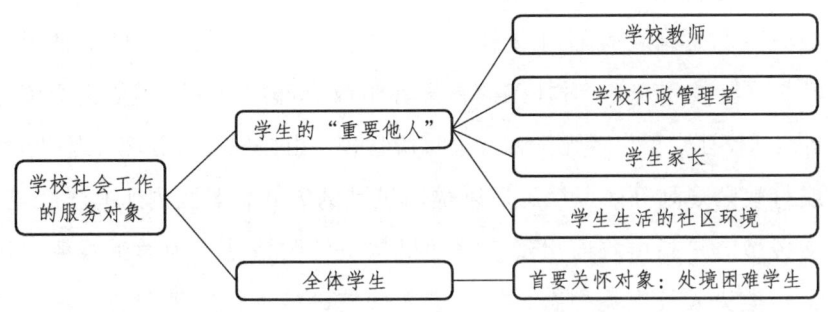

图1.1　学校社会工作的服务对象

2. 学校社会工作者

学校社会工作者是指遵循社会工作的价值准则，运用社会工作专业知识、方法、技巧，秉持人文关怀的职业态度以及以学生为本的职业操守，在学校领域从事职业性社会服务的人员。谈及学校社会工作者，我们需要关注以下方面的内容：

（1）学校社会工作者的实务型态。

所谓实务型态（pattern）是指学校社会工作服务的资金来源、提供者、实施场所等。在新加坡，是由机构为学校提供服务；在我国香港地区，学校社会工作由政府资助，由非政府机构聘请社工提供服务；在韩国，学校社会工作者直接受聘于学校，属于学校教职工正式编制中的一员。

以我国台湾地区为例，学校社会工作者的型态多种多样，黄韵茹将其归纳为外部支援型、内部派驻型、校外安置服务型三种（见表1.1）。

表1.1 台湾学校社会工作者的实务型态一览①

实务型态 特质比较	内部派驻型		外部支援型		校外安置服务型	
	驻校	驻区	入校支援	专案委托	安置机构	社区学院
经费来源	政府部门	政府部门	NGO	政府、NGO	政府部门	政府、NGO
服务提供者	政府部门	政府部门	NGO	NGO	政府部门	NGO
聘用形式	学校或教育局聘请	学校或教育局聘请	NGO聘请	NGO聘请	学校或教育局聘请	NGO聘请

内部派驻型态是指政府部门或学校以约聘或正式编制的方式聘请社工，并将社工派驻进学校（驻校型态），对社工的督导亦由政府部门负责。因受人力资源及经费预算的限制，学校社会工作者无法普及进每所学校，由此发展出驻区（巡回）型态，即根据学区或行政区规划分区，社工需以巡回进驻的方式，对区内所有学校进行支持。

外部支援型态是指由政府出资，民间机构负责聘请社工为学生服务。该型态可分为两类：一类为入校支援型态，社工进入学校，接手特定类型的个案；另一类为不进驻学校，直接接受学校转介，在机构进行个案辅导。

校外安置服务型态是指政府或民间机构出资创办的特色教育机构或社区学园，服务对象往往是已经脱离原有学校系统的高危人群，例如犯罪青少年、辍学青少年、智力障碍青少年等，通过学校转介过来，接受多元化教育课程及社工个案辅导，以期案主重新适应社会。

再看国内学校社会工作者的实务型态，由于相应学校社会工作发展较为缓慢，实务型态相对还未发展成熟，形成完善的模式。目前主要由政府出资，非政府机构聘请社工提供服务，服务对象为全日制公办及民办小学、初中、高中、职业技术高中和特殊教育学校在校学生，学校社工在校内提供驻点服务。

（2）学校社会工作者的角色定位。

在实务工作中，总的来说，学校社会工作者的角色主要包括咨询提供者、辅导者、教育者、资源协调者四项。

---

① 林万亿. 学校辅导团队工作[M]. 台北：五南图书出版公司，2005.

表 1.2　学校社会工作者总的角色与分工①

角色	分工
咨询提供者	学生、教师及家长就学生出现的各种困难咨询社工,社工的角色是让咨询者知道如何理解和处理这些问题
辅导者	在接触学生的过程中,如发现学生需要个别跟进以协助他们健康成长,社工便会开展辅导服务。辅导的目的是加深学生对自身情况(如个人性格等)的认识,并解决影响他们良好生活的问题
教育者	作为学校教育工作的一员,社工的职责之一是引导学生树立正确的价值观,使他们发展成为拥有正确价值观和良好性格的人。社工提供教育的主题包括情绪教育、自我认识、家庭教育、与人合作及沟通等
资源协调者	社工的一项重要工作内容是寻找资源帮助有需要的人。在个案层面,社工需要寻找资源帮助案主解决问题,这些资源可以是物质资源,也可以是其他资源,例如可以帮助受虐儿童找到规范的临时住宿;在活动层面,社工联系学校以外资源协助学生学习或成长,让学生的学习形式更加多元化

具体而言,学校社会工作者在不同层面扮演不同的角色,承担不同的功能。

表 1.3　不同层面学校社会工作者的角色与功能②

◆ 协助学生解决影响他们学习、社交或情绪的问题	
评估者	◇ 对学生所面临的问题做出评估。 ◇ 评估哪种专业介入最适合解决学生面临的问题,例如心理学家、精神科医生或教师等。 ◇ 评估哪种手法介入最合适
使能者	◇ 鼓励并协助学生发掘自己能使用的内在和外在资源,从而满足他们成长的需要。 ◇ 协助家长找出处理孩子提出问题的方法
辅导者	◇ 加深学生对自己的了解,例如性格和情绪,并协助他们加深对健康成长相关课题的认识。 ◇ 提升家长对家庭如何影响孩子成长的认识,例如家长的态度、管教模式、家庭关系和家庭动力等对孩子成长的影响

---

① 香港·社会服务服务发展研究中心.学校社会工作实务手册[M].广州:中山大学出版社,2013.

② 香港·社会服务服务发展研究中心.学校社会工作实务手册[M].广州:中山大学出版社,2013.

续表

◆ 协助学生解决影响他们学习、社交或情绪的问题	
组织者	◇ 为面对共同困难的学生组织发展性或治疗性的小组或活动。
检讨者	◇ 定期总结学生的进展,在得到案主的同意下向相关人士反馈。 ◇ 按实际情况重订介入目标或结束服务
◆ 协助学生发展潜能和健康成长	
组织者	◇ 通过组织教育活动,例如领袖训练、社交技巧训练等,增加学生的自我认识、潜能开发
资源联络者	◇ 社工应发掘并联系可应用的资源,协助学生有效完成工作
教育者	◇ 通过组织并主持多样化的教育性活动,培养学生正确的价值观和分辨是非的能力
◆ 作为学校、学生和家长的第三方	
调解员	◇ 强化不同人或组织的联系和相互认识,从而协助学生适应学校和家庭生活,以达到协助其健康成长的目标
协调者	◇ 促进多方人员沟通,建立和谐关系
教育者	◇ 通过不同类型的家庭教育活动,使家长了解有关学生成长需要,从而促进良好家庭关系的形成
顾问	◇ 向教师提供关于如何处理学生难题的意见
◆ 整合社区资源	
资源整合者	◇ 寻找合适的社区资源以配合学生的需要,例如转介至精神科医生等。 ◇ 替教师寻找社区资源以进行活动,例如历奇培训、领袖培训等

(3) 学校社会工作者的任职标准。

1978年4月,美国学校社会工作者全国性会议(National Conference of School Social Workers)在科罗拉多举行第一届年会,决定由美国社会工作者协会(NASW)拟订一套学校社会工作的实施标准。该标准有32项,分属资格(competency)、组织及行政(organization and administration)和专业实务(professional practice)三个领域。其中,有关学校社会工作者应具备的资格或要件,有三项标准:

第一,学校社会工作者必须逐步认知和了解社会工作专业的基本概念,尤其对于公立学校体系和教育的过程应有深刻的了解。为达到此标准,学校社会工作者应具备的知识包括:社会工作专业理论知识、运用社会工作专业知识和技巧进行实务操作的相关知识、社会调查方面的知识，包括研究设计与搜集资料方法的认知以及学校、家庭组织和社区结构的知识。

第二，学校社会工作者必须设法达到一种高层次的自我觉察（self-awareness）、专业训练（professional discipline）和自我管理（self-management）。该标准的特征是：要求学校社会工作者在未来某段时间，能专注于社会工作专业价值和专业伦理的内涵，以便为人群提供服务，并且注意社会工作特质的变迁。

第三，学校社会工作者必须设法获取并扩展适合于学生、家长、学校人员和社区所需要的技能。很显然，此标准包括一系列的工作技术或技巧，例如，观察与系统评估学生及家长需求的技术；建立专业关系并维持良好的专业关系的技术；收集与案主有关的生理、心理、社会的资料的技术；发展会谈的技术；观察、评估并解说"学生—学校—家长—社区"之间相互影响的技术；与学校人员、家长、社区及其他人群就案主问题的解决共同协商的技术；寻找并提供资源的技术；协调各种不同专业共同努力的技术；认清有待进一步研究之领域的技术；评估介入效果的技术；寻求政策支持及倡导政策改变的技术等。

除开这些书面化的任职标准规定，我们来看两则现实中社会工作机构的招聘简章，分析作为一名学校社会工作者需要具备的素养：

重庆 RH 社会工作服务中心招聘学校社工简章

……

任职条件：

1. 热爱社会工作专业，认同社工理念及价值观；
2. 有较强的责任感、创新能力和团队合作能力；
3. 能独立运用社工专业手法，开展个案工作、小组工作及社区工作，为不同类型服务对象提供专业的预防性、发展性及治疗性服务；
4. 为人大方，随和，热情，能很快融入所在服务群体；
5. 至少能从事社工两年以上，在专业发展方面有自身的规划；
6. 社会工作专科以上学历，有社会工作实务经验者优先。

（资料来源：摘录自重庆 RH 社会工作服务中心网站）

深圳 XW 社会工作服务中心招聘学校社工简章

……
职位要求：
1. 社会工作、社会学、心理学相关专业专科以上学历；
2. 认同社工理念，具有社会责任感、敬业精神和奉献精神；
3. 具有良好的沟通能力、组织能力及团队协作精神；
4. 年龄在 22～40 周岁，有一年及以上青少年、学校社会工作经验或一定项目开发和执行经验者优先考虑；
5. 熟练运用办公软件 Excel、Word、PowerPoint；
6. 具备社会工作者国家专业水平资格证书者优先考虑。

（资料来源：摘录自深圳 XW 社会工作服务中心网站）

从以上两则具有代表性的学校社工招聘简章来看，作为一名称职合格的学校社工，掌握好社会工作专业知识、方法、实务技能是最为基础的要件，秉持社会工作价值观、认同社会工作理念是内在要求。同时，个人品质如文书撰写、沟通、协作、组织能力以及办公技能、实务经验也是重要的影响因素。

3. 专业价值观

价值观是社会工作的灵魂，社会工作价值观是社会工作者所持有的助人观念。它包括社会工作对助人活动的看法、对自己和服务对象的看法。这里我们采用许莉娅对学校社会工作价值理念的总结归纳（见图 1.2）。①

4. 助人活动

助人活动（或称服务）是学校社会工作者根据服务对象的需要，依据学校社会工作价值观，向服务对象提供帮助或服务的行动。助人活动是学校社会工作最核心的部分，是学校社会工作者与服务对象互动及合作的过程。它将受助者的需求与社会工作者的服务活动连接起来。助人活动反映了学校社会工作的价值观和工作方法，是学校社会工作的基本实践活动，也是学校社会工作最主要的承载者和表现者。

---

① 许莉娅. 学校社会工作[M]. 北京：高等教育出版社，2009.

关于学生
- 承认学生具有与生俱来的价值、尊严和权利，特别是学习的权利、表达的权利及自我实现的权利；
- 尊重每个学生的独特性；
- 承认学生有学习的义务，每个学生都应该努力学习新的知识和技能；
- 相信学生有改善自己、发展自己的能力，相信学生有成长向上的愿望。

关于群体
- 教师与学生的关系是平等的，应该互相尊重、互相关怀；
- 同学之间的关系是连接的，群体对个体具有影响作用，个体对群体负有责任。

关于学校
- 学校有责任关怀每个学生的福祉，为每个学生提供平等的学习与成长的机会；
- 学校应该创造良好的有利于学生成长的环境。

关于工作者
- 学校社会工作者必须具备社会工作的基本价值理念、科学的理论知识和专业技能，遵守学校社会工作的伦理准则，并不断学习、成长。

图 1.2 学校社会工作价值观

5. 专业方法

社会工作助人方法是指社会工作群体在长期的助人实践中形成的、经过实践检验行之有效的做法，是一些具有很强操作性的实务工作方法。学校社会工作要求学校社会工作者集社会工作的价值理念、科学知识、技术方法及艺术创新于一身，综合运用个案工作、小组工作、社区工作、社会工作行政、社会研究及社会政策倡导等多种方法，并通过连接、整合社会资源，为学生提供专业性服务。

6. 服务目标

学校社会工作是在学校领域中实施的一种社会工作专业服务，这种专业服务的目标与学校教育的整体目标相统一。概括地说，学校社会工作的目标是促进学生—学校—家长—社区之间协调互动，为学生提供有利于学习、成长的环境与条件，协助学生克服困难、解决问题，以此获得适当的心智与行为发展，恢复与发展正常的社会功能，从而适应现在及未来的生活。这里我们采用林胜义关于学校社会工作目的阐述：[①]

（1）协助处于不利地位的学生，以实现教育机会均等。

（2）协助学生建立与学校家庭—社区的良好关系，以增进教育的功能。

（3）协助学生获得一种实用的知识和能力，以适应现代生活之需要。

（4）协助学生获得一种适应变化的能力，以便继续学习。

（5）促进学生社会化人格的正常发展，以全面融入社会。

可见，学校社会工作在本质上是围绕学校教育目的，以自己的工作方法和工作理念，践行助人活动，提供专业服务，促进学生全面发展。

【实务操作】

回到"任务情境"谈及的案例，文章精选了东莞市学校社会工作领域中几个有特色的典型服务案例，展示了东莞27间学校在5年间如何在校园内推展不同主题的服务，扶持青少年学生的全面成长。

文中说法	项目主题	项目简述
营养一：帮助"野百合"迎来春天	偏差行为的辅导	项目阐述了如何在中小学协助一些被标签的"重点"学生重新认识自己，从而减少其偏差行为。
营养二：有效补充"微量元素"	主流课程外的知识辅导	"营养二"项目所指的"微量元素"为主流课程补充，分量不多，影响却举足轻重，将很多学生不能从教科书中汲取的概念和价值观通过课外辅导融入学生教育，如法治教育、青春期健康教育、人际交往知识等。

---

① 林胜义.学校社会工作[M].台北：巨流图书公司，1998.

续表

文中说法	项目主题	项目简述
营养三：给梦想插上"翅膀"	新莞人儿童圆梦计划	项目结合学校、家庭和社区资源为新莞人的儿童达成梦想，运用媒体及网络效应，提升社会对新莞人的关注。
营养四：打造校园文化"风景线"	校园文化建设	项目以"爱自己""健康生活""和谐校园"为关键讯息，建立正面文化、汇聚环境力量，为学生的成长不断注入正能量。

以"偏差行为辅导"为例，分析社会工作的构成要素：

要素	具体分析
服务对象	东莞横沥中学偏差行为学生：他们是学校的"后进生"，或"无心向学，不做作业"，或"不遵守班级纪律，同学关系不良"，因而被贴上"坏学生"的标签的这部分学生。
社会工作者	东莞横坑机构的社工
价值观	◆ 关于学生，相信学生有改善自己、发展自己的能力，相信学生有成长向上的愿望：虽然行为偏差的学生在学校被认为是"坏学生"，但学校社工认为他们只是缺乏合适的空间和平台来发掘自身潜能，他们可以获得正向改变。 ◆ 关于群体，教师与学生的关系是平等的，应该互相尊重、互相关怀：学校社工在助人活动中加强学生与班主任的联系，寻求老师的支持；同学之间的关系是连接的，群体对个体具有影响作用：学校社工利用同伴影响给予行为偏差学生正面指导。 ◆ 关于学校，学校有责任关怀每个学生的福祉，为每个学生提供平等的学习与成长的机会，学校应该创造良好的有利于学生成长的环境：学校社工改善了学校对行为偏差学生的教育策略，打造学校正面的校园文化，为学生发展创造良好的环境。
助人活动	◆ 学校社工主要采用小组工作的方法，通过小组动力促使服务对象的改变。 ◆ 与此同时，从行为偏差学生的社会支持网络中挖掘资源，展开行动：在学校层面，社工通过改善学校对重点青少年的教育策略，打造学校正面的校园文化；在班级层面，社工则发挥班主任的支持以及正能量的积极作用，加强学生和班主任的联系；在同伴层面，社工给学生提供如何辨识和选择朋辈的向导，让身边的同伴给予更多正面支持；在家庭层面，社工通过加强学生个人的家庭角色及功能，强调为人子女应该有的基本责任和义务；在个体层面，社工则协助学生探索自我、认识自我，以正面、积极的视角去肯定自我，从而达到改变的效果。

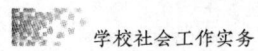

续表

要素	具体分析
专业方法	◇ 学校社工主要运用小组工作的方法，将有类似"问题"的行为偏差的学生组织形成小组，建立小组规范、形成小组凝聚力，通过小组动力协助行为偏差学生改变自我。 ◇ 同时，社工以"人在环境中"的视角，发掘服务对象可以利用的资源，例如寻求学校、班级、班主任、同班同学、家庭等的支持，为服务对象的改变提供良好的环境支持与动力。
服务目标	通过学校、班级、班主任、同伴、个体等不同层面的介入，协助行为偏差的学生改变自我。

任务二　社会工作视角下的学校

【任务情境】

周六下午，某校初二（1）班十几个同学结伴去郊外爬山。爬山过程中，因为天气突变、暴雨骤至，导致山体滑坡。小明、小刚和小静3名同学被雨水、泥流冲下山坡。同学们一边报警，一边下坡营救他们。警察、家长和老师第一时间赶到了现场，开始积极营救。3个小时后发现了3个人的遗体。大家都很悲伤，不少同学抱头痛哭，遇难学生的家长更是悲痛欲绝。学校一边紧急处理相关事宜，一边积极安抚同学们的恐慌和悲痛情绪。

请问，上述案例中，学校社会工作者与学校管理人员、教师等相关人员之间如何合作处理因此事引发的学生情绪困扰问题。

【任务要求】

- 了解影响学校的外部环境因素及学校内在的组织系统。
- 理解学校社会工作者与学校相关人员的关系。
- 明确学校相关人员的角色与职责，掌握学校社会工作者与学校相关人员沟通的注意事项。

【必备知识】

学校社会工作者在为学生提供服务时，一方面由于学校是学生学习成长、社会化的重要平台和场域，学校社会工作的运作和实施必须坚持在不干扰学校正常的教学秩序、尊重教育规律、契合学校教育目标的情况下进行；另一方面，提供满足学生、学校需求的高质量社会工作服务，要求学校社会工作者必须以社会工作的视角对学校进行审视与了解。社会工作有着不同于教育学的观察视角，学校社会工作坚持生态系统理论视角，将学校放置于一个生态系统中考察。生态系统理论认为，学校是影响学生成长的一个生态系统，与此同时，学校还处于一个更大的生态系统中，被其他生态系统所影响。从制约学校发展，由此影响学生的角度看，影响学校运行的因素主要有：影响学校的外部环境因素，如学校所处的社区环境，国家的教育法律、法规和政策，社会政治经济和文化及国际社会影响等；学校内部的组织架构和运行机制；学校学生及与学生相关的校内教职人员学校生态系统图详见图1.3[①]。

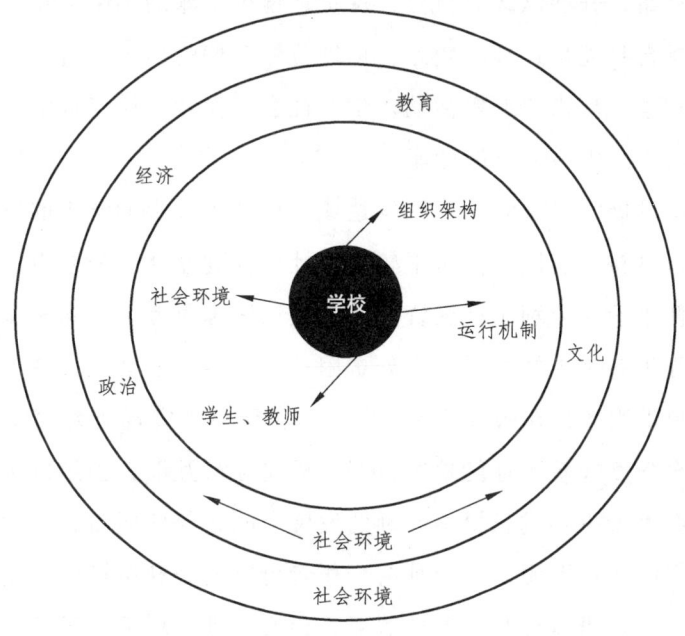

图1.3 学校生态系统图

---

① 许莉娅. 学校社会工作[M]. 北京：高等教育出版社，2009.

一、影响学校的外部环境

影响学校的外部环境因素包括：学校所处的社区环境、社会文化环境及国际社会影响因素。

1. 学校所处的社区环境

学校所处的社区环境是制约学校发展的重要因素，它在很大程度上决定着学校资源获得、学生规模和生源质量，也决定着学校的办学特色。

从自然环境来看，自然生态环境、地理位置的优劣会对学校的发展产生重大影响。地处交通便利、环境优美的区域，不仅有利于师生的身心健康，而且可以利用生态环境优势吸引各种资源支持。但如果地处自然环境较为恶劣、交通不便、资源较为匮乏的区域，学校发展就会相对困难。不同自然环境、地理位置的学校里，学校社会工作者工作的重点与特色也会有所差异。例如，结合优美的校园环境协助学生调适心理与情绪，开展以体验自然、保护环境等主题的小组工作，引导学生感受生命力量、发掘自身能量；环境较差、地理位置较偏的学校，可引导学生开展适应环境、与自然抗争、珍惜资源等活动，学校社会工作者可连接资源、开通学生与外界沟通的信息渠道、传递前沿信息等。

从社区经济发展水平来看，社区发达或落后，也会影响学校的发展。学校身处发达社区，经济富裕、居民生活水平较高、社会福利充足、公共服务完善，学校社会工作者可以侧重于充分利用社区资源，发掘社区志愿者，组织较多的校内和校外活动，为学生提供各种支持；学校身处贫困社区，学校社会工作者可以侧重于引导学生多为社区提供服务，在服务他人、参与社区建设中实现能力建设。

从社区安全角度来看，社区秩序良好、居民互帮互助，会给青少年及其家庭带来安全感，也会为青少年成长提供有利的发展空间，与此同时，也为学校社会工作的开展提供更多的环境资源，学校社会工作者可以充分利用社区环境和资源优势，为青少年设计、提供康体性和发展性服务；相反，社区环境充满各种安全、暴力隐患，会对学校发展及学生成长产生不利影响，学校社会工作者就要面向全体学生多开展防御型、针对个别问题学生的矫正型服务。

2. 社会文化环境

学校是传播科学文化知识的重要场所，以文教化，输出学识、素养、技能等，并由此转化为生产力，对社会产生重要影响。相应地，由人所创造的社会文化也会影响学校及学生发展。对学校发展产生重大影响的社会文化因素包括国家政策、法律法规、科学技术、社会价值观及大众传媒等。

从国家政策、法律法规来看，国家教育发展、学校建设都是在政府相关的教育政策法规的指导下进行的，作为为学校学生提供专业帮助的学校社会工作者也应该对相关的教育政策、法律法规有所了解。从社会工作的角度来看，目前指导我国学校发展、运行的教育政策、法律法规主要有《中华人民共和国教育法》《中华人民共和国义务教育法》《中华人民共和国教师法》《中华人民共和国未成年保护法》等；还有与学生紧密相关的家庭经济困难学生资助政策、特殊教育政策等。这些教育法律不仅是指导学校各项工作的法律依据，也是学校社会工作的法律依据，学校社会工作者必须学习、研究、掌握各项有关法律规定，为在学校开展专业帮助寻求政策法律支持。

从科学技术发展来看，科学技术的不断更新，促进了现代教育的飞速发展。一方面，现代科学技术手段为学校教育提供了更广阔的空间，一支粉笔、一块黑板的时代早已被多媒体电子化教学取代，网络信息技术可以让学生足不出户就能接受来自世界各地的教育资源；另一方面，随着科技的发展，知识更新速度、信息传送速度迅猛加快，过去教师一本教案可在讲台站几年，而现在则要求教师必须更新知识储备，随时了解学科发展。学校必须为教师、为学生提供最前沿的教育信息。

从社会主流价值观来看，随着市场经济的发展，其价值理念不可避免地对学校产生重大影响，当然，这种影响有积极的成分，也有消极的成分。在经济效益价值理念的引导下，学校注重科学管理、整合资源、引入竞争机制以激发教师提升专业素质等都会促进学校的发展。但是，工具理性思维又会让有些学校实行高收费、单纯追求升学率、忽视学生身心全面发展，造成了消极的影响。

从大众传媒来看，在信息化急速发展的现代社会，大众传媒对学校的影响无所不在。其一，大众传媒是学校获取信息的重要渠道，学校需要通过大众传媒了解国家的政策法规、社会各界对学校的期待与需要、教育发展状况及社会资源、科技发展等各种信息；其二，大众传媒是学校对外传播信息、对外宣传的重要手段，学校通过大众传媒展示、宣传自己的办学理念、办学特色、运行状况、办学实力等，以此打造学校形象，获得社会的认可；其三，大众传媒作为一种重要的教学手段，通过互联网开展网络教学，向更偏远的地区传送教育；其四，大众传媒对学生有直接影响作用，如何协助学生将正面影响发挥得更好，将负面影响降到最小，是学校以及学校社会工作者的任务。

3. 国际社会影响

随着经济全球化、全球区域一体化趋势进一步加大，国际社会教育的发展、国际间的交流与互动对学校发展影响很大。国际间日益频繁的交流与合作，使得各国教育在育人理念、教育思想、教学手段、学校管理等方面保留本土特色的基础上越来越趋向国际化。"教育公平""均衡发展""国际化人才"等概念为教育的发展拓展了更广阔的思路与空间。"教育公平"，促使学校更关心受教育者的权利，而公平公正正是社会工作专业最深层关怀；"均衡发展"，对中国应试教育提出了严峻的挑战，在中国教育转型的过程中，也为学校社会工作发展提供了更多的发展空间；"国际化人才"的需要，为教育的发展提供了新视野，促使我们在学校教育中不断地学习与创新。[1]在这种形势下，学校社会工作者一方面要关注教育领域发展的新情况、新内容，提升自己的专业水平与实务能力；另一方面，要结合前沿信息、本土情况、学校实际，提供相应服务，引导学生与时俱进，协助学校更好地培养学生，使他们能够应对现代与未来世界多变的生活。

二、学校的组织系统

学校内在的组织系统影响学校乃至学生发展，学校社会工作者要对我国学校的组织架构充分了解，以便于学校社会工作的开展。

1. 我国小学的组织系统

在任何国家，学校的规模与组织架构都与国家的教育方针政策、当地政府的地

---

[1] 许莉娅. 学校社会工作[M]. 北京：高等教育出版社，2009.

方教育政策、学生的来源与数量等有关。由于中国自1949年以来实行九年义务教育制度，小学学校几乎覆盖中国各个乡镇，从规模上看，有大到校园设施齐全、可容纳几千名学生的学校，也有小到几个学生的学校，因此，学校的组织体系差异较大。一般而言，学校均设有一名校长，负责综合处理校园事务。校长之下，视学校规模大小，有的还设有一名或几名副校长，之下设若干处室，分别管理各项事务，包括：① 教务处，负责安排各科课程、教学运转、学籍管理、成绩考查、教学设备及教学研究等业务；② 政教处或德育处，负责学生思想品德教育、生活教育、心理教育等；③ 后勤处或总务处，负责学生安全保卫、卫生保健等；④ 年级组，主要是组织教师备课研讨。此外，小学一般会有一位专职或兼职少先队大队辅导员，负责少先队的组织发展及各项组织活动。①以下以重庆市沙坪坝区某小学为例，详见图1.4。

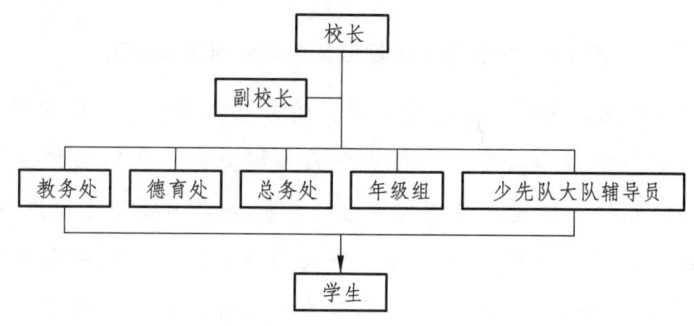

图 1.4　重庆市沙坪坝区某小学的组织架构图

2. 我国中学的组织系统

在我国，中学分为初级中学、高级中学和完全中学三种形式，初级中学只有初中学生，高级中学只有高中学生，完全中学是初、高中学生都有。中学规模同样与该地区教育政策、生源相关。在一般的城市中，中学的规模都很大，最多有几千名学生，甚至有上万名学生规模的学校。中学的组织系统设置包括校长、若干名副校长、校长办公室、教务处、政教处或德育处、总务处和团委。以下以重庆市沙坪坝区某中学为例，详见图1.5。

---

① 许莉娅. 学校社会工作[M]. 北京：高等教育出版社，2009.

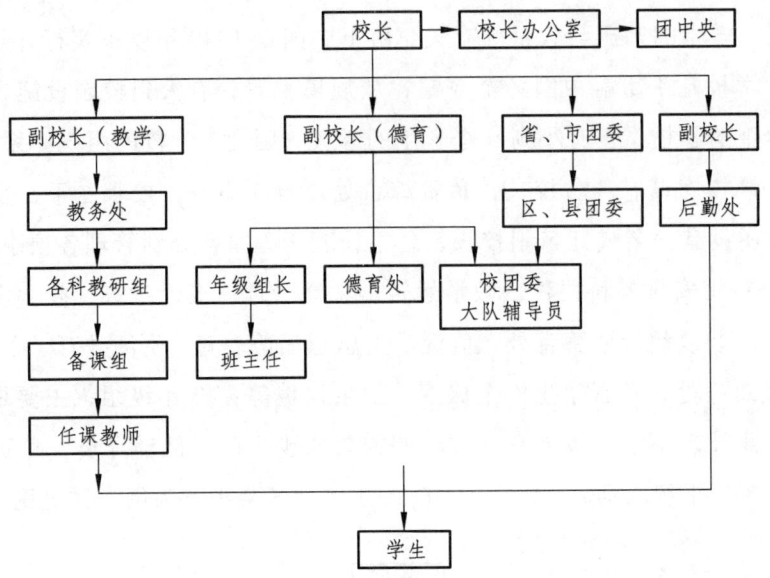

图1.5 重庆市沙坪坝区某中学的组织架构图

从图1.5我们看到，这所中学除校长外，还有三名副校长，分管教学、德育和后勤保障工作。校长总负责全校事务，把握学校发展方向、进行各种决策性工作及对各项工作予以监督指导，学校社会工作者在入校服务之前要将专业理念、服务计划、执行方案等与校长沟通，获得校长支持。校长办公室负责校长所有工作的具体实施及信息的上传下达。分管教学的副校长负责各科课程的备课、教学、考核等工作的组织实施，学校社会工作者可以将相关理念与内容融入课程教学中，对学生施以影响。分管德育的副校长负责与学生素质发展相关事宜，是学校社会工作可以介入的空间。分管后勤保障工作的副校长，负责管理学生的衣食住行、医疗保障和安全保卫。学校教务处负责教学运转，教务主任通过各科课程教研组组织备课研讨，进行教学质量管理与监督。学校团委通过学生会组织团队活动，学校校团委除了直接接受主管德育的副校长领导外，还要接受上一级团组织的领导。

三、学校社会工作者与学校相关人员的关系

学校教师也是影响学校发展的重要因素。从上文阐述的学校组织系统来看，学校社会工作需要经常与之联络沟通的人员主要有校长、教师、德育（政教）处主任、

教务处主任、团委书记或大队辅导员、心理辅导老师等。如此，学校社会工作者必须了解这些相关人员在学校中的角色与职责，并学习以恰当的方式进行沟通。

由于我国学校社会工作目前还处于初级发展阶段，在实践过程中出现了对于学校社会工作的误解，认为学校社会工作和德育工作、心理工作、班主任工作、共青团工作并没有什么两样，最终的目的都是为学生提供服务、促进学生成长，甚至有的认为只要对相关人员进行培训都可以让其担负学校社会工作者，进行相关工作内容开展，这是不正确的。因而，在了解相关人员的角色与职责之前，我们有必要明确作为专业助人活动的学校社会工作与德育工作、心理工作、班主任工作、共青团工作及后勤工作的区别（见表1.4）[①]。

表1.4 学校社会工作与学校相关管理工作的区别

分工 项目	社会工作	德育工作	心理工作	班主任 工作	共青团工作	后勤工作
知识基础	社会工作理论	伦理学、思想政治工作	心理学	教育学、管理学	共青团理论、少先队理论	医学、营养学、生理学
工作取向	发展社会功能	培养思想品德	排除心理困扰与障碍	形成集体意识与行动	提高思想觉悟	保障人身健康、安全
涉及层面	人与环境	思想、道德	心理、情绪	规范、服从	组织约束	人身安全
工作方法	个案、小组、社区等	说教	诊断、测验、治疗	谈话、会议	活动	物质提供
对象范畴	学生、家庭、学校、社区	个人、大团体	有需要的个人	班级	团员、少先队员	个人和班级
专业资格	社工资格、社会工作专业	教师资格、思政专业	教育心理、心理咨询与治疗	教师资格、教育学	政治素质	医师、营养师、保安、医学、营养学

学校社会工作者要在理清与相关管理工作人员的不同点的基础上，了解其他工作人员的角色与职责，与其一道为学生提供服务。

1. 学校社会工作者与校长

在中国，目前绝大多数学校管理主要采用的是校长负责制，即在上级主管部门

---

① 许莉娅. 学校社会工作[M]. 北京：高等教育出版社，2009.

领导下，校长全面负责学校的教学和行政工作，党委、党支部起监督作用，教职工实行民主管理的学校领导体制。学校校长的职责很多，如主持全面行政工作、制定学校发展规划、教职员工人事管理、组织教学工作、领导德育工作、负责对外交流等。一般情况下，较有规模的学校都有若干名副校长，分工负责具体的部门。

从学校社会工作的角度，学校校长至少应扮演以下四种角色：① 学校社会工作的积极推动者与支持者。校长应了解学校社会工作的功能与作用，并以积极的态度与行动带动学校人员共同参与、推动相关的工作，对社会工作的开展给予积极的支持与配合。② 学校社会工作的策划者。校长应帮助学校社会工作者把握学生服务的方向，依据社会工作的目标，配合学校现状、社区需要及学生特质，参与策划、拟定社会工作的发展计划。③ 学校社会工作的督导者。校长应从行政或专业的角度对学校社会工作者的工作进行监督与指导，帮助调整工作方向，并不断对其进行精神支持与鼓励。④ 学校社会工作的评鉴者。校长有权依据工作的目标与计划对学校社会工作的成效进行评定，并考核学校社会工作者及有关人员的执行绩效。

学校社会工作必须寻求校长的支持，校长对学校社会工作者的去留、工作场所、工作时间、工作经费及其他物质资源都有最后决定权，并且校长对学校教师、学生有着较强的号召力。尤其是在中国应试教育仍存的社会环境下，学生的时间已被繁重的学习任务占满，学校相对封闭，学校社会工作要想走进学校、走入课堂，必须得到校长的接纳、认可与支持。如此，学校社会工作者与校长的沟通显得十分重要，且在沟通中，学校社会工作者必须十分谨慎，讲究沟通艺术。

结合校长的角色与职责,学校社会工作者与校长的互动需要注意以下几点：① 正式入校之前，学校社会工作者要与校长面谈，明确自己的角色、职责与任务，初次见面时，可以预先准备一些关于学校社会工作的资料，以便校长尽快了解社会工作的专业性质。② 初次见面时，学校社会工作者要探究校长对自己的角色期望，主动征询、请示校长希望自己做的工作，学校社会工作者可以在见面之前就学生学习成绩影响因素和校园危机事件的预防这两方面做好工作计划的阐述准备。③ 针对校长的期望，学校社会工作者要提出自己的工作计划，一般要呈现书面材料并进行口头汇报，结合校长对工作计划的建议，进行修改与完善，以此让校长了解自己的工作，同时争取校长的支持。④ 在具体工作中，学校社会工作者要分阶段地向校长报告工作的进展情况，汇报工作时最好能有文字材料上交给校长，而在遇到重大问题时，要先请示，并等待批准后再执行。

2. 学校社会工作者与教师

"传道、授业、解惑"是韩愈在《师说》中所阐释的教师的角色。"传道"，是要培养学生美好的道德情操，向学生传递人生道理，帮助学生树立积极的人生观和价值观；"授业"，是对学生进行职业陶冶，向学生传授知识与技能，帮助学生获得适应现代及未来生活的能力；"解惑"是指为学生解答疑惑，帮助学生消解各种心理困扰。

从社会工作角度来看，教师除了担任教学、辅导的角色，至少还应扮演以下四种角色：① 案主的引介者。教师在日常生活中接触学生较为频繁，特别是班主任对学生的了解会更多，往往比家长更容易注意和发现学生的异常表现，在给予一定的辅导但没有取得成效的情况下，可以将学生引介给学校社会工作者。② 学生信息的提供者。学校社会工作者在帮助学生的过程中，经常需要向教师咨询，教师有责任将自己了解和掌握的信息提供给学校社会工作者。③ 学生社会工作的行动系统。行动系统是指与学校社会工作者一同工作的部分。在对学生的服务中，经常需要教师的参与及配合，共同参与执行服务方案。④ 学校社会工作的目标系统。目标系统是指在对学生案主进行服务的过程中需要改变的部分。有些学生个案问题的解决，需要教师的改变，例如，对一位不堪教师辱骂而厌学、逃学的学生个案的介入，就需要对其当事人教师的行为进行矫正。

从上述分析中，我们可以看到，教师是经常接触学生的群体，有时也是需要改变的对象，是协助学校社会工作者的重要力量。因而，学校社会工作者与教师沟通顺利与否，将直接影响到帮助学生的效果。

因此，学校社会工作者与教师的沟通应注意以下几点：① 让教师了解学校社会工作者的工作是对其工作的支持。有的教师对学校社工不了解，甚至会认为学校社工是"添乱"的，有时学校社工的介入可能会影响教师事先安排好的教学或工作计划，这时，学校社会工作者需要向教师解释、说明社会工作的目标、功能及必要性，让教师意识到学校社会工作者帮助学生解决问题，实际上也是在帮助教师做好工作，帮助学校形成良好的教育学的环境。② 澄清教师不切实际的期望。有时教师会对学校社会工作者有过高的期望,例如,希望学校社工立刻解决学生的某一问题等,这时学校社会工作者需要向教师解释,帮助教师对学校社会工作有客观、正确的了解。③学校社会工作者要学会表达对教师的尊重和理解,例如,主动了解、倾听教师的意见和想法,以商量的口吻与教师交谈,对学生的介入征得教师的同意等。④谨慎沟通教师的失误与过错。有时学生的困境或问题很大程度上是源于教师的误解或过错,这时就要寻求教师进行某种改变。学校社会工作者在与教师沟通的过程中,必须巧妙运用社会工作的技巧,启发教师达至领悟,意识到自己的问题与责任,积极配合,进行自我调整。

3. 学校社会工作者与德育主任

德育(政教)处在学校有着举足轻重的地位与作用。德育主任是校长做好德育工作的主要助手,在负责德育的校领导的领导下,对学校德育工作实施组织与管理;制订思想政治教育工作计划;对班主任的工作进行管理、督促、检查与考核;做好学生家长的走访、接待工作;指导学生会的工作;负责处理学生中的偶发事件;协助校长组织德育科研工作等。

从德育主任的职责来看,某种程度上,其工作与学校社会工作服务联系紧密,从社会工作角度,德育主任还应扮演以下几种角色:①学校社会工作的策划者。德育主任有责任根据学校社会工作的目标与学校工作目标,结合学校现状和学生需求,参与学校社会工作方案的拟定。②学校社会工作的协调者。学校德育主任有责任为学校社会工作的开展提供全面的支持与协调,根据工作需要组织召开有各方相关人员参加的协调会,动员各方力量为社会工作提供支持与协助。③学校社会工作的督导者。与校长一样,德育主任作为学校社会工作的督导者,有责任对学校社会工作者的工作进行全方位的支持、督促与指导。④学校社会工作的评鉴者。在校长的领导下,依据学校社会工作的目标与计划,具体组织对学校社会工作的成效进行评定,并考核学校社会工作者及有关人员的执行绩效。

因此,学校社会工作者与德育主任的互动应注意以下几点:①学校社会工作者应及时请示、汇报工作。短期的、具体的工作可以口头请示、汇报;阶段性的、具体服务项目不仅要口头请示、汇报,还必须递交文字资料,在准备文字资料时,一定注意专业性、规范性要求。②协助工作的制度化建设。通过沟通促进德育主任形成对学校社会工作具体的工作指导制度，建立周例会、月例会制度，做到信息及时沟通，工作及时调整。③邀请德育主任参加具体的服务活动。在德育主任方便的时候，邀请其参加具体的服务活动，协助其在体验社会工作服务的过程中，加深对学校社会工作的认同感，同时，也为德育主任提供了近距离接触学生的机会，增进其与学生的情感联系。

4. 学校社会工作者与团委书记或大队辅导员

学校团委书记主要是在学校党委或党支部和上级团委的领导下，根据党的各时期中心任务及学校工作计划，开展各项工作，抓好团的思想建设和组织建设。与团委书记相对应，大队辅导员主要是做好少先队员的思想品德教育工作。

从社会工作角度来看，学校的团委书记或大队辅导员是学校社会工作最有力的合作者。学校团委或少先队每学期都有来自学校和上级团组织的工作计划，学校社会工作者可以根据学生的具体需要，与团委或少先队合作，配合其工作计划，以社会工作的助人理念设计、组织实施社会工作服务方案。学校团委书记和大队辅导员大都接受过学生工作的培训，积累了丰富的学生工作经验，可以参与社会工作服务的整个过程，在服务方案的策划制订、服务的组织实施及具体的介入服务中都可以扮演重要的角色。

学校社会工作者与团委书记或大队辅导员的沟通时应注意以下几点：①真诚地表达支持与合作。学校社会工作与团、队工作是互相配合的关系，有时学校社会工作需要团、队工作的配合，有时也需要学校社会工作配合团、队的工作，因此，当团委与少先队工作需要支持与配合时，学校社会工作者要以积极与合作的态度对团委书记或大队辅导员的工作给予协助与支持。②协商好合作中彼此的角色定位。出于工作业绩的考虑，有时合作者之间会产生某种张力。学校社会工作者要具备这方面的敏感度，合作中要了解对方的心理动机与合作意愿，避免强迫性或不情愿的合作。合作中尽量为对方提供展示其工作表现与工作业绩的机会。对于合作双方的角色定位要进行良好的沟通与磋商，详细讨论工作分工及责权关系。③保持经常性的沟通。学校社会工作者受过专业社会工作训练，团委书记或大队辅导员有丰富的学生工作经验，学校社会工作者应寻找机会与其进行经常性的沟通，交流工作经验，共同为学生提供有效的服务。

5. 学校社会工作者与心理辅导教师

学校心理辅导教师主要职责包括对全体学生提供心理健康教育和对少数有心理困扰或心理障碍的学生给予科学有效的心理咨询与辅导。

从社会工作角度，心理辅导教师至少扮演着两种角色：① 学校社会工作的协助者。在服务过程中，有时需要心理辅导教师协助学校社会工作者对学生进行专业的心理诊断与测验；在介入的环节，对有严重心理障碍和行为障碍的学生，心理辅导教师可以协助社会工作者对其进行心理治疗与行为矫治；在对学生介入效果的评估中，也需要心理辅导教师的参与。② 学校社会工作者的辅导者。当学校社会工作者因工作的、生活的、人际关系等各种压力感受到困扰或陷入困境，学校心理辅导教师可以为其提供相应的辅导。

因此，学校社会工作者要与心理辅导教师保持良好的互动关系，需要注意以下几点：① 尊重差异。如上文表 2.1 中所展示的，学校社会工作与心理辅导工作在知识基础、工作取向、工作方法等方面都存在差异，在沟通的过程中，要注意以学术的态度尊重差异，共同协商，取长补短，避免出现肯定自我、排斥对方甚至否定对方的状况。② 虚心求教。相对社会工作者，心理辅导教师有较深的心理学基础，在这方面，学校社会工作者应以谦虚的态度与之进行沟通。当然，需要注意的是，虚心求教并不等于对自己的专业没有信心，"术业有专攻"，学校社会工作者不应在交往的过程中有不自信的心理。

总之，学校社会工作者要明晰学校相关工作人员的角色与职责，保持良好的互动、沟通，以便于工作上的相互合作以及专业服务的顺利开展。

【实务操作】

"任务情境"中的案例展现的是学校的一起危机事件，重在探讨如何处理因此危机事件引发的学生情绪困扰问题。我们以危机事件的介入原则为依据，阐述学校社会工作者、学校管理层、班级教师、心理辅导教师处理此事件中的合作互动。

危机介入含义及基本原则（见表 1.5）。

表 1.5 危机介入含义及基本原则

含义	危机介入是一种特殊介入,目的在于去除服务对象的紧张情绪,帮助他们解决危机并恢复其社会功能
基本原则	◇ 及时处理。尽可能减少对服务对象及其周围其他人的伤害,抓住有利的改变时机
	◇ 限定目标。危机介入的首要目标是以危机的调适和治疗为中心,尽可能降低危机造成的危害,避免不良影响的扩大
	◇ 输入希望。在危机中帮助服务对象有效的方法是给服务对象输入新的希望,让服务对象重新找回行动的动力
	◇ 提供支持。社会工作者要充分运用服务对象拥有的周围他人的资源,为服务对象提供必要的支持
	◇ 恢复自尊。危机的发生通常导致服务对象身心混乱,使服务对象的自尊感下降,社会工作者要帮助服务对象恢复自尊
	◇ 培养自主能力。整个危机介入的过程就是社会工作者帮助服务对象增强自主能力,面对和克服危机的过程

学校相关人员处理学生情绪困扰的行动内容及团队合作(见表 1.6)。

表 1.6 学校相关人员处理学生情绪困扰的行动内容

人员	行动内容
校长	◇ 及时处理:第一时间召开紧急会议,召集危机处理小组,上报上级部门,处理与媒体的交流问题。 ◇ 明确目标:总的目标是处理学生因此事件产生的情绪困扰问题。 ◇ 提供支持:参与危机处理方案的制定、确定,合理分配相关人员在此危机事件中的权责、任务,并提供相应的支持。 ◇ 关注动态:关注事态处理的过程,必要时调整工作方向,校长拥有最后的决定权
学校社会工作者	◇ 制定社会工作服务方案。 ◇ 向校长汇报服务方案的内容。 ◇ 抓紧时间执行服务方案:(1)将工作的焦点放在学生的悲痛、恐慌情绪处理上,而不是立马解决此事件。(2)与心理辅导教师一起对学生的心理及情绪进行诊断、评估。(3)根据评估结果,采用个案咨询、团体辅导及小组工作的方法帮助学生宣泄由危机带来的紧张情绪,给予其支持,以防其精神崩溃,帮助其恢复正常的社会功能。危机事件发生后,同学们非常悲伤,不少同学抱头痛哭,社会工作者应协助他们自由发泄情绪,给予安慰与支持。(4)评估结果发现有严重心理、情绪困扰的学生,可引介给心理辅导教师。(5)与学生班主任及任课教师保持经常性沟通,及时了解学生情绪变化情况,并提供支持。 ◇ 评估服务方案的成效。与心理辅导教师、班主任等一道评估服务方案,直至学生功能恢复时就可结束介入行动,并做好跟进服务。 ◇ 及时、经常性地向校长汇报处理情况,并做好书面记录与存档

续表

人员	行动内容
心理教师	◆ 与学校社会工作者一起诊断、评估学生的心理、情绪状态。 ◆ 协助社会工作者对有严重心理及情绪困扰的学生进行心理治疗与行为矫治。 ◆ 协助学校社会工作者执行社会工作服务方案。 ◆ 与学校社会工作者一道评估介入的结果，并做好书面记录与存档。 ◆ 在班级及学校范围内开展心理健康教育活动
班主任	◆ 协助学校社会工作者执行社会工作服务方案。 ◆ 关注学生在校期间情绪动态，并及时向上级部门汇报，与学校社会工作者进行沟通。 ◆ 与学生家长联系，了解学生的心理、情绪动态，做好相应的记录、汇报与沟通。 ◆ 定期召开主题班会

危机干预工作分为预防、反应、复原三个层面，以上阐述的是因危机事件所引发的学生情绪困扰的"反应"和"复原"层面。除此之外，学校校长及管理层、学校教师、学校社会工作者、心理辅导教师应做好"预防"层面的工作，例如，对学生开展安全教育、生命教育等。

【课堂练习】

一、单项选择题（每题的备选项中，只有 1 个最符合题意）

1. 学校社会工作作为社会工作实务领域中的一个分支，它是专业工作者遵循社会工作价值理念，运用社会工作专业知识、方法在（　　）领域内开展的专业助人活动。

  A. 企业   B. 医疗卫生   C. 教育   D. 家庭

2. 一般来说，学校社会工作首要的关怀对象是（　　）。

  A. 处于困境的教师

  B. 处于困境的学生

  C. 处于困境的学生家长

  D. 学生所在社区

3. 以下不属于学校社会工作基本要素的是（　　）。

  A. 学生

B. 学校社会工作专业价值观

C. 学校社会工作专业方法

D. 社区社会工作者

4. 从社会工作视角来看，以下哪一项不是学校校长的角色？（　　）。

A. 学校社会工作的策划者

B. 学校社会工作服务方案的执行者

C. 学校社会工作督导者

D. 学校社会工作的评鉴者

5. 以下关于学校社会工作及学校心理健康教育的关系，阐述不正确的是（　　）。

A. 较之于心理健康教育只解决个人问题，不关心其他社会、政治因素，学校社会工作更多了一些社会、政治责任

B. 学校社会工作从社会工作观点出发，强调运用个案工作、小组工作、社区工作等方法开展专业服务，心理健康教育则是从心理学观点出发，强调运用心理测验、辅导、咨询等工作方法提供专业服务

C. 学校社会工作对服务对象的帮助效果要高于心理健康教育

D. 学校社会工作与心理健康有区别也有联系，二者是相辅相成的关系

参考答案：1～5　CBDBC

参考文献

[1] 张应义, 陈笑霞. 学校社工：为学生成长提供"营养套餐"[J]. 中国社会工作, 2015（5）：42-43.

[2] Torres, S. (1996) *The status of school social workers in America*, Social Work in Education, 18: PP. 8-18.

[3] Huxtable, M. (1998) *School Social Work:An International Profession*, Social Work in Education, Washington: April, Vol.20, Iss.2.

[4] Costin Lela B. *An Analysis of the Tasks in School Social Work*. Social Service Review, 1969, 43, 3（9）: 226.

[5] 林胜义. 学校社会工作[M]. 台北：巨流图书公司，1998.

[6] 王雪五. 云五社会科学大辞典·社会学分册[M]. 台北：台北商务印书馆，1976.

[7] 范明林. 社会工作方法与实践[M]. 上海：上海大学出版社，2005.

[8] 史柏年. 社会工作实务（中级）[M]. 北京：中国社会出版社，2007.

[9] 文军. 学校社会工作案例评析[M]. 上海：华东理工大学出版社，2010.

[10] 林万亿. 学校辅导团队工作[M]. 台北：五南图书出版公司，2005.

[11] 香港·社会服务服务发展研究中心. 学校社会工作实务手册[M]. 广州：中山大学出版社，2013.

[12] 许莉娅. 学校社会工作[M]. 北京：高等教育出版社，2009.

项目二 学校社会工作的实务方法

【项目导学】

学校社会工作是社会工作重要的实务领域之一,并成为近年来受关注较多的领域。学校社会工作实务具备通用步骤与基本方法供实务工作者参考,以帮助实务工作者为相关群体提供适切的服务并保证服务的专业性。与此同时,越来越多的实务工作者倾向于将游戏辅导方法应用于具体的学校社会工作实务中,游戏辅导方法在满足服务使用者需求及协助其解决问题方面被证明有其独特性及有效性。因此,掌握学校社会工作实务的通用步骤与基本方法,学会将游戏辅导方法应用于具体实务过程中是一个合格的学校社会工作工作者的基本要求。

【学习目标】

- 掌握学校社会工作实务的通用步骤。
- 掌握学校社会工作实务的基本方法。
- 学会将游戏辅导的方法运用于学校社会工作实务。

任务一 学校社会工作实务的通用步骤

【任务情境】

学校社会工作实务案例[①]

学生小良,初中二年级时从农村初中转学到某市一流中学。上学第一天因为将

---

① 网络案例,http://www.2401.net/jyxlx/976513215800f535b98083cd22693a64.html,有改编,2014-06-20.

字典放在课桌下面查生字，受到语文老师的批评。从此之后他看到语文老师就害怕，总担心老师会批评他。他觉得过去学校的老师好，现在学校的老师都很凶。现在学校的同学都很优秀，自己比不过他们。一个学期下来，他只认识两个新同学，不敢与新同学玩。他感到胸闷、憋得慌，要求回到原来的学校读书上学。每天上学前他都说胃痛，不肯到学校。经医生检查他的胃并没有器质性问题，属于心理障碍。第一学期，他陆陆续续到校不满 50 天。父母出于各种原因考虑，还是希望他留在现在的学校上学。于是家长请求学校帮助。

如果你是小良所在学校的社工，你将如何来帮助小良？请根据学校社会工作实务的通用步骤，为小良设计服务计划，并注意体现各步骤中的主要任务。

【任务要求】

- 掌握学校社会工作实务的通用步骤。
- 分析具体事例中包含的学校社会工作实务的通用步骤。
- 评价了解学校社会工作实务通用过程的独特之处。

【必备知识】

学校社会工作实务与其他社会工作实务领域遵循着同样的通用步骤，即接案、预估、计划、介入、评估和结案六个步骤，每个步骤有着不同的工作任务、内容、方法和技巧。不过，因为服务使用者不同，学校社会工作实务的通用步骤也有其独特之处。掌握学校社会工作实务的通用步骤是开展学校社会工作实践的基础，是所有学校社会工作工作者在进入实务情境之前必须要掌握的知识。

一、接案

接案是学校社会工作实务的第一步，是学校社会工作者与潜在服务使用者开始接触，了解其需要或问题，协助其成为现实服务使用者的过程。好的接案是服务成功的基础。接案阶段需要完成的工作包括接案准备、接案会谈、搜集服务使用者资料、做接案会谈记录。

1. 接案准备

接案前需要做的工作包括了解服务使用者来源、为会谈做准备。

（1）了解服务使用者的来源。

服务使用者的来源和类型不同，直接影响着学校社会工作者与服务使用者关系的建立，也影响着实务工作者的工作策略。学校社会工作实务的服务使用者主要有三个来源①：一是主动求助的服务使用者。这类服务使用者带着超出他们能力之外而不能解决的问题前来寻求帮助，他们大多比较了解学校社会工作能够提供什么服务，也明白自己期望获得何种服务，学校社会工作所提供的服务与他们的期望有较大的一致性。这类服务使用者寻求问题解决或需求满足的动力也比较强。二是他人转介的、被要求面见学校社会工作者的服务使用者。比如经常逃课或打架的学生，经过班主任转介过来前来面见学校社会工作者。通常，由他人转介来的服务使用者有可能对学校社会工作者怀有敌意和抵触情绪，较难建立专业关系，且寻求改变的意愿很小。三是由学校社会工作者通过外展工作而成为服务使用者。比如，有适应障碍但不愿意主动寻求服务的学生，这类服务使用者可能由于求助能力较差、羞于求助或有不成功的求助经历等原因不愿意主动与学校社会工作者接触，但自身不具备解决困境的能力。对于这类服务使用者来说，没有主动求助或者说没有求助动机并不等于他们就不需要学校社会工作者的协助，或者不想得到服务，因此，学校社会工作者的主要任务是要消除他们的不信任或怀疑，引导他们接受服务。

（2）为会谈做准备②。

做好充分的准备工作是接案会谈顺利进行的基础。会谈前主要要做好两方面的准备工作：一是准备服务使用者资料。事先阅读服务使用者资料，通过学校、社区走访等形式了解服务使用者情况，了解服务使用者是否有特殊事项需要谨慎处理（如学生是否患有精神疾病等），这些都是学校社会工作需要做的会谈准备。二是拟定初次面谈的提纲。详细的访谈提纲可以帮助学校社会工作者厘清思路，且能有效地与服务使用者开展会谈，以提供更适切的服务。

---

① 李晓凤.学校社会工作[M].北京：中国社会出版社，2010.
② 全国社会工作者职业水平考试教材编写组.社会工作实务（初级）[M].北京：中国社会出版社，2016.

2. 接案会谈

接案会谈是学校社会工作者与服务使用者以面对面的形式讨论问题以确定是否建立专业关系的过程，其目的在于了解服务使用者最关心的是什么，以达到助人的目的。良好的接案会谈需要具备以下三个要素：一是会谈时间与场所的安排。学校社会工作者在时间方面应以方便服务使用者为原则，如选择在非上课或补习时间开展会谈，而在场地方面选择方面尽量选择方便学生到达、舒适且具备私密性和安全性的场所。二是完成相应的访谈任务。一般来说，学校社会工作者需要完成的任务包括界定服务使用者的问题、澄清双方的角色期待与义务、引导服务使用者进入角色、促进其态度和行为的转变、达成服务协议和决定工作进程（包括终结服务、转介、进入下阶段服务）。三是会谈技巧。学校社会工作者需要向服务使用者主动介绍自己，同时需要采用一定的沟通技巧，如关注、稍加鼓励、聆听、同理等技巧，以减少服务使用者的焦虑并深入了解其需要与问题。

3. 搜集服务使用者资料

除与服务使用者建立专业关系，搜集资料是接案面谈的另一重要任务，学校社会工作者主要搜集以下三方面的资料[①]：一是服务使用者的个人资料，包括学生的基本资料、生理状况和疾病史，学生的心理特征（智力水平、兴趣、人格特征、自我概念、自我防卫机制等心理特征）以及价值观和应对问题能力的资料。二是服务使用者的环境资料，包括学生的家庭、邻里、学校、社区组成的复杂系统以及社会政策环境中提供给学生的各种可以利用的资源和服务。三是关于服务使用者与环境交互作用的社会生态系统，如团体、学校、家庭以及建构和塑造各个阶段青少年的周边环境中较大的机构力量，学校社会工作特别强调获得学生个人、重要他人以及对其有重要影响的环境因素。

4. 做接案会谈记录[②]

进行接案会谈后，学校社会工作者需要将会谈的内容和结果记录下来，比较常

---

① 李晓凤. 学校社会工作[M]. 北京：中国社会出版社，2010.
② 全国社会工作者职业水平考试教材编写组. 社会工作实务（初级）[M]. 北京：中国社会出版社，2016.

用的形式是记叙性记录，其内容包括面谈目的、面谈过程（一般是按照时间顺序记录面谈内容，包括学校社会工作者的行为及服务对象的反馈，使用的主要技巧等）、对面谈的总体评估、对以后面谈的建议等。

二、预估

成功接案后就进入学校社会工作的第二阶段，即预估阶段。这个阶段的主要工作是对服务使用者的需要与问题进行详细了解和评估，并形成评估报告。预估的关键是收集资料和认定问题。在这个过程中，需要对家长、学校的教师与管理者、教育行政部门的管理者、学生所生活的社区环境的需要和资源进行广泛的了解与评估。预估的基本步骤为：探究服务使用者的情况、需要和问题，分析和解释资料，决定介入策略，撰写预估报告。

1. 探究服务使用者的情况、需要和问题①

（1）描述服务使用者的问题与需要。包括问题是什么，问题的范围、严重程度及持续时间。

（2）描述问题是如何发生的，原因是什么，问题与需要的发展状况等，包括：问题是在什么情况下产生的，产生时间及先后次序，服务使用者和其他重要系统的反应，采取了什么应对措施。

（3）描述服务使用者的处境及生活于其中的社会系统的情况。

（4）探究服务使用者不能解决问题的原因。这些原因可能是服务使用者对问题及问题处理方法的看法，其与资源网络的联系以及政府政策等。

（5）描述服务使用者的生命历程及发展阶段，这能够帮助学校社会工作者加深对其问题与需要的认识与理解。

（6）描述并鉴定服务使用者的资源状况，包括服务使用者参与解决问题的动机强度、学习的能力、有形的资源和时间。

---

① 全国社会工作者职业水平考试教材编写组. 社会工作实务（初级）[M]. 北京：中国社会出版社，2016.

2. 分析和解释资料

分析和解释资料就是学校社会工作者将所获得有关服务使用者的资料、服务使用者和学校社会工作者对问题和需要的认识加以整理，让其能够展示服务使用者结构化的问题和生活处境。在这个过程中，学校社会工作者需要与服务使用者共同努力，澄清彼此对问题与需要的看法，以促使学校社会工作者能更好地理解资料的意义，真正理解服务使用者的处境。接着，学校社会工作者需要与服务使用者一起界定所要解决的问题与所要满足的需要，并按照问题的重要性与目标实现的关联程度，决定问题解决的先后次序。

3. 决定介入策略

根据预估的初步结果，学校社会工作者需要提出适切的建议并决定介入的策略。介入策略包括直接服务与间接服务。直接服务包括直接提供物质帮助、个案与小组辅导、社区活动等；间接服务一般体现为政策倡导和发掘社会资源。很多时候，学校社会工作者需要综合地运用这些策略。

4. 撰写预估报告

将以上三个步骤的成果结构化的展示出来，则可以形成预估报告，为后期服务跟进提供方向指引，并为服务方案咨询与探讨提供基础。一般来说，预估报告包括背景资料与现实、专业判断两个部分[①]。其中，第一部分包括呈现的问题与需要、服务使用者的背景资料；第二步主要是学校社会工作者对服务使用者问题与需要的评估以及对成因的分析和理解。

三、计划

预估结果是学校社会工作者制订服务计划的根据，而详尽的服务计划则是学校社会工作者开展科学的、有效的助人服务的保障。具体来说，这个阶段需要完成的任务包括设定目的和目标、选择介入系统、选择介入策略。

[①] 李晓凤. 学校社会工作[M]. 北京：中国社会出版社，2010.

1. 设定目的和目标

目的指学校社会工作者介入最终达致的、长远的效果，是不可测量的；而目标是指具体的、现实可行的且可测量的，在介入中近期可实现的结果。从实质上来看，学校社会工作的目的在于改变"学校—社区—学生—家长"系统中存在的学生与其环境不适应和不平衡状态。而要达到这一目标，需要学校社会工作将系统中的各方面联系起来，力求实现以下几个目标①：①为相关老师、家长和学生建立新的社会生活技巧或能力。②在学校和社区中开发新项目，寻找新资源和社会服务机构，以帮助学生及其家庭。③改变学生、老师及家长等人的某些观念。④重新组织活动。⑤与相关的社区机构（如青少年服务机构）和学校所属的机构建立新的纽带。⑥开发革新项目，以满足学生及其家庭的需要。

2. 选择介入系统

选择介入系统的根据是对服务使用者需要和问题预估的结果。学校社会工作的服务使用者处于"学校—社区—学生—家长"的系统中，学校社会工作者的关注点在于学生与其周围系统的交流互动，不仅需要关注学生，同时也需要关注环境及其两者之间的互动。一般来说，学校社会工作的介入系统可以分为学生个人、家长及家庭、同辈群体、学校及教师、社区及宏观社会系统（如教育部门、教育政策），学校社会工作者需要根据服务使用者需要决定介入的系统。

3. 选择介入策略

介入策略主要包括：明确工作过程中学校社会工作者和服务使用者各自的角色和任务，明确介入的阶段和过程；清楚介入的方法与技巧。在这个过程中，学校社会工作者需要与服务使用者详细说明各自的角色和任务，澄清双方的权利与义务，以引导服务使用者参与到服务过程中；与此同时，学校社会工作者需要对介入的阶段和过程有一个科学的把握以对服务进行管理，也需要明了自身使用的专业方法与技巧。

四、介入

介入是学校社会工作者执行服务计划的有目的的行动，最终达致恢复和增强服

---

① 李晓凤. 学校社会工作[M]. 北京：中国社会出版社，2010.

务使用者整体功能的过程,在这个过程中,学校社会工作者需要使用一定的专业知识、方法和技巧。在具体的介入过程中,学校社会工作者需要在了解学生个人、家长及家庭、同辈群体、学校及教师、社区及宏观社会系统(如教育部门、教育政策)情况的基础上决定介入的类型。介入类型包括直接介入、间接介入和综合介入三类。

1. 直接介入

直接介入是指以学生个人、家庭和同辈群体为介入对象,并针对他们采取直接的行动。如对学生及家庭开展个案辅导、对同辈群体提供人际交往技巧学习等,这些行动是直接作用于服务使用者本身,重点在于调整这些系统之间的互动方式。

2. 间接介入

间接介入是指由学校社会工作者代表服务使用者采取行动,通过介入服务使用者以外的社会系统来间接帮助他们,协助其获得恢复社会功能的资源。如一个因家庭贫困而辍学的学生,学校社会工作者需要代表这名学生向相关政府部门申请教学救助或向学校申请学费减免,这些行动虽然不是直接作用于服务使用者,但却为服务使用者带来实质的帮助。

3. 综合介入[①]

从"人与环境"的角度出发,社会工作将介入焦点放在两个环节上:一是增强个人的生活适应能力;二是增强社会和物理环境对个人需要的回应,包括环境的改变和政策的倡导与实施。这种从人与环境两个环节进行介入的策略构成了将直接介入和间接介入活动结合在一起的综合介入行动,是对服务使用者有关系统进行介入,体现的是一种综合治理的理念。学校社会工作者在介入时也需要有这种整合意识,若只是单纯地使用直接介入或间接介入都很难完整地满足服务使用者的需要或协助其解决问题。

五、评估

评估是指学校社会工作者为检验介入行动的有效性、服务使用者的改变情况和

[①] 全国社会工作者职业水平考试教材编写组.社会工作实务(初级)[M].北京:中国社会出版社,2016.

目标达致情况而开展的工作，以总结经验、发现问题及改进服务，从而更好地满足服务使用者的需要。不同的评估类型有着不同的评估重点，同时也需要使用不同的评估方法。

1. 评估类型

（1）过程评估。

过程评估是指对学校社会工作者介入行动的全过程进行的多方位的评估，包括服务计划，正在进行中的活动，服务使用者表现及学校社会工作者的工作和技巧等，以发现服务使用者的变化、学校社会工作者所使用的技巧、发现问题、探讨介入成功或失败的原因。过程评估较重视对问题进行诊断和重视反馈。

（2）结果评估。

结果评估是指对学校社会工作者的一个较长的介入阶段进行总结，重视结果的有效性，依据明确且结论性强，无法反映介入过程。例如，对一个小学生专注力提升小组而言，结果评估看中的是这些参加小组的小学生的专注力提升了多少，而不会关注其具体是如何提升的。

2. 评估方法

无论是过程评估还是结果评估，都需要采用一定的评估方法，才能收集到有用的评估资料，具体的评估方法包括以下四种：

（1）档案法。

包括介入行动产生的档案（如学生在接受个案服务时所填写的资料、对个案服务过程的评价等）与介入系统中存在的档案（如学生过往的成绩单、学校的日常教学记录本、社区中的医疗健康卡等）。通过搜集与阅读以上资料，学校社会工作者可以间接地了解服务使用者对服务的感受、评价、目标实现程度及介入方法的有效性。

（2）访谈法。

学校社会工作者根据评估需要，与学校社会工作者系统中的相关群体，采用对话、讨论等面对面的方式，来了解他们对介入行动的看法、评价及建议等。根据访谈进程的标准化程度，可将它分为结构型访谈和非结构型访谈。访谈法可以收集多方面的、较深入的评估资料。

（3）观察法。

观察法是学校社会工作者根据评估需要，直接对服务使用者的行为、活动、反应或现场事件等进行观察和记录，以获取评估资料的方法。例如，为评估介入患有多动症学生的效果，学校社会工作者可以采用下到班级、学生家庭观察其与同学及教师的互动、自我控制行为的次数、专注力时长等。

（4）调查法。

学校社会工作者可以采用问卷调查、量表等来获得介入效果的客观资料，也可收集服务使用者对介入效果的主观感受方面的资料。

六、结案

当学校社会工作者经过有计划的介入过程，并促成了服务使用者的转变后，就进入了结案阶段，这意味着服务的终结。不过，结案并不一定代表既定的目标已实现或者取得了成效，也存在其他结案的情况：因服务使用者不愿意继续接受服务、存在不能实现目标的客观和实际原因（如学生出现严重心理疾病，超出学校社会工作者能力范围）、服务使用者或工作者身份发生改变（学生转学、工作者调换工作地点等）。如果按照正常情况结案，在此阶段，学校社会工作者需要完成以下工作任务：

1. 总结服务

由学校社会工作者评估整个服务过程，对目标完成情况、介入效果进行总结和评估，并帮助服务使用者认清和意识到自身的改变及以后改善的方向，同时亦需要将评估结果与督导讨论报送给机构，做好结案报告。

2. 处理结案情绪

在结案时服务使用者会有两种反应：一种是因在与学校社会工作者的合作中获益而形成的正面情绪反应（包括欣喜、感激、充满信心等），一种体现为明显的"分离焦虑"的负面情绪反应（包括否认、倒退、依赖、抱怨、愤怒、讨价还价等）。对于正面情绪反应，学校社会工作者需要给予肯定并进行适当地加强；对于负面情绪反应，学校社会工作者需要尽早做好结案准备、提前告知服务使用者结案的日期并做好结案的准备，公开讨论自己对于结案的感受并引导服务使用者表达，或者通过建设性的方式帮助服务使用者处理情绪等。

3. 巩固并维持已有成效

帮助服务使用者巩固在助人过程中获得的经验并能够在日常生活中得到维持与运用是学校社会工作者的责任。有以下几个办法可以帮助学校社会工作者达到这个目的：一是帮助服务使用者回顾工作的过程（包括问题或需要、解决问题或满足需要所采取的步骤），促进其理解逐渐变化的过程；二是强化服务使用者自己取得的成绩，使其认识到自身在问题解决过程中所发挥的作用，增强其面对问题和解决问题的信心及认识到自身的优势，以此来巩固并维持已有成效。

4. 解除专业工作关系

结案意味着工作关系的解除，学校社会工作者不再提供服务。不过结案并不是说学校社会工作者不再与服务使用者接触，如果其还需要其他的服务就应给予转介。

5. 撰写结案记录

结案时需要撰写结案记录，内容主要包括服务使用者问题及需要、服务目标达成情况、所提供的服务及服务发展情况、结案原因以及学校社会工作者的评估和建议等。

6. 跟进服务

学校社会工作者需要在服务结束后一段时间定期对学生及其家庭、在学校的表现、社区资源的供给情况等进行跟踪和回访。跟进服务可以让学校社会工作者知道服务是否真正有效，并给服务使用者带来支持，增强其继续改变的信心。跟进服务可以采取电话跟进、个别会面、集体聚会等形式开展。

【实务操作】

作为学校社会工作者，针对"任务情境"中小良的案例，可以依据学校社会工作实务的通用步骤，设计具体的服务跟进计划。

通用步骤	具体跟进计划
接案	1. 了解服务使用者的来源：小良的父母找到学校帮忙，班主任因此找到学校社工，希望社工能够帮助小良。小良属于被动求助的服务使用者，对社工有一定的抵触情绪。 2. 会谈：社工在接案会谈中的主要任务是缓解小良的抵触情绪，争取建立较好的专业关系。社工第一次见小良是在学校的社工站，当时小良处于一种十分紧张的状态，并有种想逃离的感觉。小良一开始是处于抵触状态，但当社工说起有没有喜欢的运动时，他表示自己很喜欢打篮球。社工了解完小良的情况后，进行多方面沟通后决定开案。 3. 搜集服务使用者资料：搜集小良的个人资料及其家庭、学校资料。 （1）家庭情况。小良的家庭属于普通的一家三口架构，小良是家里的独生子，从小父母就很重视对他的培养。其家庭生活水平一般，但父母还是会尽量满足小良的要求。最近由于父亲工作转变的原因，小良一家三口从原来的农村地区转向了大城市，父亲也希望可以趁机为小良制造一个更好的学习环境，将小良转到一所一流中学。 （2）学校情况。小良所处的新学校是该市有名的中学，学习氛围很浓郁。小良刚转到新学校就感觉新学校的学习氛围很压抑，新同学也不像以前的同学一样。同学大多数十分重视成绩，下课放学都只忙着读书、上补习班。新老师对学生要求也很严格，每天布置的作业对于小良来说很繁重。 4. 做好接案会谈记录。
预估	1. 探究服务使用者的情况、需要和问题：根据接案会谈中搜集到的资料，对小良的需要和问题开展分析，了解小良的问题发生的原因，其所处社会系统的变化对其产生的影响。 2. 对资料进行分析和解释：与小良共同努力，界定其需要解决的问题及问题的先后次序。 案主的问题主要有： （1）适应新环境面临困难。 （2）因学习基础差而产生的学习压力。 （3）存在人际交往问题，交往面窄、产生孤独、不能融入新环境。 （4）亲子沟通问题，针对小良的不适应情况，父母没有与其沟通，没有给予足够的情感支持与协调帮助。 3. 决定介入策略：决定哪些是具体针对小良提供的直接服务，哪些是需要对其系统及社会资源系统进行介入的间接服务。 4. 根据以上资料，撰写预估报告，包括呈现小良的问题与需要及背景资料，以及社工对小良问题与需要的专业判断。

续表

通用步骤	具体跟进计划
计划	1. 设定具体的服务目标：帮助小良增强人际交往能力，与同学老师进行更多的良好交流；提高小良的学习成绩和学习能力；缓解小良的心理压力，帮助其学习缓解压力的方法，为其提供情感支持。 2. 选择介入系统：包括小良个人及其父母、同学及老师、所处的社区等。 3. 选择介入策略：在这部分，社工需要与小良澄清各自的角色和任务、权利与义务，介入的过程，社工也需要明白自身所使用的方法与技巧。 具体介入策略： （1）与案主初步接触，建立良好的专业关系。 （2）着重注意案主的心理情绪变化，疏解案主的情绪困扰，提供情感支持，给予关心、引导和帮助；结合青少年阶段的特征，提高案主认知情绪、辨别情绪、掌控情绪以及正确处理情绪的能力，使之不会对自己的学习与生活造成影响。 （3）帮助案主分析目前的状况，并与其共同克服可能存在的困难；与小良一起探讨和分析目前的状况，存在的问题及产生的原因，共同制定介入方案。 （4）积极帮助小良与老师和周围的同学搞好交流沟通，让其感受到现在老师同学的温暖；强化小良现有的社会支持网络。主动联系学校老师、同学及其他重要他人，及时对案主提供改变所需要的支持与鼓励。 （5）针对案主内向、自卑的性格，采取循序渐进的工作方式，安排案主参加集体活动，通过谈话及集体活动来增强他的自信心。 （6）对小良学习进行辅导，积极帮助小良提高学习成绩；协助小良制订一份学习计划书并督促小良有效完成；联系学校老师、同学，对小良学习进行课外辅导。 （7）回顾整个个案服务过程，对案主进行赞扬和肯定，制订未来的服务计划。
介入	1. 制订介入计划：社工分阶段对小良进行介入，并采用综合介入的方式，既为小良提供直接服务，也着力于改善小良与周围系统的关系。社工可以为小良提供情绪辅导、课业辅导及小组辅导服务，邀请小良参加学校活动等；采取各种方式改善小良与同学的关系。

续表

通用步骤	具体跟进计划
介入	2. 具体介入过程： 第一节：建立专业关系。社工与案主在社工站见面，在第一节，社工的主要目标是与案主建立关系。虽然之前跟案主见过一次面，但再次见面时，案主对社工仍然感觉到很陌生，觉得很不自然。社工根据上次面谈所获得的资料，决定从案主感兴趣的事情着手，聊起关于篮球的事情，这显然引起了案主的兴趣。社工从这个介入点，慢慢与小良沟通，从篮球聊到生活的事情，小良也慢慢开始自然起来了。 第二节：深入了解。有了第一节经验，小良开始不排斥社工了，也慢慢感觉到社工是来帮助他的。但当社工开始与小良聊到对新学校的看法时，小良的情绪开始变得激动，当说到老师时，更是显示出一种惊恐的表现。社工慢慢抚平小良的情绪，并对小良给予一定的关心。在社工的帮助下，小良平复了心情，也透露了自己曾经被语文老师骂的那段经历对他造成的影响。社工根据小良的情况，与小良一起探讨了他的问题所在，并制定了目标和安排了家庭作业。 第三节：社工首先检查了在上一节布置给小良的家庭作业，即要求他一个星期内至少去上一天学。虽然小良只去了学校半天，但这也是一种进步的表现。社工首先赞扬了小良。接下来，社工针对小良不善于人际交流这部分，和案主进行了情景模拟，教授了小良一些交往技巧，并介绍小良参加一个篮球兴趣小组当作训练，小良同意了社工的建议。 第四节：一开始，社工就上周小良参加篮球小组的情况进行了解，了解到小良在兴趣小组中认识了几个都喜欢篮球的同学，小良的心情也变好了。在这一节，社工要求了小良的老师和同学一起来参与。老师和同学都说了对小良的印象，希望自己能参与到其中，帮助小良尽快适应校园生活。小良听到后很感动，重新审视了对老师和同学的看法。老师表示可以利用课余时间帮小良补课，帮助他尽快赶上学习进度。同学也表示可以辅助案主学习和制订一个学习计划，同时也希望小良能代表班参加学校的篮球赛。小良同意了老师和同学们的帮忙。 第五节：社工在与小良的交谈中了解到小良开始融入到新班级，整个人变得更开朗了。之后告诉小良结案的事情。社工与小良一起回忆了整个个案过程，巩固了已有成果，小良也觉得自己不害怕学校和老师了，甚至喜欢上新学校了。社工正式对小良提出结案，小良虽然不舍，但最后还是接受的社工的决定，同时也很感谢社工的帮助。

续表

通用步骤	具体跟进计划
评估	可采取访谈、观察或问卷的方式对小良进行评估，若达到服务计划中的总目标，则可以考虑结案。 社工评估时发现：就问题来看，案主已经达到了当初制定的总目标，开始融入了新的校园，与同学的关系也慢慢变好。以前的心理障碍等症状已经慢慢消失，甚至很长一段时间没有复发。于是社工觉得可以对小良的个案进行结案。
结案	1. 在结案时，社工需与小良总结服务过程，帮助小良理解其变化的过程、强化其取得的成就并鼓励其在实际生活中多运用，同时也需要处理小良的结案情绪。 2. 结案以后，社工要对小良进行跟进。社工就小良的情况进行定期的跟踪，最初的跟踪是每隔一个月对小良的情况进行了解，大概经过三次跟踪之后，改为了三个月了解一次，大概一年之后社工再次评估了小良的情况，决定对小良的案件正式结案。

任务二 基本方法（个案、小组、社区、个案管理）

【任务情境】

四川抗震希望学校学校社会工作服务——总结与反思①

在 2008 年"5·12"汶川大地震发生后，中国青年政治学院社会工作团队在广元市东城区实验学校开展社会工作服务。服务对象是以学生为本，面向全校师生。服务内容为与学生及老师学习、生活、心理、环境、社会等相关的社会工作领域。具体的服务方法包括个案工作、小组工作、大型活动、教师培训、社工小信箱、社区服务等，这些服务都较好地满足了广元市东城区实验学校学生、学校及教师的需求，并产生了一定的社会影响。

若你是中国青年政治学院社会工作团队负责广元市东城区实验学校的社会工作者，你将如何开展学校个案工作、学校小组工作与学校社区活动？请详细阐释其开

---

① 四川抗震希望学校学校社会工作服务——总结与反思. 中青社工在广元的博客. 2008-11-05. http://blog.sina.com.cn/s/blog_5ce9e99c0100b4vt.html.

展步骤。

【任务要求】

- 理解学校个案工作、学校小组工作、学校社区工作、个案管理的定义。
- 掌握学校个案工作、学校小组工作、学校社区工作、个案管理的开展方法。
- 分析具体事例中的基本方法。

【必备知识】

作为社会工作实务的重要领域之一，学校社会工作实务秉承了社会工作的三大基本方法，即个案工作、小组工作、社区工作三种形式。学校个案工作、学校小组工作、学校社区工作这三大方法的定义、服务开展延续了通用社会工作实务的特色，不过在加入"学校"的元素后有其特点。与此同时，我们也将学习最近流行的一种基本方法——个案管理，其在解决服务使用者复杂问题方面有其独特的优势。本任务将主要介绍学校个案工作、学校小组工作、学校社区工作、个案管理等基本方法及其开展。

一、学校个案工作

1. 学校个案工作的定义①

学校个案工作是学校社会工作方法的一种，以全体学生尤其是适应不良的在校学生为服务对象，由专业的学校社会工作者运用有关青少年成长的专业知识和技巧，为学生提供物质或情感方面的支持与服务，以此帮助他们解决一些在自身能力和资源条件下无法解决的学习、人际交往和学生生活适应等方面的问题，从而达致个人成长的最佳状态。

2. 学校个案工作的目的

学校个案工作的目的主要体现为预防、发展和治疗。

（1）预防：保障学生权利与尊严，并获得适切性教育；减轻消极事件对学生和

---

① 李晓凤. 学校社会工作[M]. 北京：中国社会出版社，2010.

学校的影响,维护校园安全。

(2) 发展:帮助学生发挥潜能,提升其解决问题的能力,建立自信心;协助其适应周围环境系统,建立良好人际关系,从而实现全面发展。

(3) 治疗:针对适应不良或有行为问题的学生,运用专业辅导疗法,增强其社会功能并减少或消除其问题行为。

3. 学校个案工作的开展

在学校领域开展的个案工作,因环境系统、学生特性而体现出其独特性;其开展步骤遵循通用步骤的基础,但也体现个案工作的不同之处。

(1) 特点。

① 开展形式多样。通常,个案工作出于多方面考虑,需要在专门的个案室开展,但在学校个案工作开展过程中,由于学生课业时间的限制、青少年追求独特且看重隐私的特性,使得其开展形式更多样。除了传统的在个案工作室的面谈,学校社会工作者还会采取电话交谈、社工信箱、游戏治疗等形式。

② 开展场地多变。为满足学生多样化的需要,学校个案工作者不仅在个案室开展工作,还会在教室外或操场、医院、学生家里等地点开展个案服务。不管在何种场地开展工作,学校社会工作者都需要时刻注意保护学生的隐私与安全。

(2) 步骤。

① 接案。学校社会工作者接受主动求助或由教师转介、父母要求而被动求助的学生,与服务使用者进行初次接触,了解服务使用者需要与问题,并注意与其建立良好个案关系。在学校个案工作领域,被动求助的服务使用者通常占较大比例,这对工作者是一个较大的挑战。

② 预估。多渠道收集资料,包括与学生、教师访谈,学生档案材料,运用量表或问卷,家庭走访等渠道;根据收集的资料,对服务使用者的需要及问题进行评估。

③ 计划。根据预估报告,在与服务使用者充分协商的基础上,设定个案跟进目标,注意目标的可行性与具体性,并制订介入行动计划。

④ 介入。根据服务使用者需要,选择适当的介入系统(个人、家庭、学校、社区);并根据"人在情境"的原理采取综合介入,既着力于解决服务使用者的适应不

良或行为问题,也注重于服务使用者与环境系统的关系改善。

⑤评估。采取多样评估方法,向多主体(学生、学校领导或教师、社区、家庭)收集评估资料,以评估介入活动的有效性。

⑥结案。当服务使用者的问题有所改善或需求得到满足,学校社会工作者就需要考虑结案了。在这个阶段,工作者需要进行带领案主回顾个案经历,协助服务使用者明确改变与成长,慎重处理离别情绪等工作,并讨论后期的跟进安排。

二、学校小组工作

1. 学校小组工作的定义

学校小组工作是学校社会工作者以全体学生为对象,运用小组工作的方法与技巧,通过组织有目的的小组活动,促进学生获得情感支持、行为转变、能力提升,进而促进学校社会工作系统的发展。

2. 学校小组工作的类型

学生是个性最为鲜明的群体,因而针对学生的小组也有很多类型,以下是几种常见的小组类型:

(1) 兴趣小组:兴趣小组是最常见的学校小组类型,此类小组主要是培养学生的兴趣爱好,较多学生都归属于某个兴趣爱好小组,如书画班、篮球队、曲艺社等。

(2) 服务或志愿小组:此类小组主要是提升学生的实践能力或奉献意识,如春运期间在车站开展的志愿服务队,为社区孤寡老人提供帮助的服务小组等。

(3) 成长小组:此类小组主要是协助学生适应不同阶段的学校生活,通过开展与成长相关(升学、恋爱、就业等)的主题小组活动促进学生间的沟通与互动,帮助其更好地领悟成长的意义,以顺利度过各个成长阶段。

(4) 互助小组:此类小组主要是由有着相似经历的学生组成的小组,通过组员间的互相帮助与支持,协助组员应对困境,从而共同成长。比如,学习互助小组、失恋互助小组等。

3. 学校小组工作的开展

（1）开展原则。[1]

① 个别化原则。既包括对小组成员的个别化，也包括对小组的个别化。在小组开展过程中，学校社会工作者应将组员视为独特的个体，并根据他们的需求制订合适的小组目标与小组计划。同时，学校社会工作者所开展的每个小组的工作都是独特的，虽然学生群体有其共性的问题，但因不同的小组由不同的学生组成，这也就决定其服务开展的独特性。

② 接纳原则。在开展学校小组工作的过程中，工作者需要同等对待不同类型的组员，真诚地、完整地接纳他们，不因学习成绩、人际关系、经济状况等对学生采取不同的对待方式。

③ 发挥组员潜能，引导其自助及互助。对于学生而言，他们的思维较活跃且可塑性很强，只要工作者引导得当，其潜能就会得到较大程度的挖掘。同时，工作者需要运用小组优势来引导组员互动，促进其互帮互助。

④ 建立良好工作关系的原则。学生较看重与他人的关系，而工作者与学生的良好关系的建立则是小组成功开展的基础。工作者要事先了解学生的兴趣爱好及问题所在，开展有趣且有针对性的小组活动，这样可以较好地拉近与学生的关系。与此同时，工作者也需要树立一定的专业权威，运用专业知识帮助学生解决问题。

（2）开展步骤。

① 组前准备。这个阶段需要完成的工作包括通过评估学生、学校及家长等主体的需求来确定小组需求；根据需求确定小组目标；与组员共同制订小组计划书；采取多种方式招募组员并根据一定标准对组员进行筛选。

② 小组开展。这阶段主要包括小组初期、小组关系转换期、小组成熟期、小组结束期四个阶段，每个阶段都需要完成一定的任务，工作者也需要担任不同的角色。在小组开展过程中，学校社会工作者需要结合学生特点，灵活地对小组计划进行调整，并注重学生群体的参与。

③ 小组总结与评估。这阶段需要对小组开展情况进行总结，对小组资料进行整

---

[1] 石彤. 学校社会工作实务教程[M]. 北京：中国人民大学出版社，2010.

理，也需要撰写小组终期评估报告。

三、学校社区工作

1. 学校社区工作的定义

学校社区工作是指学校社会工作工作者将工作外延拓展到社区，在工作的过程中坚持学校社会工作的理念、原则、方法，并将社区工作的方法运用于其中，以促进学校与社区、学生及家长与社区建立良好关系，最终促成学生与社区的双赢发展。

2. 学校社区工作的意义

（1）对学生而言，为其打造一个有利于成长与发展的社区空间是非常有必要的。社区物理环境与人文环境是影响学生学习的重要因素，而学校社区工作的开展将致力于这两方面环境的改善。

（2）对社区而言，学生（儿童青少年）发展状态如何，将直接影响社区氛围以及社区的持续发展。因此，学校社区工作的发展将为社区责任意识的培育提供一个良好的平台。

（3）对学校而言，学校社区工作的开展将为其创造更有利的社区环境，也更有利于与社区共享资源。

（4）对学校社会工作者来说，协助学生及其家庭、学校、社区三者之间建立良好关系也是重要的工作目的之一，而良好关系的建立将更有利于学校社会工作者发挥其作用。

3. 学校社区工作的开展

（1）学校社区工作的类型。[①]

① 同伴辅导计划。同伴辅导计划是指通过社区内高年级的学生对新进入学校的学生提供服务，帮助新学生适应新的学习环境。此计划的开展，对新学生来说能够使他们得到支持和帮助，对高年级学生来说有利于自身能力提升和价值观建立，促进双方共同成长。

---

① 李晓凤. 学校社会工作[M]. 北京：中国社会出版社，2010.

②志愿者训练及服务活动。志愿者训练及服务活动包括两个层次：一是社区人士组成志愿者团队，为社区内的学生提供服务；二是组织学生为社区内有需要的人士提供志愿服务。

③学生成长支持网络。学生成长支持网络是指通过协助学生了解自身处境及问题的成因，来界定和评估周围的环境，从而建立支持网络来解决学生个体的个人问题，拓展其社交圈，增强其解决问题的能力，以此帮助其学习更多适应技巧。

④邻里关怀"行为偏差学生"计划。邻里关怀"行为偏差学生"计划是指将对行为偏差学生的辅导和帮助延伸到社区，以协助边缘学生与社区内的人士建立友善的关系，同时在邻里间推动互助的意识和行为。

⑤儿童青少年权益保护宣传和咨询活动。该活动主要是帮助学生及家长、社区内有关人士关注社区内儿童青少年权益保护的情况。与此同时，与相关人士组成小组，以解决社区内的学生在权益保护上遇到的困难。

（2）学校社区工作的步骤。

①建立关系。学校社会工作者进入社区，与社区居民、社区组织及其领导人及社区关键人物建立联系，并向他们介绍学校社区工作者能做什么、期待做什么。

②收集资料。在这个阶段，学校社会工作者需要运用多种方法进行资料收集，以了解社区概况（人、文、地、产、景等）和社区需要，并在这个基础上对社区进行评估。

③制订计划。根据需求评估，邀请相关人士（社区组织领导者、社区关键人物、学校领导及教师、学生）参与服务计划的制订，为学校社区工作的开展制定蓝图，使服务有据可依且具有科学性，以更好地服务于学生、学校及社区。

④执行计划。在这个过程中，学校社会工作者需要激发相关人士的参与热情，使计划能够顺利实施。执行计划通常包括筹备、开展及结束等阶段，在每个阶段都需要学校社会工作者运用相关知识与技巧来进行。

⑤评估。学校社会工作者采取多种评估方法，对服务进行评估，以了解目标达成情况，相关人士（学生及家长、社区与学校）对服务的反馈，服务过程中的经验等，并对这些相关情况进行总结。

四、学校个案管理

1. 学校个案管理的定义[①]

学校个案管理是个案管理在学校领域中的应用,实施个案管理的社会工作者在整个服务网络中,有系统地连接不同的组织、机构和专业人员,设定协调和监督的责任,以此来帮助学生及其家庭、学校等服务使用者用适当的方式获得并利用不同的服务,来满足其需要和解决其问题。

2. 学校个案管理的特点[②]

(1)服务使用者遭遇多重问题。

学校个案管理的服务使用者所遭遇的问题比较复杂,需要多位专业人士长期的跟进才能够帮助其问题的解决和实现其需求的满足。与此同时,服务使用者的需求不仅仅涉及学生个人,还涉及学校、家长、社区等方面的需求,个案管理服务需要持续到他们在获得资源与使用助人资源方面的功能得到恢复和提高后才能结束。

(2)"全貌"的工作方法。

"全貌"工作方法包括两个方面:一是为面临多重问题的服务使用者寻找所需要的服务网络;二是协调这个网络中的各项服务,既关注每项个别服务提供的有效性,又关注整个服务网络的协调性及其在解决服务对象问题的有效性。

(3)双重功能。

双重功能主要体现在两个方面:一是经过各项服务的协调实现服务的合理配置,二是强调服务的效率,在成本效益的原则下来运用社会资源与提供服务。

3. 学校个案管理的步骤(图2.1)

(1)发现个案。

在学校社会工作中,案主通常是来自社工的观察,班主任、德育主任、学生家长的介绍,案主自主求助。

[①] 李晓凤. 学校社会工作[M]. 北京:中国社会出版社,2010.
[②] 全国社会工作者职业水平考试教材编写组. 社会工作综合能力(中级)[M]. 北京:中国社会出版社,2015.

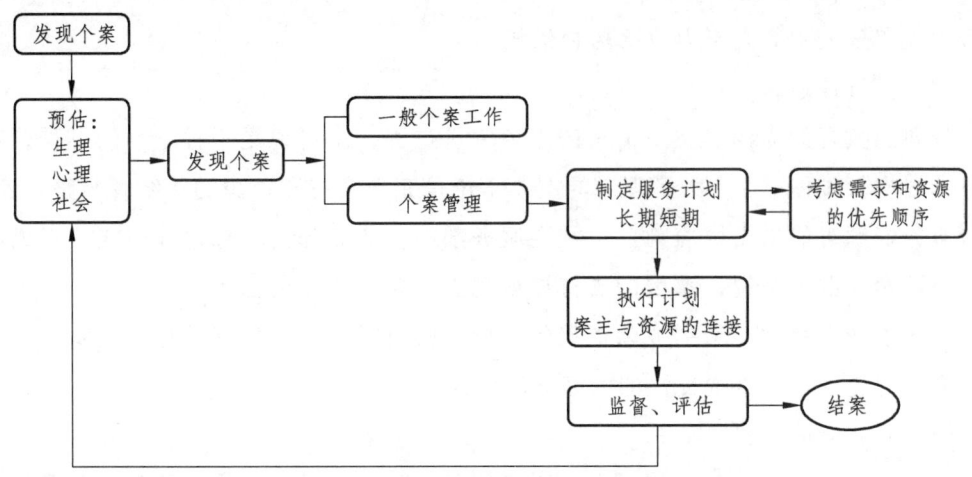

图 2.1 学校个案管理的步骤

（2）预估。

预估指对问题和需求的评定过程。个案管理预估的目的在于确定案主是否真正需要整合性的服务资源，其预估内容主要是案主所处的个人、家庭与社会情境。和传统的个案工作不同的是，并非每位求助者都可成为接受个案管理服务的案主。一般认为，只有问题或需求较为复杂的个案才需要个案管理。比如药物滥用个案，一般来说药物滥用个案会涉及学生自己、学生的家庭、学校、戒毒所等部门之间的相互配合，所以，通常会采取个案管理的方式来解决药物滥用学生的困境。社工根据案主药物依赖的程度来链接相关机构的资源以判断案主是否需要进入专业禁毒机构进行强制戒毒。

（3）制订服务计划。

制订服务计划是个案管理的主要职责之一，即要为案主设计一套整合式的服务。此种多元的服务可能涉及许多相关专业人士和机构的配合。制订服务计划的目的是连结案主的需求和服务资源。有时还需要召集包括案主在内的相关人员进行协商，并排列需求和资源的优先顺序，以便明确工作目标的轻重缓急，及时满足某些最基本的需要，如生存类的需要等。社工可以先和案主聊天，了解案主的改变动机，和案主共同面对情绪困扰，如药物滥用个案；需要专业戒毒机构的介入，则可将戒毒部分的服务转介到相关机构，如不需要进入专业机构戒毒，社工可以和案主一起制定行为改变量表,共同努力戒除药物依赖。

(4) 执行计划。

计划的执行即为满足案主需求的服务输送过程,也可说是一种干预的过程。在服务计划执行过程上,个案管理者的主要角色是充当案主和资源的连结者与整合者。这些服务资源可能来自政府部门、社会服务部门、商业部门、志愿部门或非正式部门。对于学生群体来说,家庭的支持显得尤为重要,如在药物滥用个案中,社工应该帮助案主获得家庭对案主戒除依赖的支持,必要时可以做家庭治疗,缓解家庭内部不良的沟通方式,重构良性的家庭互动模式。

(5) 监督评估。

在个案管理服务的整个过程中,不断的监督与评估以作为修正服务的参考是非常必要的。此外,当服务提供结束后,为保证服务的效果,追踪评估也是必要的。评估的结果若显示出案主的问题或需求并未获得解决,则须考虑重新回到预估和重新制定服务阶段,同时也应探究一下前期服务计划的问题所在,以利于今后工作的开展。

(6) 结案。

当案主的问题已陆续被解决或案主已经具备自主取得和运用资源的能力时,可考虑结案或将个案管理转成一般个案工作的状态。

【实务操作】

"任务情境"的文章展示了四川抗震希望学校的学校社会工作服务,其服务方式多样,为学校社会工作的服务使用者提供了专业的服务,促进了各方的共赢发展。

学校社会工作包括学校个案工作、学校小组工作、学校社区工作三大类。其定义如下:

"学校个案工作"的开展。

开展	具体分析
特点	◇ 开展形式多样:采取"个案室面谈+社工信箱"的形式,满足学生因课业限制、看重隐私的特点。 ◇ 开展主题多样:可以是同学关系、亲子关系紧张、行为习惯不良等方面。

续表

开展	具体分析
步骤	◇ 接案：被动求助（老师转介）居多；建立关系是一个挑战。 ◇ 预估：多方面搜集资料，评估学生的需求或问题。 ◇ 计划：与学生商量后制订双方都满意的跟进计划。 ◇ 介入：采取综合介入的方式，既注重解决学生的实际问题，也注重改善学生与周围环境系统的关系。 ◇ 评估与结案：采用评估方法评估介入的有效性，若预期目标达到则可考虑结案。

"学校小组工作"的开展步骤：

步骤	具体分析
组前准备	◇ 开展小组评估的前测，找到一个为开展小组工作的班级，进行前测的评估。 ◇ 根据前测评估了解潜在组员的需求并以此确定小组目标。 ◇ 与组员一起制订计划书。 ◇ 开展组前筛选，选择合适的小组组员。
小组开展	◇ 在各个班级中分别开展不少于 5 次的小组活动，主题可以是班级凝聚力、自我认识、行为习惯、生命教育/入学适应等。 ◇ 根据小组各开展阶段的特点，学校社会工作者需要不断调整自身的角色，并注重将组员纳入到小组过程中。
小组总结与评估	◇ 统计参加小组活动人数。 ◇ 通过评估问卷或访谈、观察等方法搜集参加者对小组活动的评价及感受。 ◇ 根据参加者意见调整后期小组。 ◇ 与此同时，形成小组评估报告。

学校社区工作的开展：

学校社区工作	具体分析
类型	◇ 针对教师讲授心理健康教育课、生命教育之自我成长讲座、历奇团体辅导、班级管理辅导等。 ◇ 针对学生及家长开展家长讲座、亲子互动等活动。 ◇ 针对社区居民，开展安全社区建设讲座等。
开展步骤	◇ 建立关系：进入学校所在的社区，向社区居民、社区组织、社区关键人物介绍社工团队能为抗震救灾做些什么，了解社区期待社工团队做什么。

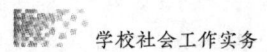

续表

学校社区工作	具体分析
开展步骤	◇ 收集资料：借助搜集资料的方法，了解该社区在地震后各方面的情况及需要，并进行评估。 ◇ 制定计划：邀请相关人士（社区组织领导、社区关键人物、教师、学生及家长）参与计划的制订。 ◇ 执行计划：邀请相关人士参与计划的执行，使其更有主人翁意识；并需要按照活动筹备、开展及结束阶段等过程来执行计划，确保社区活动的科学性。 ◇ 评估：在活动结束后，收集学校教师、学生及家长、社区居民等队活动的反馈。

任务三　游戏辅导在学校社会工作中的运用

【任务情境】

游戏辅导案例：闪光的彩球[①]

为让学生在竞争中学会合作，某校三年级的班主任老师请求学校社会工作者小李帮忙开展一次游戏辅导课程，小李欣然接受邀请。社工小李很快着手游戏辅导的工作，首先他选择与该班的学生初步接触以了解其具体需要，与此同时也搜集了该班学生的相关资料。随后，小李在与学生进行沟通后决定选择"闪光的彩球"为名称的游戏辅导方案。在一次班级德育课上，小李在该班执行了游戏辅导方案，赢得了学生与班主任的高度评价，这让小李感觉到很开心。

若你是小李，你将如何进行以"竞争中合作"为主题的游戏辅导方案的设计并执行该次游戏辅导任务？请列明游戏辅导的开展步骤。

【任务要求】

- 理解游戏辅导的定义及设计原则。

---

① 游戏辅导案例-闪光的彩球.豆丁网，http://www.docin.com/p-418513911.html. 2012-06-07.

- 掌握游戏辅导的分类。
- 掌握游戏辅导的步骤。

【必备知识】

游戏辅导正风靡于社会工作各领域，越来越多的社会工作者倾向于选择游戏辅导作为开展实务工作的方法。作为学校社会工作者，更是需要因应学生爱玩的天性，结合其儿童青少年期的特点，借助游戏来寻找辅导的切入点，走进学生的内心世界，在游戏中发现学生的需要及问题，并通过游戏辅导来完成对学生的有效辅导。掌握游戏辅导的定义及设计原则，以及其在学校社会工作中的运用是每一个学校社会工作者的必修课。

一、游戏辅导的定义及设计原则

1. 游戏辅导的定义

游戏辅导是学校社会工作者运用社会学、心理学和社会工作的理论与方法，以游戏为主要的工具，使学生通过参与游戏的方式来获得必要的辅导，协助学生问题的解决与需求的满足，促进其健康成长的过程。

2. 游戏辅导的设计原则

游戏辅导并不是单纯地带领学生玩，它需要学校社会工作者根据学生成长发展的需要来设计，以使游戏辅导能够达到协助学生健康成长的目的。也就是说，游戏辅导需要遵循一定的设计原则以保证学校社会工作的科学性及有效性。如下几条设计原则是学校社会工作者需要遵守的：

（1）科学性原则。

学校社会工作者在使用游戏辅导时，需要遵循学生成长发展的规律及其需要，以设计出适合他们的游戏，只有这样才能让游戏辅导发挥其效果。埃里克森认为，社会心理的发展有八个阶段，每个阶段都能解决积极的和消极的问题，这些被称为"危机"，一个阶段的顺利完成依赖于上一阶段的顺利完成，若危机未能成功应对则个体会产生焦虑[①]。学生主要处于"勤奋对自卑""自我统一对角色混乱"这两个阶段，工作者需要根据这两阶段的特征来设计游戏。

(2) 参与性原则。

在游戏辅导的各个阶段，学校社会工作者都需要非常重视学生的参与。一是参与游戏辅导计划的制订，在制订计划前需要与学生讨论游戏辅导的形式及内容等，在初步制订计划后也需要与学生协商以确定最终方案。二是在游戏辅导过程中，要发挥学生的主人翁意识，尽可能地让学生参与到游戏中，并容许他们以自己的方式诠释游戏或修改游戏规则，这样能增加其参与游戏的积极性。

(3) 灵活性原则。

游戏从来不是一成不变的，需要学校社会工作者以弹性、灵活的态度来对待，不能"为了游戏而游戏"，这主要体现在两方面。一是游戏选择的灵活。学校社会工作者需要有这样的意识：游戏参考书只是参考，游戏的选择不应局限于参考书，而是应该根据学生成长发展的需要，对游戏进行改编或自创，让游戏更适合学生。二是游戏开展的灵活。也就是根据学生"此时此刻"的状态对游戏进行修改，在游戏开展前虽然游戏已经设计好，但工作者需要根据学生参与游戏的状态来对游戏规则进行调整，以使他们有更好的游戏体验，而不会让他们觉得自己是在配合游戏。

(4) 安全性原则。

在游戏辅导过程中，学校社会工作者需要牢记安全第一原则。这里所指的安全包括两个层次：一是身体安全，在游戏过程中需要确保场地设施、游戏本身不会伤害到学生的身体安全；二是心理安全，若游戏超出学生的心理承受能力则也是不安全的，工作者在游戏过程中要尊重学生参与游戏与否的选择，同时在游戏时需采用一定技巧逐步打开学生的心理安舒区来减少其焦虑情绪。

二、游戏辅导的分类

常见的游戏辅导有以下几个类型：

[①]（美）Paula Allen-Meares. 儿童青少年社会工作[M]. 范志海，李建英，译. 上海：华东理工大学出版社，2013.

1. 热身游戏

热身游戏主要被用来活跃游戏辅导氛围，协助学生放松，在小组游戏辅导中还具备促进参加者相互认识的作用。热身游戏可采取多种形式来进行，比较常见的有跑动追逐的（大风吹、一元五角游戏等）、考验反应能力的（捉虫虫、齐鼓掌、左右红绿灯游戏等）、促进相互认识的（我是笨笨熊、抛鸡游戏等）以及促进分组的（抱团、握手密码、最佳拍档游戏等）。

2. 自我认知游戏

这类游戏主要是促进学生探索自我，发现自身价值，从而使其能更好地接受过去，珍惜当下并规划未来。促进学生自我认知是游戏辅导的一个重要目的，良好的自我认知是学生的学习、生活健康发展的前提。可作为自我认知游戏的有："我的花生""进化论""价值拍卖""沉船求生记""生命线"等。

3. 沟通游戏

这类游戏以促进学生认识沟通并提升其沟通能力，以及与他人建立良好联结为目的。学生对于朋辈群体的评价十分看重，期待自己拥有和谐的朋友关系，但很多学生却深受朋辈群体沟通联结不畅之苦，因而沟通游戏对学生来说非常必要。较适合学生群体的沟通游戏有"你比我猜""你画我猜""你拼我让""传电取物"等。

4. 解难游戏

此类游戏主要是鼓励学生以个人或小组的形式来解决某个困难，以此来考验学生的毅力、合作沟通能力。解难游戏较多在游戏辅导的中后期开展，当学校社会工作者与学生、学生与学生之间建立良好关系后进行。若没有良好关系作为基础的话，此类游戏则很难成功。一般的解难游戏有"极速60秒""隔空取物""毛毛虫历险"等。

5. 总结与评估游戏

在游戏辅导后期，学校社会工作者需要安排一些游戏来帮助学生对整个辅导过程进行回顾与总结，对辅导效果进行评估，并同时表达对游戏辅导结束的情绪。对于学生群体来说，单纯的口头表达或问卷调查都很难达到总结与评估的目的，工作者需要借助游戏这一趣味性的方式来开展。常见的总结与评估游戏有"乘公交车""坐椅子""走动评估法"等。

三、游戏辅导的步骤

游戏辅导主要由以下几个步骤构成：

1. 建立工作关系

良好的工作关系是游戏辅导成功的基础。在与学生初次见面时，学校社会工作者就需要以接纳、尊重、真诚的态度与之开展交谈，倾听学生的需求和问题，关心他们的感受。与此同时，工作者也需要收集学生的相关资料，为游戏辅导方案的确定提供依据。

2. 设计并确定游戏辅导方案

根据前一阶段所收集的资料，结合案主的需求与问题，学校社会工作者需要预先设计一份游戏辅导方案，并在随后开展的会谈中与学生进行沟通与协商，尊重学生提出的建议并表达自身的立场，最终确定一份符合双方能力与期待的游戏辅导方案，最大限度地激发学生与工作者的参与。

3. 游戏辅导实施

游戏辅导实施包括三个阶段：一是游戏辅导筹备。游戏辅导确定后，学校社会工作者就需要为游戏辅导的开展做相关的筹备工作，筹备工作包括人力、物力及场地的准备。二是游戏辅导开展。在这个阶段，学校社会工作者需要将游戏规则清晰地表述给参加游戏辅导的学生，接下来就需要采用示范、气氛营造、引导等方式带领游戏，最后还需要根据游戏辅导的目的及实际开展的情况开展反思与分享，促进学生更好地领悟游戏辅导的意义。三是结束及记录。学校社会工作者在此阶段需要完成结束游戏辅导及进行相关记录的工作，对游戏进行总结与回应并告知未来安排。与此同时，学校社会工作者还需要对游戏辅导的过程、参加者表现等进行记录，以方便后期评估的开展。

4. 评估与反馈

在此阶段，学校社会工作者需要采取多种评估方法对游戏辅导效果、参加者满意度、工作者表现等各方面开展评估，并形成评估报告。与此同时，学校社会工作者还需要将评估结果向机构、学校、学生及家长、社区等主体进行反馈与交代，以争取得到各方支持及各方的持续参与。

【实务操作】

回到"任务情境"，文章展示了游戏辅导的开展过程，并体现了其独特魅力。

学校社会工作者开展此次游戏辅导的具体步骤如下：

步骤	具体分析
建立工作关系	1. 根据班主任教师的请求，学校社会工作者深入到学生中了解其具体需求，并搜集相关资料。 2. 与此同时，与学校教师建立良好的关系也是游戏辅导顺利开展的前提。
设计并确定游戏辅导方案	1. 在掌握学生需求的基础上，与学生一道设计了以"闪光的彩球"为名称的游戏辅导方案。 2. 并以故事的形式激发学生参与到游戏中。
游戏辅导实施	1. 筹备：物资准备（瓶子、彩球、线）。 2. 开展：① 气氛营造（讲故事）、对班级学生进行分组、讲解游戏规则、带领游戏、鼓励学生参与到游戏中。② 在游戏结束后，社工带领游戏分享，引导班级同学思考："为何不同小组有不同的游戏结果？"③ 引导班级学生交流及讨论、小组代表发言，引导学生思考游戏的意义，社工适时进行小结，逐步引导学生深入思考。④ 社工总结提升，游戏让大家对竞争与合作的关系有了进一步的认识，要在激烈的社会竞争中立于不败之地，富于合作精神、善于合作是非常重要的。
评估与反馈	1. 发放评估问卷，搜集学生对游戏辅导的评价。 2. 并将所形成的评估报告结果反馈给学校及教师、学生及家长等，建议学校多开展类似的游戏辅导活动。

学校社会工作者设计以"竞争中合作"为主题的游戏辅导方案：

闪光的彩球

一、活动目的
1. 通过活动，使学生了解竞争具有两重性。
2. 通过活动，让学生认识到与人合作、牺牲局部利益有利于更高层次的竞争，有利于全局目标的实现。

续表

二、活动说明
1. 重点：通过活动，初步认识在竞争中牺牲局部利益有利于争取全局的胜利。
2. 难点：通过一个游戏培养合作的意识和技巧需要教师高度的教学针对性和提示技巧。
3. 活动准备：准备一只小口径的瓶子，在瓶里放若干个系着线的彩球，线的一端露出瓶口。

三、活动过程
1. 导入。
学校社工向学生们讲述一个关于彩球的故事："有一个外国教育代表团来中国访问，他们来到一所学校参观，其中一位老太太邀请几个中国学生做个小游戏。老太太拿出一只小口径瓶子，瓶里放着个穿着线的彩球，线的一端露出瓶口。老太太向学生们解释，这只瓶子代表一幢房子，彩球代表屋子里的人。房子失火了，只有在规定时间里逃出来的人才能生存。她请每个学生各执一线，听到哨声便以最快的速度将球从瓶子里拉出。"
随后，提出游戏要求：同学们，老师先不讲这个故事的结果，现在就请你们亲自做一次这个游戏，看看结果会怎样。

2. 游戏。
全班学生分成若干小组，每个小组在做这个游戏之前可以商量 5 分钟。游戏开始时，学校社工吹响哨子，学生们争先恐后地试图将球从瓶中拉出。学校社工第二次吹响哨子时，表示规定的时间已到，学生停止游戏。结果有的小组顺利地将所有的球都拉了出来，有的小组则还剩下几只球在瓶里，有的小组甚至一只球也没有拉出来。

3. 学校社工明理。
（1）提出问题。"同学们，游戏做完了，大家都看到了，各小组的游戏结果是如此的不同，有的组大获全胜，有的组却全军覆没。大家想过没有，为什么会产生这样的结果？请各小组好好讨论讨论，总结你们成功的秘诀或失败的原因，然后向全班同学讲一讲。"
（2）学生交流。
（3）学校社工小结。"大家谈得很好，现在我可以把这个故事的结果告诉大家了。老太太讲完自己的要求后，几个中国学生凑到一起商量了一会儿。游戏开始了，尖锐的哨声响起后，只见 7 个孩子一个接一个地依次从瓶里抽出自己的彩球，迅速而又有秩序；总共只花了 3 秒钟。老太太对此赞叹不已，她说她到世界上许多国家去做过这个实验，只有在中国获得了成功。同学们，刚才有的小组也同故事里的孩子一样，把彩球全部取了出来。我想成功的最主要的原因就是这些同学懂得要在竞争中取得胜利，首先要学会合作。所谓学会合作，就是在与别人的合作中有时要勇于牺牲自己的利益，只有牺牲局部的利益才能取得全局的利益。试想，如果在这个游戏中，每个同学都只想到自己，争先恐后地往外提自己的彩球，那么所有的彩球都将挤在瓶子中，一个也出不来，结果是自己的利益最终反而受到了最根本的损害。而有些小组之所以成功，就是他们中的有些同学勇于暂时牺牲自己的利益，他可能被排在后几位，甚至被排在最后一位提取彩球，正是由于这些同学的牺牲，才保证了全局的胜利。竞争是具有两重性的。现代社会是一个激烈竞争的社会，人与人之间往往相互是竞争对手，但是竞争并不只是你追我赶，互不相让，互相比拼，竞争也需要合作。特别是当竞争表现为群体之间的竞赛时，在同一群体内的每个成员互相既是竞争对手，又是合作伙伴。在合作中，有时需要牺牲局部的利益、小我的利益，才能保证全局的利益，赢得更高层次的竞争。"

续表

> 4. 小组讨论。
> 学校社工请学生结合自己身边的事，谈谈对竞争与合作的认识。
> 5. 学校社工总结、提升。
> "从刚才大家的讨论中可以看到，同学们通过今天的游戏对竞争与合作的关系有了进一步的认识。你们将要面对的社会是一个激烈竞争的社会，而要在竞争中立于不败之地，富于合作精神、善于合作是非常重要的。希望你们今后特别注意培养自己的合作精神和合作技巧。为将来走上社会奠定良好的基础。"
> 6. 评估。
> 学校社工将事先设计好的评估问卷发放给学生，邀请学生对此次游戏辅导进行评价；一个星期后，学校社工将根据评估问卷形成的评估报告提交至学校，建议学校多开展类似的活动以提升学生的团结合作能力。
>
> 四、注意事项
> 　　牺牲局部利益和赢得大局的胜利是有条件的转换，就好比在游戏中不仅要有正确的方法，还要配合默契，否则即使牺牲了局部利益，仍无法赢得全局的胜利。学校社工在辅导中一定要指导学生理解这一点。

【课堂练习】

一、单项选择题（每题的备选项中，只有1个最符合题意）

1. （　　）是学校社会工作实务的第一步，是学校社会工作者与潜在服务使用者开始接触，了解其需要或问题，协助其成为现实服务使用者的过程。好的接案是服务成功的基础。

　　A. 接案　　　　　B. 预估　　　　　C. 计划　　　　　D. 介入

2. 预估的关键是（　　）。

　　A. 设定目的和目标　　　　　　B. 执行服务计划

　　C. 收集资料和认定问题　　　　D. 评估服务成效

3. 以下不属于学校小组工作开展原则的是（　　）。

　　A. 集体化原则

　　B. 接纳原则

　　C. 发挥组员潜能，引导其自助及互助

　　D. 建立良好工作关系的原则

4. 下列不属于学校社会工作三大基本方法的是（　　）。

　　A. 学校个案工作

　　B. 学校小组工作

　　C. 学校社区工作

　　D. 学校行政工作

5. 下列不属于游戏辅导设计原则的是（　　）。

　　A. 科学性原则

　　B. 参与性原则

　　C. 固定性原则

　　D. 安全性原则

参考答案：1~5　ACADC

参考文献

[1] 李晓凤．学校社会工作[M]．北京：中国社会出版社，2010．

[2] 全国社会工作者职业水平考试教材编写组．社会工作实务（初级）[M]．北京：中国社会出版社，2016．

[3] 全国社会工作者职业水平考试教材编写组．社会工作综合能力（中级）[M]．北京：中国社会出版社，2015．

[4] 石彤．学校社会工作实务教程[M]．北京：中国人民大学出版社，2010．

[5] （美）Paula Allen-Meares．儿童青少年社会工作[M]．范志海，李建英，译．上海：华东理工大学出版社，2013．

[6] 香港·社会服务服务发展研究中心．学校社会工作实务手册[M]．广州：中山大学出版社，2013．

[7] （美）拜侬，阿尔瓦雷斯．学校社会工作：理论到实践[M]．章军，译．北京：中国人民大学出版社，2014．

项目三　学校社会工作的实务技巧

【项目导学】

　　社会工作专业由知识、价值与技巧三个核心要素共同构建起这一专业的结构体系。作为一门操作性、服务性极强的学科，社会工作知识与价值的传输与实践，非常需要借助于社会工作的实践技巧。古人有云："四两拨千斤。"恰当的实践技巧的应用，对于解决学校社会工作实务中遇到的各类问题将会非常地有效。而在不同的工作阶段，应用到的技巧也会有所差别。在学校社会工作的实务情境中，建立关系和评估成效是专业服务开始和结束的两个重要阶段，在这两个不同的阶段中，对于学校社会工作者的专业技巧有着不同的要求。掌握这些实务技巧，能够将其应用于实务工作中，对于解决学校社会工作中的各类问题有着重要的意义。

【学习目标】

- 理解学校社会工作实务技巧的重要性。
- 掌握建立关系、评估等阶段的实务技巧。
- 能够将所学技巧初步应用于学校社会工作实务中。

任务一　建立专业关系的技巧

【任务情境】

我的美丽谁做主[①]

　　11岁的李璐（化名）是一名小学五年级的女学生。她跟随来上海打工的父母来

---

① 文军. 学校社会工作案例评析[M]. 上海：华东理工大学出版社，2010.

到城市，在一所专门为外来务工人员子女开办的公办学校就读。由于初来乍到，李璐觉得各方面都很不适应。现在在学校里面临着一些困扰：因为身材娇小瘦弱，牙床和牙齿有凸出的现象，英语发音也不标准，学习面临着一些困难，所以经常有调皮的同学取笑她，她自己也没有什么朋友、玩伴，感到非常自卑。在班主任老师的协助下，学校社会工作者小郑与其初步建立联系，准备向她提供支持与服务。以下是第一次正式面谈的部分记录。

小郑："李璐，今天只有我们俩，你可以放心地讲出心里真实的想法，而且我保证，如果你有'悄悄话'想告诉我，我一定保守秘密，除非征得你同意，否则谁都不告诉，好吗？"

李璐沉默，没有回答。

小郑："李璐，昨天的英语作业，老师批改后发了没有呢？"

李璐："发了。"

小郑："那我们一起讨论的那几道题，是不是都做对了呢？"

李璐："嗯……对了。"

小郑："那带来了吗？我能看看吗？"

李璐拿出本子递给小郑。她翻开一看，上面的评语写着：good!

小郑："太好了，作业被老师评价为'good'，真棒啊！我看看前面的……老师奖励给你不少面'小红旗'嘛，'小红旗'是代表'好'对吧？"

李璐有些沮丧，"嗯，是的。不过以前很少拿到'good'，'小红旗'也不多的……"。

小郑："怎么会呢？我们来看看，一共 10 次作业，你就有 5 次拿到了'小红花'，再加上今天的'good'，一共 6 个表扬，挺棒的了！"

李璐看看自己的作业本，似乎以前没发现过这些，脸上渐渐露出了笑容。

小郑："那李璐，咱们说说你最喜欢的科目吧，你最喜欢哪科？"

李璐（想了一会儿）："我……可能是语文吧。"

小郑："为什么呢？"

李璐想了想，"语文好像觉得好一点，成绩比其他科好。"

小郑："我也听说了，你的语文成绩挺不错的，经常能排到班级前几名对吧？宁老师还特别跟我说过你作文写得好！"

李璐:"还行吧,作文一般般吧……好像还可以。"

小郑:"那作文写得好,你是怎么做到的呢?"

李璐:"可能是……我比较喜欢看故事书、童话书吧。"(李璐谈起她的作文,似乎有了一些兴趣)

小郑:"你喜欢看故事书和童话啊,那你能告诉我你为什么喜欢看这些书吗?"小郑想知道李璐兴趣的出发点。

李璐:"因为……我觉得,看这些书,我可以自由想象,想象我是书中的那个人,我会怎么样……"

小郑:"那你有特别喜欢的童话或者故事吗?"

李璐:"有!"李璐更来劲了,"我喜欢《白雪公主和七个小矮人》!"

小郑:"很经典的童话呀,我们小时候也喜欢看。那你为什么喜欢这个童话故事?"

李璐:"因为……因为……白雪公主很漂亮,七个小矮人都很喜欢她。"说到这里,李璐的眼神里掠过一丝伤感。"我也想像她那样,大家都欢迎我,那就好了,不像现在……"

小郑:"现在怎么了?"

李璐:"现在……我长得这么丑,又这么笨,总是被别人嘲笑,大家都不喜欢我……"李璐眼里开始闪动着泪花。

小郑:"李璐,你为什么会觉得自己长得丑,觉得自己笨呢?"

李璐:"我……我在班里有个外号……叫……叫……'牙擦妹',说我跟《黄飞鸿》里一个叫'牙擦妹'的人很像,好像是形容牙齿不好看的人,这个经常同学拿来开玩笑,我就不愿意跟他们说话了。我学习成绩也不好,有些时候功课会跟不上,老师不喜欢我的……"泪珠顺着李璐的脸颊滑落下来。

小郑没有马上制止李璐的哭泣,她让这种状态延续了约 1 分钟,然后轻拍着李璐的肩,顺着她的思路继续谈话。

小郑:"李璐,那你觉得作业本上老师给你的这个大大的'good'代表什么?"

李璐继续沉默着。

小郑:"或者我们换个角度,你看到老师对你这次作业上的评价,你感觉如何?"

李璐:"感觉……还是挺开心的!可是……可是只有这一次……"

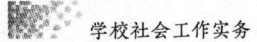

小郑（把手轻轻地搭在李璐瘦小的肩膀上）："在学习上力争上游，不满足于目前的成绩，那是非常好的想法。不过呢，除了努力达到更高的目标之外，我们是不是也应该多留意自己每一次的进步呢？比如说，你这次的英语作业，不是比上次做得更好，得到了一个'good'吗？这说明你在进步啊！"

李璐（有些迟疑）："是吗？"她抬起一直低着的头来看着小郑。

小郑："是啊。下一次，就再争取拿一个'good'好吗？我相信你一定做得到的！"小郑微笑着看着李璐，李璐擦干了眼角的泪水说，"嗯……好吧！"

阅读上述案例，请问在学校社会工作者小郑与李璐的面谈中，她用到了哪些专业技巧？

【任务要求】

- 掌握建立关系阶段会用到的各种技巧。
- 分析具体事例中应用的技巧、方法。

【必备知识】

社会工作是一个令人兴奋且富于挑战的领域，作为一名社会工作者，将会为社会各行各业的人士服务，会遇到各种各样的情况。在学校社会工作这一具体工作领域中，社会工作实践的复杂性、难度并没有降低。学校社会工作者仍然要面临各种问题与挑战。为了能在各种情况下应变自如，学校社会工作者除了要重视自身的知识和道德修养，也要对开展高效服务工作所需要的技巧有所了解。

一、社会工作技巧

美国学者 Barry Cournoyer 认为，"社会工作技巧是一套规定性的、独立且具体的认知与行动，它们来源于：

(1) 社会工作知识和社会工作价值、伦理和义务。

(2) 符合能促进行为改变的物质。

(3) 反映了职业操守的特点。

(4) 在阶段性实务工作背景下，符合社会工作的目标。"①

如 Barry 所言，社会工作技巧通常是和特定的实践阶段相关联，当然，这并不是说社会工作技巧应该被视为一种技术性或者机械性的活动。在面对不同的服务对象、问题或者情境时，社会工作者应采取不同的技巧。在一定的服务情境中，高效的社会工作者所选用的技巧的范围很广。美国社会工作者联合会（NASW）概括出了 12 项技巧：②

(1) 带着意图悉心听取他人的意见。

(2) 搜集信息且组合相关事实来准备一项社会历史、评估和报告团。

(3) 创造和维持职业求助关系。

(4) 观察和解读言语及非言语行为，且使用修改分析理论和诊断分析的知识。

(5) 带动服务对象（包括个人、家庭、团体和社团）参加到解决自身问题的过程中，从而增进信任。

(6) 讨论敏感的感情话题，态度要支持而不是威胁。

(7) 创新方法解决服务对象的需要。

(8) 决定何时需要终止治疗关系。

(9) 主持研究或解读专业文献中的发现。

(10) 在冲突各方间斡旋调和。

(11) 提供组织间的联络服务。

(12) 与基金会、公众或立法者沟通或传递社会需要。

这些技巧在一个高效的社会工作者的整个服务过程中都会反映。但是在各个不同的阶段，社会工作者主要运用的技巧还是有一定的差别。

二、社会工作实务阶段

不同的学者对于社会工作实务的阶段划分也各不相同，在通用过程中，社会工作实务被分为接案、预估、计划、介入、评估和结案六个阶段。每个阶段或步骤都

---

① （美）Barry Cournoyer. 社会工作技巧手册[M]. 上海. 华东理工大学出版社，2008.
② National Association of Social Workers. *NASW standards for the classification of social work practice*. Silver Spring, MD: Author, 1981c.

有不同的工作任务、内容、方法与技巧。具体在学校社会工作这一实务领域中，完整的社会工作服务历程大致上也可以分为以上六个不同的阶段。通用步骤在本书"项目二"中已有详细介绍，本部分从略。

三、建立专业关系的技巧

社会工作的专业关系是社会工作者与服务对象之间态度与情感的互动，目的在于帮助服务对象与环境之间达到更适应的合作关系。[①]社会工作者与服务对象之间专业关系的本质在于它提供了服务对象与社会工作者之间一种有意义的联结，激发了服务对象的学习动力，使得服务对象愿意利用社会工作者的协助，自觉接受社会工作者的影响。因此，专业关系能够使工作过程有计划、有目标、有亲切感，成为促进服务对象改变的动力。具体在学校社会工作的实务场景中，建立专业关系，必须充分考虑学校社会工作的工作对象的特殊性，将学校环境、教师、学生、家长等不同因素的影响加以区分，明确解决问题的资源与局限。

在接案阶段，具体在建立专业关系这一任务上，可使用的技巧主要有如下几种：

1. 同感

同感也叫同理心，可以被比喻为"将自我放进服务对象的鞋里，通过服务对象的体会来看世界"。学校社会工作者必须在互助关系中尽可能地调整自己，联结服务对象前来时带着的情绪特征，同时也去同理服务对象进入一个未知的权威图像的感觉，同理的内容都潜在地和服务对象的年龄、生命阶段、伦理背景及社会经济地位有关。

增进同感的能力可以从两个方面入手：一是在没有与服务对象正式接触前，通过阅读服务对象资料，琢磨和投入到他们的感受和所关心的事情中，借此增进对服务对象的认识和理解；二是想象和感受服务对象所面对的一般情况、特殊情况和目前所处的与学校社会工作者关系的阶段，问自己如果是自己会有什么感觉和想法，以此增加对服务对象的同感。

---

① 全国社会工作者职业水平考试教材编写组. 社会工作实务（中级）[M]. 3版. 北京：中国社会出版社，2014.

在这里，我们通过一个案例来展示作为合格的学校社会工作者，如何正确地应用同感这一技巧来加深对服务对象的了解，从而建立专业关系。①

机构接案记录	应用同感技巧
1月12日上午10点13分，坎农从她工作的地方打来电话，她的声音听起来忧心忡忡。她说上周六晚上她的女儿艾米在9点的门禁时间之后才回家，当时身上有酒味。坎农想了很久决定找社会工作者谈谈，她想能单独地与社会工作者约个时间碰面，她希望在进一步处理她女儿的事情前，能先和其他人商量一下。 坎农说她是第一次遇到这样的事，她说："我从来未曾在艾米身上发现这样的麻烦。"她说她以前未曾尝试请专业人员帮忙，这是她第一次与社会服务机构或心理卫生机构联系，她说她的先生，也就是艾米的父亲正在和她闹离婚，而且他在六个星期前离开家了，坎农担心这是否与女儿这几个星期来的偏差行为有关？	如果我（社会工作者）是坎农，我对我的女儿可能会感到忧虑、关切和失望。我仍是相当爱她，作为母亲，我对自己的行为感到有责任并且有罪恶感，我甚至不确定怎样继续。我相当关心艾米和我的未来会是什么样的。我丈夫提出的离婚申请以及近来的转变对女儿来说有着相当大的影响，同时也令我相当气愤。如果我相信我本来能有一个更好的配偶，或者采取措施来避免他离开，我可能会对分居和后来的离婚感到内疚。我认识到离婚是我自己一些不当行为的结果，是我挑起了这场离婚，并且在做出离婚决定时经历了复杂的感觉。 在分居与离婚的初期，我的压力相当大，对于目前的状况我心存困惑，对于未来更是感到恐惧。我担心财务上的问题，担心放学后艾米的监护问题，担心我引导与教育艾米的能力够不够、我的丈夫是否会另结新欢、现在或未来我的生活里是否会出现另一位异性，我担心处理独身和单亲家庭角色的能力以及处理艾米父亲角色关系的能力够不够，还有一连串因丈夫的离去所留下的问题。近几个星期来我被这件事弄得负担沉重，几乎要被击倒。虽然痛苦与悲伤还未来临，但我想不久就要来临了。可能的结果是，不只是我的丈夫要离开这个家，艾米也要离开我了。 坎农似乎和我处在不同的伦理背景下，可能因为我比她年轻十岁，我还没有结婚，又没有小孩。正因为文化背景和身份状况的不同（坎农可能会问我婚姻状况和家长的教养态度），而这些不同会使得坎农认为我无法体会到她的处境与感受，她可能认为我无法帮她的忙，因为我从未经历过像她这样的困难。

---

① （美）Barry Cournoyer. 社会工作技巧手册[M]. 上海：华东理工大学出版社，2008.

在建立专业关系时运用同感的技巧，可以让学校社会工作者在与服务对象接触中敏感捕捉到他的经验。通过提前同感，你可以把潜在服务对象看成一个复杂的、独特的人，尽最大可能地从潜在服务对象的视角看待问题。预先同感形式中最大的挑战就是让学校社会工作者摒弃过于狭窄的观点、思维定式的局限看待服务对象，而是要以更加开放的心态去接受更多的可能性。

2. 诚恳

社会工作者要在专业关系中始终保持诚恳的、开放的、真实的态度。向服务对象实事求是地介绍机构的政策和社会工作者的角色，而不加以任何修饰；完全以服务对象的需要作为自己工作的出发点，接纳服务对象，全神贯注于服务对象的处境。而在学校社会工作者的职业操守中，最基本的就是诚恳。值得信赖是操守的核心。在专业社会工作中，诚恳是所有方面中最为重要的，这是涉及是否赢得服务对象信任的问题。服务对象在试图寻求社工和其他助人专业的帮助时，往往是基于助人者会诚实、公平、有能力地对待他们为假设。所以，初次会谈中建立的信任关系经常会影响到整个工作过程中的关系。然而，如果社会工作者在专业语言或者行为中表现出不负责任、不诚实或者不能胜任，这种信任就将被打破，影响接下来的专业工作开展，甚至难以建立专业关系。

在这一环节，用如下这个问卷可以从一定程度上评估一个人现实中的诚实度。

诚实评估问卷

请阅读下列陈述，用分值表明你对每项陈述同意或者不同意的程度。
1=非常同意
2=同意
3=反对
4=强烈反对
1. 我通常会讲实话，即便这样做不舒服。
2. 我几乎从来没有偷偷摸摸地进入一个需要付入场费或者入场券的地方或者场合。
3. 我从来没有偷过东西，即使我知道没人可以抓住我。
4. 我会把别人多找给我的钱还给他。
5. 我从来没有在考试中作弊。

续表

请阅读下列陈述，用分值表明你对每项陈述同意或者不同意的程度。
6. 我从来没有抄袭过。
7. 我很少对自己说谎。
8. 我从来没有推脱过责任。
9. 我及时归还借来的东西。
10. 我很少为了避免消极后果而编造借口。
11. 我如实申报纳税。
12. 我对待工作不偷工减料。
13. 我从来没有为私人利益而伪装自己。
14. 我从不拿别人的工作来邀功请赏。
15. 我弄丢了或者损坏了别人的东西会如实告诉他们。
诚实评估问卷总分：
把15道题的分值相加，应该在15~16分。理论上，分值越低诚实度越高。值得注意的是，这个问卷的信度和效度都有待检验。

3. 温暖与尊重

社会工作者要关心、关注服务对象的一切，并能够向服务对象传达这种情感，包括对服务对象的责任感、关心、尊重、了解、希望促进服务对象提升生活的愿望，以及愿意为此提供协助的意愿。

在一个高度竞争的社会，培养对于他人的真诚的理解和接受是非常困难的。尽管如此，就学校社会工作实务而言，对他人的接受、尊重却是十分关键的。然而，这种接受的能力不可避免地受到一个人的偏见的影响。与偏见紧密相连的还有歧视。作为一名学校社会工作者，必须要学会超越巨大的心理和社会的偏见和歧视行为，这样才可以真正地接受那些与你在外貌、背景、态度、能力和行为上相同或者不同的人。你必须能够容忍和重视相似性和相异性，并且以他们的方式接受他人。避免刻板印象的干扰，保持开放思考，这样可以使得社会工作者能够为各色各样、类型广泛的服务对象工作。

在多元化的社会里，人们按照经济资源、种族、信仰、文化和教育程度被划分开来，导致接纳与尊重并非轻易能够获得。尤其在学校社会工作中，如何平等地对待差异化的学生及相关群体,也是一项充满挑战的工作。比如常见的对于学习成绩较差、有行为偏差、单亲家庭等背景的学生的偏见与歧视,在建立专业关系时如何以正常化的视角来对待他们,做到平等、尊重与接纳,是一名合格的学校社会工作者应有的素质。在助人关系的早期阶段,要使助人关系向前发展,建立信任并创造关心和关注的氛围非常重要,如有时候像"今天我可以怎么帮你"之类简单的话语就能给予服务对象"帮助就在此处"的希望,并促使他/她讲述经历。

4. 积极主动

积极主动的态度表明对服务对象有兴趣,关心他的现实处境。但积极主动并不意味着社会工作者对服务对象的控制和支配,而是要在适当的时间里给服务对象适当的回应。

在具体的学校社会工作实务过程中,学校社会工作者在初次与服务对象见面时应表现出自己的亲切友好,保持微笑,努力避免存在防卫心理,保持开放心态,热情地回应服务对象。而且在学校中,处于困境中的服务对象往往有着自卑、害怕等退缩心理,很少会主动寻找帮助与专业服务。在这种情况下,学校社会工作者的积极主动就显得非常必要了。如果服务对象在等候区域,你们或许要共同走过一段比较长的走廊或者一起乘坐电梯,这时候聊聊交通、天气、学校会帮助双方都感觉更自在些。一旦到了办公室,示意或询问服务对象愿意何处就座就是个不错的开始方式。如果是在多隔间的办公室,要尽可能地确保你的空间是私密的。

学校社会工作者可以与服务对象谈谈自己的职责以及自己如何接手他们的案例。这个场合也适宜服务对象介绍自己。社会工作者应该在开场白中确认服务对象的经历,因为这些涉及助人情况。社会工作者要帮助服务对象理解他们出现的情绪,并告知他们这属于正常现象,同时也要承认理解并认同情绪的常态化会是一个非常困难和棘手的过程。最后,最重要的一点是令服务对象感到有希望,认为通过助人过程可以让自己发生改变。

开放式的问题能够帮助打开初始局面,例如,"你能告诉我为什么到这里来求助吗?""我读了报告,能否告诉我你怎样看待这个情况?""你怎么看待这个问题?"这些开放式问题可以启发服务对象讲述他们的经历。当然,并不是所有服务对象都愿意或者有兴趣回应这些问题，所以在这个过程中要有耐心。这其中你可能需要问一系列相关的问题，一个个尝试，直到最终有一个击中服务对象的心弦。但是在学校工作中，面对的大多是学生，所以要小心谨慎，不要表现得像个质问者，否则服务对象可能会产生防卫心理并感到挫败。

另外，学校社会工作者也要关注服务对象的非言语信息和访谈的即时性（在这段时间发生了什么）——注意你自己的专注行为。①时刻提醒自己：你是否全身心地在场了？你是否保持了放松的举止、不时地眼神交流，并对服务对象的情绪反应做出了回应？

总之，在专业关系建立的过程中应对服务对象个体性表示理解与认同，用接纳的态度对待服务对象。同时学校社会工作者应明确自己角色，控制情感，避免移情和反移情；对服务对象不能做价值判断，重视服务对象的自决，不将自己的观点、态度强加给对象；注意对服务对象的隐私保密等。②

【实务操作】

"任务情境"中比较详细地描述了潜在服务对象李璐遇到的问题，而在实际工作中，学校社会工作者要结合具体情境，来处理问题，与李璐建立专业关系，以期协助她走出目前的困境。

在与李璐的面谈过程中，学校社会工作者应用了相应的专业技巧。

面谈记录（专业关系建立）	技巧应用分析
1. 小郑："李璐，今天只有我们俩，你可以放心地讲出心里真实的想法，而且我保证，如果你有'悄悄话'想告诉我，我一定保守秘密，除非征得你同意，否则谁都不告诉，好吗？"……	1. 小郑在谈话一开始，就注意创设一种自由的氛围，与李璐建立起面谈中的信任关系。考虑充分，注意保密，不给服务对象带来新的困扰。

---

① （美）琳达·卡明斯，朱迪思·塞维尔，劳拉·佩德瑞克. 社会工作技巧演示：直接实务的开始[M]. 上海：格致出版社，上海人民出版社，2011.
② 程勇，陈天柱，苏祥. 学校社会工作概论[M]. 北京：北京师范大学出版社，2012.

续表

面谈记录（专业关系建立）	技巧应用分析
2. 小郑："李璐，昨天的英语作业，老师批改后发了没有呢？" ……	2. 小郑从彼此都熟悉的话题开始引入。寻找机会，主动出击。在学校社会工作实务过程中，针对像李璐这样的服务对象，必须主动建立联系。
3. 小郑："那带来了吗？我能看看吗？" ……	3. 小郑也想着借着这个机会了解一下李璐的学习情况。主动寻找话题，非常地重要。
4. 小郑："太好了，作业被老师评价为'good'，真棒啊！我看看前面的……老师奖励给你不少面'小红旗'嘛，'小红旗'是代表'好'对吧？" ……	4. 小郑试图让李璐主动说话。在学校社会工作实务情境中，社会工作者要多鼓励、肯定服务对象。
5. 小郑："怎么会呢？我们来看看，一共 10 次作业，你就有 5 次拿到了'小红花'，再加上今天的'good'，一共 6 个表扬，挺棒的了！" 小郑："那李璐，咱们说说你最喜欢的科目吧，你最喜欢哪科？" ……	5. 小郑从李璐感兴趣的学科入手。
6. 小郑："我也听说了，你的语文成绩挺不错的，经常能排到班级前几名对吧？宁老师还特别跟我说过你作文写得好！" ……	6. 小郑尽量从李璐的优势入手，激发她自我肯定的情绪。
7. 小郑："那作文写得好，你是怎么做到的呢？" ……	7. 小郑力图引导李璐说出自己的成功经验。
8. 小郑："很经典的童话呀，我们小时候也喜欢看。那你为什么喜欢这个童话故事？" ……	8. 诚恳、尊重技巧的应用，充分让服务对象了解自己，创造平等的氛围；另外要结合实际的情境来打开局面，建立关系。
9. 小郑没有马上制止李璐的哭泣，她让这种状态延续了约 1 分钟，然后轻拍着李璐的肩，顺着她的思路继续谈话。	9. 非语言沟通技巧。适当地应用肢体动作、接触来增进亲密关系的建立。
10. 小郑："李璐，那你觉得作业本上老师给你的这个大大的'good'代表什么？"	10. 沟通、提问技巧，比如开放式问题，有利于充分了解服务对象的信息。

任务二 评估服务成效的技巧

【任务情境】

童行携力，筑起爱的希望——尘肺病家庭困境儿童个案介入[①]

一、个案基本情况

小武，男，8岁，小学二年级学生。他出生不久，爸爸妈妈先后离家出走，至今杳无音信，小武与爷爷奶奶相依为命。因缺乏父母监管，小武在校成绩较差。爷爷作为家庭顶梁柱，不得不从事零散的体力劳动。2015年5月，爷爷身体不适，被医院诊断出患有尘肺病、肺气肿、食管早癌，手术花费4万元左右，早年家庭所存积蓄已基本花光。术后爷爷无法从事体力劳动，数病发作给家庭带来重大打击。

二、需求评估

根据《关于加强困境儿童保障工作的意见》文件精神，因家庭贫困导致生活、就医、就学等困难的儿童属于典型的困境儿童范畴。根据"童行携力"项目组的前期调研，这类困境儿童普遍存在情感需求、学业帮扶需求与经济需求等，而像小武这样的尘肺病家庭困境儿童，则还有医疗方面的需求。小武的需求主要如下：

（1）情感方面。因父母失联多年，小武从小缺乏父母关爱。小武有点害怕奶奶，在情感上更依赖爷爷，然而祖孙沟通方式上还需进一步改善。小武发小脾气时，爷爷会采用呵斥的方式，因此需要为其营造良好的家庭交流氛围。

（2）学习方面。小武在校成绩较差，从未获得任何奖励，学习积极性一般，作业上体现出不认真的一面，字写得较为潦草。爷爷是小学肄业，且视力不好，奶奶无文化基础，都无法对小武进行学业辅导。

（3）经济方面。小武家中经济来源主要为奶奶种菜收入、低保金以及国家老年人补助金，每月共计360元。小武目前在读小学，需要花销，加上其他支出，家庭

[①] 林玲，丁伯平. 童行携力，筑起爱的希望——尘肺病家庭困境儿童个案介入[J]. 中国社会工作，2017（1）：17-18.

入不敷出。

（4）医疗方面。小武爷爷曾从事煤矿开采工作，患有尘肺病、肺气肿，呼吸困难，且因患食管早癌导致体力不支，上下楼梯都十分困难。

综上所述，社工认为小武目前的主要需求是情感关怀、学业帮扶、经济援助与医疗资源链接。社工用"人在情境中"的视角，帮助小武获得与同龄人一样的快乐。

服务目标：

（1）总体目标。给予小武相应的情感支持；提高小武学习的积极性；一定程度上改善小武的家庭经济状况；直接或间接地改善小武爷爷的身体状况。

（2）具体目标。①情感方面。一是帮助小武了解自身优点，发掘兴趣爱好，例如下棋、绘画与手工制作等，增强其自信心，挖掘潜能；二是培养小武的积极心态，减少其因缺乏父母关爱带来的负面影响；三是加强祖孙交流与沟通，改善沟通方式，帮助建立和谐的祖孙关系，营造充满温暖与关爱的成长环境。②学习方面。一是端正学习态度，强化学习动机；二是传授好的学习方法；三是帮助小武将字练好。③经济方面。一是提供直接经济救助；二是搜寻相应的助学资源。④医疗方面。为爷爷链接医疗资源，减轻其家庭经济负担，为小武创造良好的外在环境，提高家庭生活质量，增强生活幸福感。

三、服务过程

针对服务目标，社工分别开展了以下服务：

（一）情感关怀方面

社工在开学前来到小武家中。起初小武对社工并未流露出高兴与欢迎，稍有警惕。社工将文具用品送给小武时，他立马变得感兴趣起来。社工与他聊起了他感兴趣的话题，还与他一起下五子棋。与社工熟悉后，小武开始能够把心里话说出来。他告诉社工，他在学校里与同学发生了冲突。社工真诚倾听后，给予其心理抚慰，询问其中原委。在确认同学的行为并非是有意为之后，社工与他一同分析了其中的问题所在，并提出了与同学如何相处的建议。此外，社工就祖孙沟通问题与爷爷进行了探讨。爷爷表示只有在小武不听话时才会呵斥他。社工提醒爷爷，平时要多给予小武关爱，如果产生了分歧，可以采取真诚沟通的方式，尽量减少吼、骂的交流方式。爷爷表示，会改变以往的沟通方式，为小武创造更好的成长环境。

（二）激发学习热情

因小武字写得潦草，有时遇到不认识的字就放弃学习，社工为他购买了字帖、字典。社工向他讲述了查阅字典的方法。随后社工询问小武，想不想自己的字写得跟字帖上一样好看。小武很开心地点点头，并顺手拿起铅笔，临摹了一些字。对于临摹的字，小武非常满意。社工与他交流了学习问题，帮助其分析成绩不理想的原因，并向他传授正确的学习方法。此外，社工就小武的学习情况与班主任进行了交流。在交流中社工得知，班主任平时也十分关心小武的成长，希望能为其提供力所能及的帮助。

（三）申请助学金

了解到小武家中的经济情况后，社工除了为小武提供直接的救助金外，也在寻找助学资源。社工经过网络搜寻，了解到中华社会救助基金会"大爱清尘"基金"寻救尘肺病农民兄弟大行动"救助项目。社工向该项目组人员讲述了小武的家庭情况。社工获悉，尘肺病患者可申请家庭子女助学金。根据小武目前的状况，如果申请通过，每年将会获得1 000元的就学资助。社工将该助学信息告知了小武爷爷。在爷爷的带领下，社工来到小武的学校，与班主任取得了联系。在其帮助下，社工取得了小武的在校证明，并将该证明与其他相关资料一并提交给"大爱清尘"项目组，得以取得助学金。

（四）链接医疗资源

小武爷爷因患尘肺病等原因，导致其呼吸不畅，影响了日常生活。社工查询了有关资料，将有关尘肺病与食管早癌等病情的日常护理注意事项告知爷爷。此外，在与"大爱清尘"项目组的沟通中，社工了解到，小武爷爷的情况也符合制氧机申请条件。社工了解了制氧机的申请流程，并向爷爷收集了申请"大爱清尘"项目制氧机发放所需的材料，一并提交项目组。随后，价值1 798元的制氧机得以顺利发放，社工将制氧机送至小武家中，并向小武爷爷介绍了制氧机的使用方法与注意事项。

阅读上述案例，请回答：社工的服务是有效的吗？如何评价社会工作者的干预服务？

【任务要求】

- 理解学校社会工作评估的重要意义。
- 掌握基本的评估方法。

【必备知识】

社会工作服务的效果如何,社会工作者可以依靠同事及督导的经验、理论取向来进行判断,评估服务对象的改变。但是在日益强调科学化、规范化的今天,这些非正式的方法并不能得到公众的信服。在学校社会工作这一具体领域中,通过实证性资料来证明服务成效是非常必要的,这直接关系到提供学校社会工作服务的合理性以及争取足够的支持。

但是令人遗憾的是,只有少数的社会工作者能够得心应手地进行科学化的评估。造成这一局面一个原因是许多人认为社会工作实务是艺术而非科学,因此太过复杂,不可能被确切地进行评估。另一个原因是有些社会工作者不愿意面对自己经过训练的干预服务有可能是无效的事实。此外,最重要的可能原因则是许多社会工作者认为评估太过困难又耗费时间。[①]

在学校社会工作实务领域,最重要的评估方法有两种,即过程评估与结果评估。这两类评估的侧重点各不相同,在评估的方法与技巧上也有一定的差异。如果要回答"干预过程中有哪些因素导致了期望结果的出现?干预是如何导致变化出现的"这些问题,就需要过程评估。

一、过程评估

1. 过程评估的基本内涵

过程评估,又叫形成性评估,是在服务提供或者项目执行过程中开展的一种评估活动。[②]它通过对服务活动过程或项目实施过程及形式的评估,了解服务提供或项

---

① David R. Dupper. 学校社会工作——有效的服务技巧与干预方式[M]. 第 1 版. 台北. 五南图书出版股份有限公司, 2006.
② 顾东辉. 社会工作评估[M]. 北京:高等教育出版社, 2009.

目实施是如何进行的，服务或项目活动是否实现了预期目标，服务手法或项目执行方式对目标完成是否具有效能与效率，从而发现服务或项目执行过程的优点和缺点。基于此，过程评估着重评价从服务策划开始到服务执行和完结的整个服务过程。

开展过程评估，主要是基于以下几个方面的考虑：

（1）说明公信度。

服务计划是否实现了其预定目标？很多人都希望知道这个问题的答案。政府部门和社会服务机构赞助了某个服务计划，他们希望服务机构提供足够的证据，证明资金是按照预期的方式和目标来合理使用的。服务接受者、他们的家人等和学校社会工期服务相关的各个群体，希望学校社会工作服务机构能善用社会资源，为有需求者提供需要的、合适的、足够的服务。

（2）发展和改善服务计划。

怎样才能改善服务计划？这是服务机构、服务使用者、赞助方和政府部门都十分关心的问题。过程评估能提供丰富资料来表明服务计划的运作机制和程序，还可以提出进一步改进之处，从而完善整个计划。

（3）帮助他人建立相关的服务或网络。

目前的服务怎样可以延伸、复制到其他领域？如果某个服务计划可以帮助流动儿童的学习兴趣提高，那么，这个服务计划就可以在其他地区进行推广。因此，就需要提供关于服务对象、工作人员的有关信息和情况，以及机构各部门之间的合作和配合情况。

2. 过程评估的工作步骤

由于过程评估与其他评估在作用上有所不同，在类型和范围上也有差异，因此，过程评估在评估时间确定、研究问题以及资料搜集范围等方面有自身的特性，这需要引起学校社会工作者的注意。

（1）确定评估时间。

过程评估是一种进行式过程，而不是某个时间点上的分析。所以学校社会工作者自己需要决定在什么时候进行过程评估，这至少需要考虑两方面的因素：一是能否提供初步评估报告给机构职员，以便让他们改进提供服务的过程和发展其他服务。

二是评估研究的干预结果是短期的、中期的还是长期的？评估是否提供了让干预发挥最大性功效？时间点的选择需要根据干预结果的性质来决定。

（2）需要考虑的因素。

进行过程评估时需要考虑多方面的问题：

① 机构或服务的使命、目标、目的是否可行，是否有足够资源，是否具备专业知识背景。

② 在机构的文件和报告、社会工作文献或者网络资源中包含了多少相同的信息，相关的机构服务或干预计划记载了多少相关信息。学校社会工作者可以借鉴前人的经验教训，为现在的评估提供足够的信息。

③ 机构是否有足够资源（职员的时间和专业等）来配合评估，一些附带设备（所需物质、设备配置、硬件、软件等）及这些系统提供支持的能力等。

④ 确定评估范围应该考虑三方面因素：一是应该将什么目标人群包括进来，简单的测量干预有效性的方法就是看那些希望接受干预的人在多大程度上接受了这些服务。二是原先并未包括在目标人群中的人是否可能接受部分或全部的服务，也就是说是否有服务人口过多效应。三是差距效应问题，即当事人在干预开始前的状态与当事人接受干预后的理想状态之间关系或差距是怎样的，干预如何缩小了这个差距？

⑤ 评估者还要吸收决策者、专业人士、当事人和其他相关人士参与，所有这些人士的观点和看法都给评估者提供了大量的、丰富的、来自不同立场的信息。

（3）提出研究问题。

开展过程评估需要确定候选研究问题，提出研究问题，并提出研究架构，以指导评估的策划过程，协助选择研究方法以及决定如何解释研究结果。

① 界定评估问题的范围。评估问题一般是由项目官员或者服务提供者、评估专家、赞助方和其他相关利益群体提出。评估问题应该涉及服务或者项目的运作整个过程，包括：谁参与，做了什么，有多少服务内容（项目活动），项目和服务的产出如何等。过程评估的问题必须能够提供足够信息判断下列内容：项目活动（服务计划）是否完成？项目活动（服务内容）的质量如何？项目活动（服务计划）是怎样顺利实施的？项目活动或者服务是否传递给了既定目标人群？外部因素怎样影响项目（服务）传递？

只有获得对上述评估问题的答案,才能对服务项目作出准确评价,并发现项目在哪些方面做得很好以及哪些方面需要进一步改进。

② 确定评估问题的步骤。最有意义的评估问题应该能反映不同利益相关人群的观点、看法、项目活动的主要内容,还可以帮助社会工作者搜集到最有价值的信息。因此,在评估准备阶段,需要认真设计评估问题。一般来讲,需要遵照如下步骤:

首先,全面了解利益相关人群的组成,认真阅读有关文字材料,包括项目的逻辑框架、工作计划以及与项目活动有关的文件和报告。

其次,针对某个具体项目活动,进行集思广益式的问题搜集。

再次,将发展出来的问题,按照不同利益相关人群来进行分类。

之后,确定探索哪些问题。根据下列标准,可以确定问题的重要程度:对项目利益相关者非常重要的,提出了重要的项目需要的,反映了项目的主要目标和目的的,反映了项目逻辑框架的主要成分的,很容易在现有条件下得到答案的,很容易在一定时间框架内回答的,能为项目改进提供重要信息的,会得到项目官员支持的,等等。

然后,在确定探索哪些问题后,还需要确保这些问题与项目的逻辑框架、工作计划有内在逻辑关系。

最后,人员分工。要明确评估小组的个人分工,明确谁负责搜集资料、以什么方式来搜集资料、谁负责分析资料等。

(4) 资料搜集。

在过程评估中搜集资料时,要特别注意数据来源、搜集方式、测量工具等几方面的资料。

① 数据来源。过程评估既需要现存资料(第二手资料),又需要第一手资料,因此其资料来源是多元的。其中,现存资料包括项目(服务)计划书、工作计划、年度总结、相关新闻报道、项目(服务计划)活动记录、项目(服务计划)通讯、内部会议记录、当事人个人记录等。第一手资料包括通过问卷调查、焦点小组、访谈、实地观察等方式,针对项目(服务计划)和管理者、工作人员、受益人群、赞助方等而搜集的原始资料。

由于过程评估的针对性非常强,也有明确的问题导向,回答不同问题就要依托不同来源的资料。一般而言，不同问题最好有不同的来源。

②搜集方式。过程评估是社会工作研究的重要部分，社会调查方法都可以用来进行过程评估。由于过程评估属于社会工作中比较特别的阶段，因此，需要用什么方式搜集资料，与需要回答的评估问题有关。同时，也要结合学校社会工作实务对象的独特性进行考虑，选取合适的资料搜集方式。

③标准化工具。近年来，随着越来越多的赞助机构和社会服务机构重视项目（服务计划）的过程评估，很多标准化测量工具得以开发，并被用来协助评估专家进行资料搜集工作。

(5) 资料分析和报告。

在资料搜集之后，要对资料进行分析。过程评估的资料可以分成定量资料和质性资料两种，因此，资料分析需要按照相应的方式进行。

①定量资料的处理。通过问卷搜集的资料可以按照问卷资料处理的程序来进行，包括对问卷进行整理、编码，然后使用 SPSS 软件，将资料输入，进行相关的统计和分析，最后得出一些帮助回答评估问题的数据和表格。

②质性资料的处理。研究人员在对过程评估所得的质性资料进行分析时，需要对计划、被访者及其回答，特别是评估项目（服务计划）的背景有深入理解。研究人员要有非偏向性的评判，要判断不同回答的重要性和相关性。

③报告。资料分析完成之后，就需要撰写评估报告。评估报告一般包括以下几方面的内容：介绍、项目（服务计划）执行总结、评估过程、资料搜集、结果发现、建议和启发、参考文献、附录。

当然，在报告撰写过程中，如果要补充资料，还可以继续进行资料搜集工作。

3. 过程评估的实施模式

根据评估的焦点，过程评估可以分为服务对象改变的过程评估和服务计划执行的过程评估两种类型，两者的模式和内容存在一定差异。

(1) 服务对象改变的过程评估。

过程评估的关注重点是服务对象变化的产生过程，弄清什么因素导致或阻碍了期望的目标行为改变。因此，这类评估中要建立清晰的逻辑框架，明确框架所及方面的资料搜集。

① 明确服务对象和服务提供者的基本情况。在评估具体干预计划的个体服务对象时,需要全面了解服务对象的情况。在这个环节中,需要了解谁是我们的服务对象,并通过对服务对象和工作者两个方面资料的搜集,对该问题作出回答。

② 了解服务过程的基本情况。要确定服务提供过程与目标实现和服务对象改变之间是否存在逻辑关系,需要全面了解服务提供过程。在了解服务提供过程时,需要搜集服务内容、服务提供的时间、服务提供的地点、服务设计的理念等信息。

③ 资料分析和报告撰写。在资料搜集之后,需要对资料进行深入分析,并撰写相应分析报告。

(2) 服务计划执行的过程评估。

在对服务方案进行过程评估时,一方面,应该遵循上文强调的工作步骤,另一方面,需要对下列步骤给予足够重视,因为过程评估只有包含正向与负向的评估结果,才能完整展现服务的优缺点,才真正有利于未来服务的改善与修正。

① 服务对象和服务提供机构的信息。对服务对象和服务机构进行资料搜集,可以全面了解设计机构的基本情况和服务的利用情况,更好地理解服务方案的合适性和可行性。

② 方案实施的过程。在搜集方案实施过程的信息时,需要从不同角度来讨论这个问题。比如渠道,服务内容的评价,服务方案的管理,服务方案的财务管理等。

③ 资料分析和报告撰写。在资料搜集之后,需要对资料进行深入分析,关于资料分析和报告撰写的方法,前文已有论述。特别值得留意的是,在方案的过程评估报告中,应该特别明确指出方案的优点与缺点,描述方案的效果,最好还应该提出如何修正的若干建议。

与过程评估相比,结果评估也是保证社会服务质量的重要手段。近十几年来,随着绩效管理尤其是结果管理思想对社会工作的影响,结果评估成为社会工作评估中的重要模式。

二、结果评估

结果评估不同于传统的投入—产出或效率评估,而是关注社会工作干预的结果即社会工作干预带来的案主改变。在结果评估中,如何测量改变是一个十分重要的环节。在学校社会工作这一具体场域中,可以采用单一系统研究和团体研究设计两种主要结果评估研究。①这两种方法分别对应着以学生为焦点和以系统为焦点两种不同的干预路径。

1. 单一系统评估

许多学校社会工作项目和服务有清楚的目标,但是过程评估与结果评估经常被许多实务工作者相混淆。例如:在评估一个学校社会工作者的表现时,许多督导会将他们的问题局限在社工做了什么?例如:"这位社工在这个月内做了几次的家庭探访?""这位社工在这个月内付出了多少时间与努力来执行干预行动?"虽然这些问题也很重要,但是问题的焦点都仅在过程而非结果。另一方面,结果评估可以回答学校社会工作的干预方式是否导致了正向改变的问题,其强调的多类似这样的问题,例如:"学校社会工作者的干预行动是否让学生的问题行为减少?出勤率增加?成绩进步?"在现在的学校社会工作中,将评估局限在学校社会工作者做了什么(过程评估)已经不够了。对学校社会工作者而言,越来越重要的是使用系统性、客观性的过程,去判断服务对象是否有进步,并且运用更加严谨的研究设计,去确定社工的干预方式是否是造成问题改善(结果评估)。

(1) 测量类别。

在学校社会工作实务中,社工可以用来测量的工具主要有四类,这些工具包括标准化问卷(Standardized Questionnaires)、学校档案资料(School Archival Data)、个别化量表(Individualized Rating Scales,IRS)以及行为测量(Behavioral Measures)。

① 标准化问卷针对干预方式所设定的目标做重复的测量,是最有信度与效度的一种测量工具。下文示例包含部分标准化问卷,可用来当作结果测量的工具,去评估以学生为焦点的干预方式的效果。如示例所示,每一个结果测量都明确地与学校表现(包括外显行为及内化行为)以及社会工作干预方式相互连结。例如:结果测量包括评估在攻击性、自我控制、自我概念、焦虑、自信以及孤单上的改变。

---

① (美)Paula Allen-Meares. 学校社会工作[M]. 上海. 华东理工大学出版社,2015.

评估以学生为焦点的干预方式的标准化问卷

- 康纳斯教师量表-39（Conners Teacher Rating Scale-39，CTRS-39）是一个包含 39 个项目，提供老师用来评估 3~12 岁孩童行为类型的一个行为评量表。康纳斯教师量表-39 包括以下 7 个次量表：多动症、行为问题、情绪放纵、焦虑被动性、反社会、白日梦-注意力问题以及多动指数。

- 攻击性量表（Aggression Scale）是特别为测量六至八年级学生自述的攻击性行为（例如：殴打、谩骂、威胁）次数而设计的。

- 自我控制量表（Self-Control Rating Scale，SCRS）是一个包含 33 个项目，用来测量四年级以上学生自我控制程度的测量工具。本量表可用来评估干预后自我控制的改变状况。

- 儿童自我控制觉察量表（Children's Perceived Self-Control Scale，CPSC）测量人际自我控制、个人自我控制及自我评估。

- 儿童压力量表（Children's Depression Inventory，CDI）是一个要求孩子从三个句子中选出最佳一句的自陈式测量工具，对象为 8~17 岁的孩童及青少年。儿童压力量表能区分有压力症与无压力症的儿童及青少年，并且对干预的效果有敏锐的感应度。

- 皮尔斯-哈瑞斯儿童自我概念量表（Piers-Harris Children's Self Concept Scale）是一个针对四至十二年级学生的自陈式量表，内含以下几个次量表：行为、智力与学校表现、身体外表与特质、焦虑、受欢迎度以及快乐与满足。本量表可以用来当做一般性的调查工具，也可以用来测量干预的结果。

- 儿童暨成人焦虑量表（Anxiety Scales for Children and Adults，ASCA）测量成人及学龄儿童焦虑的存在与否及其强度，可作为临床结果评估。

- ADD-H：全面性教师量表第二版（ADD-H：Comprehensive Teacher's Rating Scale，Second Edition，ACTeRS）是一个简明扼要的、用来提供教师诊断及干预注意力失调者的实务性评量表。

- 青少年自信量表（Assertiveness Scale for Adolescents，ASA）设计用来测量青少年（六至十二年级学生）在特殊状况下的自信程度。青少年自信量表可用来辨识个人问题所在，也可用来作为测量自信改变的一个研究工具。

- 儿童孤单问卷（Children's Loneliness Questionnaire，CLQ）是用来测量儿童对孤单的感受，对社交适应与否的感受，以及对自己在同伴间的地位的主观判断（包括 8 个可以帮助受测者放松情绪的补充项目）。

②学校档案测量是学校社会工作者在评估他们以学生为焦点的干预谋划时能够迅速取得的资料。学校档案是校方为了一些与学校社会工作干预方式无关的其他特殊目的所收集保存下来的资料。档案测量是一种非常重要的测量类别，因为它无干扰性且无回应性，可以在学生并不知道自己被测量的状态下进行，并且不会直接地

影响到学生的行为。档案测量被视为重要测量工具的另一个原因,是因为它囊括了所有学校领导、社会大众最关心的"干预结果":学业成就、出勤率及学生行为。

③ 个别化评量表是一个借由可代表持续性程度上不同定点的数字、文字或图片,针对特殊服务对象去测量服务对象内在想法与感受的强度或严重程度的实务性量表。在缺乏标准化问卷来测量特殊问题,或者服务对象的年龄还不够大到足以完成一份标准化问卷时,个别化评量表特别有效,比如使用图画来代替语言文字的描述等。

④ 行为测量是学校社会工作者可使用的第四种测量工具。行为测量同时包括外显与内化的行为。学校社会工作者、父母/监护人及老师可以直接观察并记录学生的外显行为,而学生的内化行为则需要学生经由自我监测的过程,去观察并记录下自己的行为。

学校社会工作者在选择测量工具时,将一些指导原则谨记在心中是非常重要的。而综合应用测量工具十分必要,这样可以增加正向方案结果被发觉与被测量到的机会。

(2)研究设计。

当学校社会工作者使用前面所讨论的一种或多种测量工具收集到资料后,便可以开始使用单一系统研究设计的方式去评估干预的效果。单一系统研究设计对学校社会工作者而言是一个非常有价值的工具:

① 单一系统研究设计被设计用来回答结果评估的问题,例如:"问题是否发生改变?""是否观察到的改变是因为这个特定的干预方式所造成?"

② 单一系统研究设计使用简易,且易于理解。

③ 单一系统研究设计在实施上富有弹性、以服务对象为焦点,并且可以让社工在任何的实务状况下搭配任何一种实务理论。

虽然有许多单一系统研究设计都可供学校社会工作者使用,但其中的 A-B 设计则被视为实务评估的"最佳利器"。借由从视觉层面去分析资料,A-B 设计可以清楚地显示出在基准线阶段及干预阶段间,问题是否发生改变。有关是否要持续进行干预活动、修正干预方式或改换另外一种干预方式的考量,A-B 设计为学校社会工作者及服务对象都提供了持续性的回馈。图 3.1 为使用 A-B 设计评估学校社会工作服务对于上课说话同学干预效果的示意图。

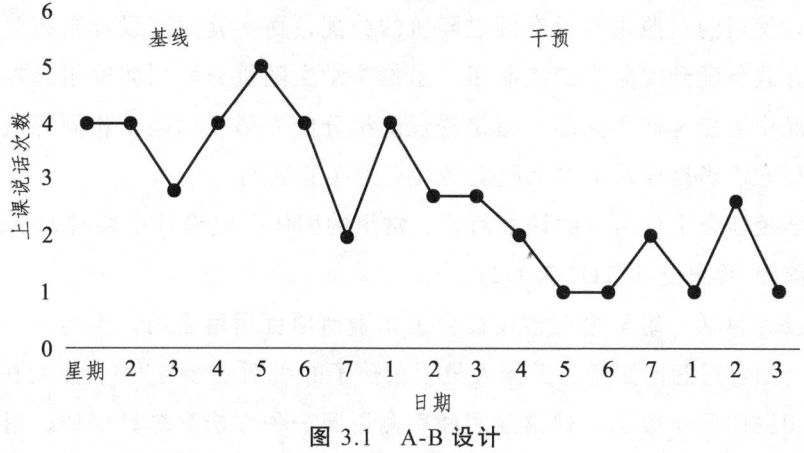

图 3.1　A-B 设计

A-B 设计在评估基准线阶段与干预阶段间是否产生任何改变是非常有效的。A-B 设计最主要的缺点便是学校社会工作者无法确定所观察到的改变是否为干预方式所引发，故需要更精密的单一系统研究设计（例如：A-B-A 设计）来确定这种因果连结。在 A-B-A 设计中，增加了撤回干预后的记录。图 3.2 简要示范了这一评估设计的方法与要点。

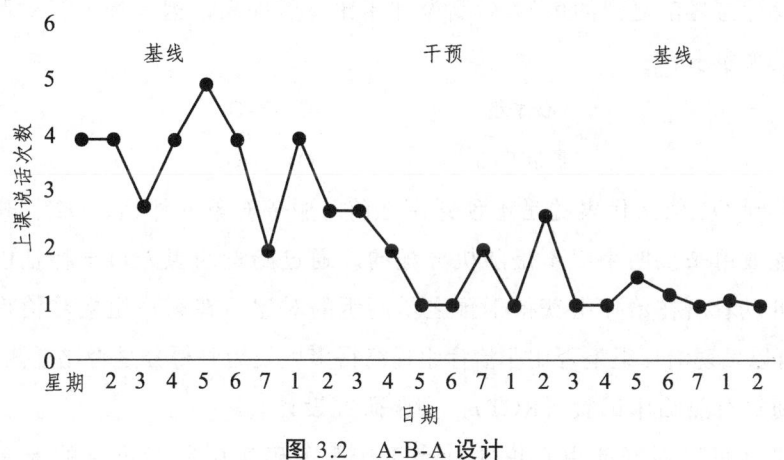

图 3.2　A-B-A 设计

2. 团体研究设计

除了单一系统研究设计之外，团体研究设计也可以被用来决定学校社会工作实务的效果。在这类评估方法中，重要的是区别准实验研究设计（Quasi-Experimental Research Designs）与实验研究设计（Experimental Research Designs）的差别。准实验研究设计使用的对照组并没有经过随机的分配,而实验研究设计则将学生依据随机分派的方式分配到实验组或控制组。虽然将学生随机分配到实验组与控制组在许多真实情况中可能是做不到的,但是透过随机分配而形成的两个相同等值的团体,可提供干预方法确是导致结果上改变的最有力实验证明。

对于学校社会工作项目的评估而言,常用的团体研究设计主要有如下几种:①

(1)前测-后测设计(O1-X-O2)。

这种设计包括一组学生在学校社会工作干预项目运用之前,参与到一些评估过程类别中(如填写意向测量、工作人员记录孩子的级别或参与度),然后在项目结束后再采用相同的测量方法。通常前测和后测用同一种方法汇总。例如,用整个组前测用平均分,后测也用平均分;或者前测和后测都用缺勤天数的百分比等。

前测-后测团体研究设计应用广泛,它很好地回答了"学生在接受了学校社会工作服务后是否有所提高"的问题,但它不能很好地证明学生的提高是因为学校社会工作者的服务。

(2)前测-后测对照组(准实验)设计。

这种设计与之前提到的前测-后测设计相比有所提高,因为加入了对照组。可以用以下方式来表示:

治疗组　　　　　O1-X-O2
非治疗组　　　　O1　　O2

可以看到 O1 依然代表的是干预开始之前对服务对象的评估,O2 同样指的是重复测量。虚线用来说明小组不是随机分配的。通过测量两组人口学特征以及实验前的得分,可以看出在治疗组获得干预之前两组的对比,在第一组接受治疗后,再观察分数,可以发现治疗组是否比非治疗组提高得多以及后测得分是否比前测得分更好。

(3)随机对照临床试验(RCT)(实验研究设计)。

这种设计可以很好地用在说明社会工作服务确实引起了可见的提高方面的评估。一大群学生被随机分到接受治疗的实验组和不接受治疗的控制组。两组在治疗之前和一段时间后都对服务对象进行评估。这种设计可用以下方式来表示:

---

① (美)Paula Allen-Meares. 学校社会工作[M]. 上海:华东理工大学出版社,2015.

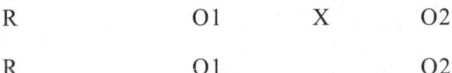

    R   O1   X   O2

    R   O1   O2

在每组之前的 R 表示组的安排是在某种系统基础上的随机分配,上面一组接受治疗 X,下面一组不接受治疗,两组都在相同的时间点进行评估,大概在第一组接受治疗前和接受治疗后。这种设计可以对时间进行控制,自然环境中发生的一些其他因素对孩子产生影响,孩子们可能会变得好一点,是因为他们在参与项目时机的原因,可以在一定程度上对评估的作用进行控制,其他形式的治疗没有这个功能。有能力控制或解释这些变量使这种设计成为评估研究中较有力的一个。

【实务操作】

在"任务情境"中,文章介绍了一个具体的儿童服务个案。通过本案例,我们认识到,社工要针对不同的个案服务对象提供个别化的服务。而对于社工干预服务的效果进行评估,则需要依据其服务进行评价。我们以小武的学习问题为主要任务进行评估。

评估步骤	方法与内容
详细说明目标	在本案例中,小武的学习成绩较差,而且缺乏良好的学习习惯,爷爷奶奶也不能进行有效的学习辅导。评估的具体目标是激发他的学习热情,主动学习,让其写作业的次数与时间有明显的增加。
选择恰当的测量工具	用以测量的工具是在学校、家里学习时间和次数的自我记录。小武要记录他自己自觉做作业、练字的次数与时间。
记录基线数据	使用 A-B 设计的评估方法,所以在社工实施干预服务之前,需要首先了解小武的主动学习情况并将做记录。
实施干预和持续监督	干预包括学习方法传授、他人(老师、同学)约束与帮助。在整个学校社会工作服务期间,社工持续性地了解小武学习情况的改变。
评估变化	在干预过程中,要将小武的目标行为记录在时间序列图上,从形象化的分析中观察其行为是否有变化、变化是否是持续的。
推测效果	结合干预结果的记录,只有在小武的学习次数、时间都在增加和稳定的前提下,我们才可以推测社工的干预发挥了作用。

【课堂练习】

1. 案例一：

一个 14 岁的男孩说："有时候我怀疑自己有些不对劲，女孩子都不理我，但是男孩子……当我接近长得好看的男孩子时，我可以感觉到自己很兴奋。我是不是同性恋？"

请问：假如你是一名社会工作者，怎样试图追随服务对象的叙说鼓励他对上述内容做更多描述？请写下你使用同感的技巧时所说的话。

参考思路：充分理解服务对象所表达的意思，从内容、情感、态度的不同层次做出回应。

2. 案例二：

一位 18 岁的女孩，与学校社工交谈。

"我是 3 个孩子中年纪最小的，有时我被视为'隐形人'，有时又觉得透不过气来。我大姐的行为表现得好像她是我妈妈一样，这样让我很愤怒。而且，妈妈总是高兴了就露一下面，这也令我很生气。我结婚的时候想要一个正常的家庭。但是看看周围，每个我认识的人都生活得乱七八糟。"

请问：你会如何使用开放式问题这一技巧来进一步了解服务对象的基本情况？

参考思路：可以用"什么""怎么样"等来发起问题，比如："你说的正常的家庭应该是怎么样的呢？"

3. 请以"任务二"中小武的案例为对象，设计一份过程评估的方案。

参考思路：结合案例，以过程评估的步骤与要点进行分析设计。

参考文献

[1]（美）Barry Cournoyer．社会工作技巧手册[M]．上海．华东理工大学出版社，2008．

[2] 程勇，陈天柱，苏祥．学校社会工作概论[M]．北京：北京师范大学出版社，2012．

[3] David R. Dupper．学校社会工作——有效的服务技巧与干预方式[M]．台北：五

南图书出版股份有限公司，2006.

[4] 顾东辉. 社会工作评估[M]. 北京：高等教育出版社，2009.

[5] （美）琳达·卡明斯，朱迪思·塞维尔，劳拉·佩德瑞克. 社会工作技巧演示：直接实务的开始[M]. 上海：格致出版社，上海人民出版社，2011.

[6] 林玲,丁伯平.童行携力,筑起爱的希望——尘肺病家庭困境儿童个案介入[J].中国社会工作. 2017（1）.

[7] National Association of Social Workers. *NASW standards for the classification of social work practice.* Silver Spring, MD: Author, 1981c.

[8] （美）Paula Allen-Meares. 学校社会工作[M]. 上海．华东理工大学出版社，2015.

[9] 全国社会工作者职业水平考试教材编写组. 社会工作实务（中级）[M]. 3版. 北京：中国社会出版社，2014.

[10] 文军. 学校社会工作案例评析[M]. 上海：华东理工大学出版社，2010.

下 篇

学校社会工作实务聚焦

　　学校社会工作是社会工作的一门分支学科，是社会工作在学校领域内的专业实践。近年来，随着校园事件的频发、学生问题的纷繁，引起社会对校园问题的关注，也为学校社会工作的发展与介入提供了契机。为此，我们依据学生面临困境类别将学校社会工作实务内容划分为五类：即学生学习困境、生活困境、人际关系困境、学生特殊行为及其他问题，并详细探讨了各类实务内容的学校社会工作介入策略。与此同时，综合目前学校社会工作发展趋势，我们讨论了未来社区教育中的学校社会工作，试图从学校社会视角去研究社区教育，以探索新时期学校社会工作作为社区教育发展方向及途径的可能性。本篇要求学生在掌握学校社会工作基本内容与方法的基础上，了解学生需求，掌握学生面临各类困境时的学校社会工作介入技巧与介入策略。

　　本篇共分为六个项目，每个项目根据某一类实务内容又分为若干个学习任务，每个任务都包含了项目导学、学习目标、任务情境（导入案例）、任务要求、必备知识、实务操作和课堂练习七个部分，整体上偏重实务操作，以期向用书者呈现理论运用于实务的全貌与细节。

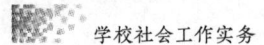

项目一 学生学习困境与社会工作介入

【项目导学】

学习是一个复杂的心理过程，它不但受个体感觉、知觉、记忆、思维等智力因素的直接影响，而且涉及情绪、动机、个性、兴趣、态度等各种非智力因素，还与个体所处的家庭、学校、同辈群体以及社区等环境因素密切相关。学校社会工作者的目的在于帮助学生或学校解决所遇到的某些问题，调整学校、家庭及社区之间的关系，发挥学生的潜能和学校、家庭及社区的教育功能，以实现教育目的乃至若干社会目标。因此，本项目以具体案例的方式呈现学生学习困境，通过对学生学习成绩低下、逃学厌学等行为进行相关原因分析，并结合社会工作的专业视角探寻介入的空间，提出介入的方法，希望给大家展现一个较为全面的学校社会工作实务模式。

【学习目标】

- 了解学生产生学习困境的行为表现、原因以及相关环境系统。
- 阐述社会工作介入的相关理论和要点。
- 理解并掌握社会工作在学生学习困境中的介入方法和过程。

任务一 学生成绩低下与辅导策略

【任务情境】

余某，男，高三学生，高一任班长，高二分到文科班后一直任体育委员，因为长期跑步锻炼身体，所以看起来很健康，也因为身高原因，经常坐在教室后排。初次见面给人留下的印象是热情、单纯、有礼貌。

余某自述说:"我之前学习没这么差的,尤其是数学成绩,一直都还不错,但上高三后一考试就感到莫名的紧张、焦躁,吃不好,经常失眠,想到高考就更觉得恐慌,成绩一次比一次差,即便复习充分,发下卷子后,大脑也一片空白,什么都不会,手心冒冷汗。严重的时候,手都会发抖到握不住笔的地步,等老师分析试卷时,那些不会的又都能写对,我也很疑惑,以为自己得了大病,爸妈带我去了医院,并说明了情况,医生给我做了心理量表测试,做完之后医生也没有说什么,但因为怕父母担心就没有告诉他们,但主要是怕听到结果后我妈唠叨。"

"从小,我妈就喜欢拿我跟别人家的孩子比,尤其是学习,每次一考试,我妈就特别在意我的成绩,经常会跟我说'你看那谁谁谁,又考了多少分?你要是考不好,以后可怎么办?我跟你爸这么辛苦,不就是想让你学习好点吗?你考这么点分数对得起我们吗?'之类的话。要是考得好,我妈就会不自觉地在小区跟别人炫耀,考不好,我妈就会很生气,不搭理我,弄得我现在都不敢跟小区里的人打招呼。"

"我在家里没地位,家里的事情他们也很少问我的意见,我爸最近忙工作,很少回家,也就很少管我,偶尔回家后,他们俩就会因为鸡毛蒜皮的事吵架,每次他们一吵架,我就觉得既害怕又不知所措,想写作业都没法写,成绩下滑之后,我常常觉得自己处处不如别人,想学又学不好,同学不喜欢,老师不喜欢,父母也不喜欢,我自己也不喜欢照镜子,因为我讨厌镜子中的自己。"

【任务要求】

- 了解学生学习成绩低下的原因。
- 掌握社会工作介入学生成绩低下的策略和方法。

【必备知识】

一直以来,对有学习困难的学生的辅导都是学校社会工作方面中较为关注的实务领域,学术界对此也颇有研究。

一、学习困难概念的界定

由于学习困难问题的复杂性,有关学习困难学生的名称和含义在各研究领域和各个国家均有所区别。神经生理学家倾向于从功能失调和脑损伤的角度,说明学习困难的原因,他们往往以"学习障碍学生"或"学习失能学生"等为学习困难学生命名,在教育与心理学界,则更多的关注这些儿童的心理发展水平及其适应状况。因而研究者习惯于使用"发展落后学生""学业不良学生""学习困难学生"等名称。在我国相关领域的研究中,同样存在着概念多样化的特征。研究者最初多使用"差生""后进生""学业不良"等名称进行困难学生的相关研究。20世纪80年代以来,又出现了"学习困难""学习无能""学习障碍"等词,其中以"学习困难"出现频率为最高,虽然从严格意义上说这些词的含义是有所区别的,但在国内的研究中,这些概念的使用尚处于混淆状态。

总结我国关于学习困难学生的大量研究,上海市教育科学研究所《初中学习困难学生教育的研究》课题组提出的对学习困难的界定较为详细且具有一定代表性,该研究对学习困难学生的基本理解可以概括为以下几点:① 学习成绩长期而稳定地达不到教学大纲所要求的水平,是学习困难学生显著而主要的标志。② 学习困难学生身心的生长发育处于正常范围之中,学习困难学生有别于智力障碍者或其他特殊教育范围之内的儿童。③ 学习困难之间是有差异的。这种差异表现在不同个体产生学习困难的原因是不同的,不同个体学习困难的表现形式和结果是不同的,不同的学习困难学生转化的条件也不同。[①]

二、国内对学习困难学生研究的主要内容

1. 学习困难学生的主要特征

在有关学习困难学生个性、社会性特征的研究中,发现了学习困难学生有别于正常学生的一些特征。学者杨心德发现学习困难学生的平均焦虑水平与学习优秀学生无显著差异,但学习困难学生中高焦虑患者和低焦虑患者明显多于学习优秀的学

---

① 钱在森,等. 学习困难学生教育的理论与实践[M]. 上海:上海科技教育出版社,1996.

生，在学习困难的学生中女生的焦虑水平明显高于男生。① 俞国良研究发现，学习不良学生在自我概念的各种维度上（如生理自我，社会自我等）均低于正常学生，且性别差异显著。② 万冀发现学习困难学生失败自我归因主要归因于家庭环境不好、学习不认真、教师帮助不够等；男女学生的归因倾向不同，女生比男生更倾向于作稳定的不可控制的归因，自信心明显不如男生。③

张雨青等则运用因素分析技术将学习障碍儿童的基本能力特征概括为视知觉能力、语言能力、社交能力、理解能力、运动能力、感知动作能力七大类。并指出缺乏这些基本学习能力及出现行为问题应该是导致学习障碍的主要原因。研究同时对学习困难学生在这七类因素中的具体特征作了具体描述，试图为学习困难学生的诊断和治疗工作提供有效的依据。④

2. 对学习困难学生的相关因素研究

影响学生学习困难的相关因素有很多，各种不良的环境因素，可以直接影响学生学习潜力的发挥，目前国内的研究集中于探讨父母的特点及教育方式等因素对学习困难学生的影响。陈寿康研究发现，学习困难和多动症组儿童的母亲有个性偏离者明显多于正常儿童对照组。⑤ 季军等的研究发现在家庭教育方式的不同方面（如父母对孩子学业的态度等）和教育方式类型上，学习困难和多动症组的儿童的父母与对照组存在显著差异。这提示我们对学习困难儿童的训练与帮助应考虑儿童家庭环境的特点，改进父母对儿童的教育方式。⑥

3. 对学习困难学生的干预研究

对学习困难学生教育干预的最终目标是缩小他们能力与成绩之间的差距。国外研究者在大量实验的基础上提出了诸多教育干预策略，20 世纪六七十年代的缺陷矫

---

① 杨心德. 中小学学习困难学生焦虑的研究[J]. 心理发展与教育，1994，10（2）：55-58.
② 俞国良. 10~15 岁学习不良儿童自我概念发展的研究[J]. 心理发展与教育，1996，12(2)：54-59.
③ 万冀. 学习困难儿童学业失败自我归因特点研究[J]. 心理发展与教育，1992,8(2):47-48.
④ 张雨青. 学习障碍儿童的基本能力特征[J]. 心理发展与教育，1995，11（3）：59-64.
⑤ 季军. 多动症和学习困难儿童父母教育方式初探[J]. 心理发展与教育，1994，10（111）：52-57.
⑥ 忻仁娥. 儿童学习困难与社会心理因素[J]. 中国心理卫生杂志. 1989，3（4）：159-159.

治法试图通过知觉运动过程训练等方式，矫治学生的知觉和其他心理异常，以后的行为矫正法则强调通过系统的改变环境和特定的教学技术，来促成儿童行为在特定方面的变化。当前对学习困难学生教学倾向之一是学习策略训练，学习困难学生所表现出的消极的认知策略可以通过训练得到改善，其结果可以有效改善学习困难儿童的学习成绩。此外，学业策略的训练还被用于对学习困难学生社交技能的训练中。

三、社会工作介入的工作取向

学校社会工作与教育专业都实施于学校，都以学生为主要对象，两者之间有许多结合点。在学生学业方面，学校社会工作者和教师都希望自己的工作有利于学生的学习，但因专业上的差异，两者的侧重点有所不同。学校社会工作的工作取向有如下特点：

1．坚持个别化原则，重视学生的个别化需求

所谓个别化原则，就是将学生看成独特的个体，重视他们对待困难和问题的个人感受和看法，根据每个人的实际情况，运用不同的方法和策略，帮助他们达成更好地适应。尽管学生的问题看上去很相似，社会工作者也很可能会把他们分类和组合，然后以一定的模式去处理，但其中个别化的原则仍是非常重要的，因为只有依靠个别化原则才能确保社会工作者对每个个体做出适当、精确的介入。相比之下，教育工作则相对较重视团体利益和团体规范。例如，建明在国外出生长大，三年级时随父母一起回国，转学到一家省级重点小学做插班生。老师发现建明经常在课堂上与同学说话，不举手就回答问题，有时不能按时完成作业。尽管老师了解建明的成长背景，但考虑到学校的纪律和其行为对其他学生的影响，还是当着全班同学的面批评了他。建明感到很委屈，对上学产生了抵触情绪，建明的爸爸妈妈质疑老师的做法伤害了孩子的自尊心。此案例显示，教育工作注重团体纪律，这与社会工作强调个别化的原则有一定的差距。老师将建明转介给学校社工，学校社工与建明建立了良好的专业关系，在全面评估的基础上，制订了辅导方案。首先，社工采用角色扮演、情景模拟等方法，在轻松的气氛中让建明逐渐理解并接受了新的行为规范；接下来，社工与建明的班主任和父母约定，当建明能做到遵守课堂纪律或学习取得

进步时，老师和父母立即给予表扬和肯定，以巩固他的适当行为。没过多久，建明就完全适应了新的学习环境。

2. 建立平等、尊重的合作关系，充分发挥学生的自主性

教师与学生之间的地位与角色差异是不可回避的事实，在传统儒家文化"尊师重教"的情境下，我国的师生关系更多体现为以教师为主导的权威关系。一项调查显示[①]，尽管中学的新课程改革要求学校将学生视为独立的个体，与教师具有同等的地位，但大多数中学生仍然认为老师处于权威地位，在教学过程中起着主导作用。学校社会工作则重视与学生建立平等的合作关系，强调学生的自主性。在学业问题上，学校社会工作者承认每个学生的价值，相信每个学生都有发展的潜能以及改变的能力，以真诚、开放的态度营造一个关怀、接纳的学习环境，充分发挥学生学习的主观能动性。例如，晓雯从小喜爱唱歌，小学时就加入了市里的"小百灵合唱团"。升入初中后，老师担心晓雯参加合唱团影响学习，认为她应该在学习上投入更多的时间。晓雯陷入了两难，一方面不想让老师失望，一方面又舍不得放弃合唱团的活动，矛盾的心理令晓雯上课时常常走神，学习成绩大幅下降。这样一来，更加坚定了老师让其退出合唱团的看法。晓雯满腹心事，又不敢和老师诉说，学习和生活都受到了很大的影响。晓雯主动找到学校社工寻求帮助，社工倾听晓雯的心声，与晓雯交朋友，和她一起制订计划，规划时间，尽量协调学习和业余爱好之间的关系，并鼓励晓雯主动找老师交流，大胆讲出自己的想法，使晓雯能够自己解决问题。

3. 重视过程，关注学生多面向的改变

教师较重视学生的学习成绩，通过定期举行月考、期中考、期末考等考察学生的学习情况，通常那些学习成绩突出、遵守学校纪律的学生就是教师眼中的"好学生"。而学校社会工作者则更注重学习的过程，结合每一位学生的智力、能力、性格特征、学习基础以及家庭环境等实际情况，致力于促进学生在学习过程中认知、态度和行为的正向改变以及其他方面的改善。有些学生在接受了社工的辅导后，学习成绩并没有明显的变化，但这不能说社工的介入是无效的，因为在社工看来，学习

---

① 周文莉，王军. 新课改背景下的中学生师生关系调查[J]. 教育测量与评价：理论版，2009（4）.

成绩仅仅是评量成效的一个方面，学生的心理健康和社会功能方面的进步更为重要。例如，嘉良的父母常年在外经商，他从小和祖父母一起生活，养成了内向、胆小的性格。上小学时，爷爷奶奶还有能力辅导他的功课；到了中学，爷爷奶奶就帮不上忙了，嘉良在功课上越来越吃力，成绩始终徘徊在班级的最后几名。而且，嘉良开始变得沉默寡言，独来独往，很少参加学校的活动，老师让学习成绩好的同学帮助他，也被他拒绝了。刚开始来见社工时，嘉良几乎不敢与社工进行眼神的接触，说话的声音小到几乎听不到。社工与嘉良交朋友，用真诚和关怀打开了他的心扉，社工对嘉良进行人际关系脱敏训练和自信训练，创造机会和有力的环境让嘉良迈出与人交往的第一步。渐渐地嘉良变得开朗了许多，尽管学习成绩尚不尽如人意，但他开始接受老师和其他同学的帮助，有时还能够主动向老师、同学请教问题。

【实务操作】

回归到"任务情境"中的案例，针对余某面临的问题，学校社会工作者借助余某的环境系统分析余某的问题和需求，以期运用合适的方法和策略帮助余某解决问题，挖掘其自身潜能。

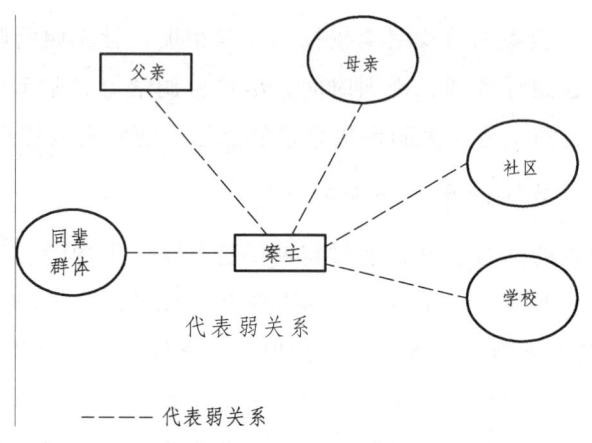

图1.1　余某的环境系统

从余某所处的环境系统图（图1.1）可以看出，余某与父亲、母亲、同伴以及学校均处于弱关系的状态，这些环境系统都对余某学习困难的问题产生一定影响，也就是说，想要改善余某目前的学习状况，则需要考虑对余某有重要影响力的环境系统。综合考虑，针对余某的情况，学校社工决定以个案工作的手法介入余某面临的问题和需求。

个案工作计划书

案主的基本情况	余某，男，高三学生，班级体育委员，身体健朗，面貌憨厚，热情，有礼貌。
家庭背景	父母经常吵架，母亲喜欢拿余某和别人家的孩子比较，父亲忙于生意无暇顾及余某，余某自认为在家地位较低。
案主问题	1. 案主情绪焦虑，害怕面对考试。 2. 案主学习成绩低下，自信心不足。 3. 案主不敢主动和别人打招呼，自我认同感较低。 4. 家长教育方式不当，家庭环境不和谐。
问题分析	（1）家庭的不良影响。弗洛伊德曾说"人长大后的人格特征行为表现很大程度上受童年经历所影响"，可见家庭环境的熏陶和教养方式，在人格塑造中和发展中占据不可忽视的地位。余某的父母之间沟通不畅，经常吵架，营造出的不和谐的家庭氛围使余某形成了胆小怕事、敏感焦虑的性格。而母亲因为家庭矛盾以及攀比心理，从小对余某实施的说教，也在孩子的记忆中埋下了危险的种子。一定要超过别人，否则就会被别人瞧不起，这样过度重视别人对自己的评价，则会造成自我认同感低下；母亲只重学习，父亲很少过问，导致余某无法体察自己在父母心中的地位和价值。成绩一旦不如己愿他便认为自己的确无足轻重。在家人那里，他觉得自己似乎只是个考试的工具、被拿来比较的对象，而得不到心理支持，自然慢慢由自信不足逐渐演变成了深度自卑。 （2）自卑心理的干扰。从之前的数学成绩就能判断出余某其实是个比较聪明的学生，并不是学习能力差，但在家庭的影响下，母亲对他的压力以及负面评价，形成了他自卑敏感的个性特点，导致其优柔寡断，因此常处于恐惧焦虑的情绪状态下。也许某次不好的成绩对别人并不算什么，甚至反而是一个激励，而对于自卑的余某来讲，就认为自己"一无是处，处处比别人差，在家里没地位……"这种消极的想法一旦长期存在，便会影响余某的情绪，尤其是影响其对待考试和学习的态度，久而久之，就造成了余某自我评价低、学习成绩低下以及极其不自信的行为表现。

问题分析	（3）人际关系的紧张。由于余某平时在与他人相处时方法不得当，也不爱主动和同学打招呼，尤其是考试后的排名常让余某觉得大家都在用异样的眼光看自己，觉得他们总在说自己、都瞧不起他、讨厌他。而且由于他自身非常注重别人的评价，希望通过提高学业成绩扭转自己在别人心目中的形象，于是又过度担心下次的考试，越是担心、焦虑，身心反应就越大，考场失利的情况就越多，于是不自觉地卷入恶性循环的怪圈。 照镜子行为本身是对现实自我的关注，相反的行为是一种对现实的自我逃避，处于高中阶段的青少年自我意识正迅猛发展，而余某在内因、外因联合作用下开始认同别人对自己的负面评价，潜意识中认为自己真的很讨厌，慢慢地讨厌自己，表现在外在行为上便出现了"讨厌镜子中的自己而不照镜子"的异常。
辅导目标	最终辅导目标：协助案主自我认知和自我成长，塑造健康人格。 具体辅导目标： （1）帮助案主借助心理放松训练等方式，缓解焦虑情绪。当余某产生不良情绪时，鼓励他来学校社工咨询室以合理的方式宣泄，把不愉快的事情说出来，找出案主非理性信念，用理性信念取代，并教案主一些平时可以自我训练的放松方法，比如腹式呼吸法、按摩内关穴克服焦虑法等。 （2）引导案主想出提高学习成绩的方法，并付诸实施，以增强案主对学习的自信心。引导余某用优势视角看待问题，虽然自己的综合成绩不是很好，但总不至于"全军覆没"，他数学成绩一直很好，说明他具备学习和思考的能力，他能认识到学习的重要性，说明他有改变的动力，因此只要方法得当，有决心和信心，相信其他科目也会提高，况且距离高考还有几个月时间，还有时间弥补知识疏漏，要把自己的目标定的合理，不要好高骛远，"跳一跳，够得到"为妙。这样一来，案主就可以确立明确的高考目标，脚踏实地的备考，而恰恰也是这些会让他对复习产生动力。 （3）引导案主改善自我认知，面对自己，接纳自己。同余某一起回顾他的成长历程，引导他发现自己个性中的一些弱点和父母的教育有关，面对考试产生的严重焦虑情绪则来源于他对自己的一些不合理期待、担忧及不良的自我暗示，这其中有家长的误导也有他自己的认知偏差。

续表

辅导目标	（4）与家长沟通，引导家长改善教育方式，营造和谐的家庭环境。既然余某很注重别人对自己的评价，特别是母亲的看法，那么他母亲如果能给予他一些鼓励和肯定，对他克服自卑，树立自信一定会有重大作用。 （5）建立同伴互助关系，在交流中碰撞出学习的火花。对于同样面临学习困境的学生，组成互助小组，相互支持学习。
介入方案	1. 建立关系。 这一阶段时工作者与案主的初次接触，主要任务是针对案主的情况与需求进行了解。同时对案主面临的问题进行初步判断。本阶段通常运用会谈的方法，首先，工作者要认识到余某可以主动地寻求帮助，并希望自己的改变不是一件容易的事。要对他的勇气，给予肯定，并接纳他的情况。其次，工作者要介绍自己，包括专业背景等，也要明确此次会谈的目的。再次，给余某充分的空间去表达自己的情绪，特别是焦虑情绪。工作者还可以激发余某的期望，增强他的行为动机，将他的问题界定在一个他能够解决的范围之内，并和他一起确定一个现实性的期望，比如在学习中如何调节焦虑情绪。最后，工作者要澄清自己所能提供的工作范围，避免过多和过早的承诺。 2. 资料收集与诊断。 工作者从各个方面对余某的情况做了详细的了解，资料越详细越有利于对他开展工作，这里所说的资料涉及了余某的整个社会环境系统，包括个人系统（生理、智力、价值观、童年经历、对现有状况的适应等）、家庭系统（结构、成员角色、沟通网络、发展阶段、经济状况等）、朋辈系统（组成、互动方式、个性特征等）、学校系统（目标、教学理念、校园文化等）、社区系统（结构、运作方式、社区组织等）。工作者要对这些资料有所取舍，从中精选出对缓解余某焦虑情绪有帮助的内容，同时也要与余某一起探寻和发掘对他有利的资料。 进行诊断，即对余某的焦虑心理进行评估。工作者可以用一些心理测量的量表评估他的焦虑程度和焦虑的范围。诊断的主要内容有焦虑的成因、对余某的影响等，从上述资料来看，余某大部分的焦虑来自于家庭，特别是母亲对他学业上的要求，还有不健全的自我认知，这样的焦虑也造成了他在学业上的不自信，对考试的过度紧张，甚至是对自我的逃避与否定等。

	续表
介入方案	3. 目标与计划制订。 这个过程强调案主的参与。工作者可以与余某共同协商讨论可行的目标，比如正确认识自我，提升自信，增加与同学交往等。工作者要协助余某拟定解决问题的先后次序，考虑可能遇到的困难及解决方式，而后工作者与他签订协议，明确目标及各自的责任与义务。 4. 实施计划。 工作者可能要担任使能者、联络者、教师等多种角色。工作者的重要任务之一是协助案主挖掘自身的潜能与优势，使案主自身产生改变，从而达到目标。本案例中，工作者要视余某为一个主动的改变者；联络者是指工作者会充当起学校、家庭与案主之间的桥梁。在这个案例中，工作者要与家长会谈与学校教师一起讨论可行方案，了解社区的资源或者介绍焦虑缓解相关领域的专家给余某。 作为学校社会工作者，社工可以提供给案主新的学习方法，协助案主学习新的技能。对于余某，工作者可以与他分享一些缓解焦虑的方法，比如利用理性情绪疗法逐步分解他的焦虑，让他进行放松训练，参加有氧健身，规律睡眠，展示出成功的应试表现，等等。 5. 结案和评估。 工作者评估工作目标是否已经实现时，可与余某一起总结工作过程中的进步与收获，并思考如何将这些经验，用于他日后的学习生活中，建立一个全新的自我概念。评估的方法很多，如请余某定期写心得体会，改变与收获；制定评估量表；余某和工作者也可以用画图、打分等方式来衡量其进步，等等。 如有必要，工作者应对系统环境进行相关跟进。

经过将近一个学期的咨询，余某已经掌握了减轻焦虑的方法，并学会了如何调控自己的紧张情绪，性格变得开朗乐观了，与人交往也变得自然受欢迎了，他体会到了归属感、成就感，最终余某在高考中发挥不错，以502分的成绩考入一所二本院校，他母亲特地来学校表示感谢。

从本案可以看出家庭对于孩子的成长有着重大的影响。当母亲总以己之短比人之长、苛责孩子时，孩子如果没有被激励，奋发图强，势必就会产生退缩、自卑心理，在学业、人际上都遭遇困难。所以，要想让孩子改变，就要尽量改变他所处的系统环境。

任务二 厌学逃学行为与介入策略

【任务情境】

逃学非我所愿

小明今年12岁，是一名初一年级的男生。班主任刘老师转介给社工的时候说，小明上七年级的时候挺好的，但不知什么原因，最近很不"听话"，上课时不专心听讲、扰乱课堂秩序、迟到、打架、不做作业、经常性反抗老师，请家长之后，在家长的管教之下，会"老实"一阵子，但过不了多久，又会和以前一样，不好好学习，不遵守学校纪律。而且更让班主任和老师头疼的是，小明不仅自己不学习，还开始带动班里其他的学生扰乱课堂秩序，经常和一些不爱学习的同学一起出去玩，打游戏甚至逃学等，班主任和其他任课老师用了劝说、通报批评等软硬兼施的方法，但好像都没有用，小明根本就不把老师的话放在心上，班主任没有办法了，才找到学校社工。

小明长得还不错，清秀的脸庞，个子又高，而且唱歌很好听，六年级的时候还参加过学校的歌唱比赛，还获了奖。但是自从一次考试失利受打击之后，成绩便直线下滑，尤其是七年级之后，他经常说自己不舒服，上课无精打采，作业也不能按时完成，参加班级活动的积极性也大不如前。

案主自述：

"自从我爸失业之后，便经常早出晚归，妈妈工作也很忙，以前还会辅导我写作业，我觉得学习很有动力，但是后来总是说忙，没空搭理我，家里经常只有我一个人，虽然我也知道父母是为了生活，迫不得已，但我依然希望他们可以多关心我一点点。班里的同学也不愿意和我玩，只有他们愿意和我在一起，他们会关心我，会陪我出去玩，和他们在一起很开心，我觉得他们就是我的朋友。成绩开始下降时，自己是有一点担心，是想学好的，但是发现我妈跟我爸都不怎么在意，很少过问我学习上的事情，慢慢地，我自己也就无所谓了，反正也不知道要学给谁看了，其实，我也想过好好学习，少玩点，但就是控制不住自己，没办法。"

小明的母亲表示，自从要挣钱生活之后，自己确实给予孩子的关心少了，但是确实现在辅导孩子写作业也是越来越困难了，一是自己工作忙，二是自己的能力有限，很多作业都辅导不了了，没想到自己的孩子会变成这样，很希望有老师可以帮助小明。

【任务要求】

- 了解学生逃学厌学行为背后的深层次原因。
- 掌握社会工作介入厌学逃学行为的方法和步骤。

【必备知识】

一、厌学行为的特点与原因

厌学一般分为两种情况：一是厌学情绪，这种厌学是短期的，能够在短时间内得到改善且不容易复发；二是严重的厌学症，即厌学已经上升到心理及行为层面，需要采用综合性干预措施才能得到改善。那些有厌学情绪但尚不严重，仍能在学校学习的学生常常会出现如坐针毡、烦躁、漠然、发呆或违反课堂纪律、做与课堂无关的事情、迟到早退等行为表现；厌学情绪逐步发展，会出现排斥学校，拒绝上学的情况，如每天上学前紧张、焦虑、称病等。厌学在身心上的表现有头痛、失眠、心悸、情绪低落、抑郁、焦虑等症状。

厌学问题产生的原因有：①对老师的反感而讨厌上老师的课，极力回避与老师的接触，最终发展到某一科目的厌学。②缺乏良好的学习习惯和学习方法。学习自觉性低，基础差，学习上缺乏自信心；不能持之以恒；缺乏良好的学习习惯和学习方法，不知道如何学习，导致学生学习成绩跟不上。③过分看重分数。许多老师和家长十分关注学生的分数，以分数评价学生的好坏，导致学生自信心不足，从而产生厌学的心理。④人际交往问题。有些学生由于性格的原因，在人际交往方面遭受挫败，不能正常与同学交往，经常与同学产生矛盾，又不能很好地处理，导致被孤立，感到在学校没意思，产生厌学心理。⑤缺乏正确的学习目标和动机。学生没有树立正确的学习目标，不知道为什么学习，该怎样去学，缺乏对学习的兴趣，只是机械地应付。⑥学习负担过重。父母望子成龙导致学生学业负担过重，超过了学生的承受能力，使学生对学习产生厌恶。

二、逃学行为的特点与原因

逃学是指学生在上学期间未经老师允许擅自离开学校的行为。逃学行为往往具有反复性和持续性，在一段时间内会多次出现。青少年的逃学行为不但影响其在学校的正常学习，而且逃学青少年在社会上的闲散游荡也增加了他们被不良团伙引诱的可能性，易引发违法犯罪等行为。

人们解释学生逃学行为有多种观点：

（1）学生本身的因素。生理方面，由于智能不足或缺乏辨别能力，易受他人的暗示或引诱而盲从逃学；或由于身体有缺陷、健康欠佳，无法参加团体活动，感觉被歧视、被冷落而逃避学习。心理方面，由于人格发展不健全，抗挫折能力较低，稍遇打击即诉诸逃学；或由于抱负水平较低，自暴自弃不想上学。

（2）学校的因素。编班不当造成无成就或低成就，学校一味追求升学率，学校把学生分成快班和慢班，对学生造成的心理伤害，没有成就感造成逃学；教材教法不当导致学生厌恶上学，教材艰深难懂，教师教法枯燥乏味，再加上作业量大、考试多，很可能导致学业成就低的学生厌学逃学；教师管教不当，太严格或太放任或不公平，都有可能引起学生不满，导致学生不愿意去学校。

（3）家庭因素。家庭发生变故，父母离异或一方死亡，造成家庭破裂，导致学生缺乏照顾和关爱，形成人格问题，与同学关系不佳，以致不想上学；父母管教不当，过严或过松引发学生发展不良，导致逃学行为。

三、学校社会工作者的介入要点

第一，解构"问题"：问题本身不是问题。当代建构主义心理学认为，问题存在于语言当中，并非个体本身。一个青少年身上的"问题"是被他周边的关系通过社会互动内化和体验的结果。以"任务情境"中的小明为例，他之所以被认为有问题，源于他厌学、逃避上学。为什么厌学、逃避上学是问题，因为父母、老师、周边的人认为这是问题。"问题青少年告诉我们因为人们认为他们解决事情的策略不同于常人，所以被贴上古怪的标签"。

对"问题"青少年实施干预首要工作是同他们一起澄清"问题"，使他们意识到，他们本人没有问题，是他们与众不同的做法、挑战常规的言行、不合规矩的选择、我行我素的固执、追求自我的态度不被多数人接受，于是被界定为问题。常用的工作方法有：

（1）了解当事人生活经历中的风险因素，如贫穷、生理疾病、家庭矛盾、学业失败、特殊经历等。风险经历将青少年置于特殊的生活境遇，导致某些个体资源受损或缺失，限制了他的多元力量发挥作用。出于补偿或防御的需要，青少年有可能采取非常规方式加以应对。

（2）了解当事人的家族及社会关系网。青少年对自己的问题认同是与其周围重要他人建构的结果，家人、老师的不断批评和一味指责，会把一些标签强加在青少年身上。如果子女的家人总强调自己的子女不如别人、不上大学意味着失败等观念，会让子女本人接受自己不如别人、自己是失败的这一暗示。通过这些工作使当事人明白他的问题从何而来，问题是如何形成的。

（3）关注当事人的生活故事，提炼出其中的主角与关键配角。谁总在说话？谁告诉你这些？发生此事时谁与你在一起？你记得当时的情景吗？是你看到还是谁告诉你的？等等。通过当事人的回忆、讲述这些故事，他本人会对自己的生活理解逐渐清晰，能够理解他的生活是如何被建构的，问题是如何突显的。

第二，建构意义：挖掘问题背后的抗逆力。青少年意识到问题不是他自身的，问题的产生与形成是被他人建构的，是他们违反常规的表现被标签为问题。那么他们为什么会采用这些做法呢？这些做法的意义在哪里？能帮助青少年渡过难关吗？所以，面对这些问题，"优势视角"是第二阶段的工作重点。

"优势视角"是相对于"问题视角"而言的。解构问题之前，青少年本人，包括他的家人、老师、亲属都从问题视角描述他，把他的表现界定为问题。如"厌学""逃学""白痴""脑子笨""成绩不好""失败""消极""无价值""生活颓废"等。"优势视角"转换角度看待问题，挖掘这些"不良表现"背后的功能，即青少年通过这些"不良表现"作出抵抗,坚持自我,捍卫自己的权力与地位。以"任务情境"中的小明为例,逃避上学是为了摆脱"学业失败""不被尊重"而带来的心理压力和精神痛苦;性格孤僻是为了摆脱指责、抱怨、与别人比较而带来的自我挫败和否定评价对心灵的打击与重创。显然,小明的这些行为不一定是合适的,但是是具有功能的,保证了他在目前处境下回避痛苦,减少刺激,抵御压力,维护自尊,证明意义,此时描述小明的词语可以有所改变,应该"挣扎""反抗""坚持""独立""成长""学习"和"敢于挑战"等为主。

透过问题,挖掘意义,是咨询过程的关键所在。个案咨询必须树立"优势视角",不纠缠于问题本身,而要关注问题背后的生命状况,看到问题也是功能的体现。就像一个生长的小树,受到环境的挤压不能挺拔、直立生长,但它并没有枯死,而是顽强地生长着。也许是倾斜的,也许是缠绕的,也许是扭曲的,却顽强地活着,这就是生命的动力。生活在逆境中的青少年,就像受到挤压的小树,没有长成参天大树,不等于没有生命的意义。

第三,重构生活:用"常规途径"代替"非常规途径"。咨询过程中强调青少年的"非常规做法"也是抗逆力的体现,不意味着社工认可并支持他们的反社会行为。咨询过程认可和支持的并不是这些行为本身,而是这些行为背后的抗逆力和生命功能。因此,引导青少年掌握常规途径,用亲社会认同替代反社会认同是第三环节的重点。

"替代"是这一环节的关键。"常规途径"与"非常规途径"背后都是生命抗逆力的体现,二者的区别在于手段和方式的不同。前者使用常规手段,行为方式为亲社会取向,表现出对社会的认同、顺从和一致,往往得到社会的接纳和支持。后者使用非常规手段,具有反传统、挑战常规、对抗成人等特征,表现出对社会的反思、批判和对抗,常常受到成人的指责、围攻和排斥。结果导致青少年与社会背道而驰,即使社会遭受损失,也对青少年自身成长构成阻碍。学校社会工作者要积极引导青少年深刻思考自身行为,认识行为的真正动因,以建设性方式参与社会,以常规行为代替非常规行为。

【实务操作】

回归到"情境任务"中小明的学习问题,我们可以从影响小明行为的重要环境系统进行以下相关分析:

一、原因分析

原因	具体分析
个人因素影响	小明之前学习一直很好,说明小明在学习上并没有智力上的障碍,但是缺少父母的关注之后,便放松了自己的学习,这表明小明可能缺乏正确的学习目的和学校动机,不知道为什么学习,同时也缺乏父母的关注和爱。在成绩下滑,受到同学的排挤之后,便结交了一些"朋友",表明,小明在处理人际关系上缺乏相应的方法和技巧
家庭因素影响	小明的家庭结构相对简单,虽然家庭成员之间并没有产生明显的矛盾和冲突,但可以看得出成员之间的关系略显疏离和淡薄,小明之前生活在一个有期待和有陪伴的家庭中,这样的家庭环境带给小明的是上进、努力的行为表现,但是自从父母开始早出晚归之后,小明的行为表现开始发生变化,成绩下降,上课不专心,结交"不好"的学习朋友,与其说是小明在"学坏",倒不如说是他用了一种不恰当的方式来获取家庭对自己的关注,渴望通过这种方式得到父母的关心和照顾
学校的影响	在案例中我们可以看到,小明的家庭背景会影响到小明在学校的行为表现,导致小明成绩下滑的,除了缺乏父母的正确引导之外,也缺少班主任老师对成绩下滑、厌学的原因进行深层次的分析,如果学校能给予表现"特殊"的学生更多的关心,减少小明在同学之间的"排斥感",或许小明的表现会有所改变
朋辈群体的影响	小明最初交朋友的想法很简单,他期待这些朋友会关心他,愿意和他在一起,可以享受到来自朋友的温暖,所以才构建了目前的朋友圈,但是不可否认,一个人的人际关系网络是会影响到一个人的行为,在一个较亲密的关系网络中,人们会不自觉地同"圈子"中成员的行为保持一致。所以,不恰当的朋辈群体也会导致小明不合适的行为的产生

二、辅导方案设计

在评估小明问题的基础上,学校社会工作者决定运用个案工作方法和小组工作方法共同改善小明的行为。

1. 个案工作方法的运用

方法	具体内容
情绪疏导	倾听小明的心声，表达同感，并协助其了解自己的感受。从父母那不能获得该有的温暖和支持，以及同学对他的排斥以及成绩下降之后老师的不及时关注等因素都会影响小明的感受和情绪。小明不能理清自己的感受，面对自己的情绪时不能恰当处理，所以，在处理小明的情绪时，学校社会工作者要做的第一步工作就是以接纳的态度和充分的耐心，适时地表达同感，帮助小明，让小明边叙述事情的原委边体察自己此时的感受和情绪，并引导他发现这些感受与情绪的背后就是他内心深处的想法，所有的不良体验都事关他未达成的对自己的期待
心理支持	引导小明从逃避和对抗中走出来，初步觉察自己的问题。遭遇挫折是每个中学生都可能会遇到的事情，我们要正确面对挫折，消除自己的不合理信念
行为修正	用行为修正的方法对学生的每一次努力与进步及时地肯定和赞美，并可适当地给予精神或其他方式的正强化。例如，每天按质按量完成作业可得到一朵小红花，二十朵小红花就可以得到一个"学习进步标兵"的称号等
与父母沟通	与小明的父母反复沟通，引导他们探索孩子内心的需求与当前的心理特点，重新审视并改善家庭成员的互动方式。小明的行为发生变化，很大一部分来自于家庭关爱的缺失，鼓励小明的父母主动关心孩子，并多花一点时间陪伴孩子，关注小明的行为变化及心理感受，主动创造良好的家庭学习氛围
与老师沟通	与相关老师沟通，建议他们关注孩子的情感，对小明的每一次进步进行及时的表扬并且督促小明完成相应的学习任务

2. 小组工作方法的运用

学习互助成长小组

小组主题	一起学习，一起成长
理论依据	根据社会学习理论，人的行为是可以通过学习和再学习改变和增强的，可以通过正强化使得个人学习新的行为代替旧的行为。青少年时期是每个人社会性发展的关键时期，也是其通过朋辈群体学习恰当行为的时期，但由于各种原因的影响，使得他们在学习方面和与人际交往方面存在一定的问题。另外，由于学习过程和人际交往活动是一种比较复杂的社会活动，影响和制约这一活动的因素也十分复杂，青少年由于知识、经验的不足以及能力和技巧的欠缺，会使得他们在这种社会活动中遇到一些困难和挫折，甚至遭遇失败。①学校社会工作者希望通过开展6次活动，在小组成员的互动和团体动力的作用下，使小组成员能够习得学习技能以及达成团队互助和关爱的目的

---

① 丁少华. 小组工作[M]. 北京：社会科学文献出版社，2003年版.

续表

小组目标	通过小组成员的互动,一方面激发小组成员学习动机,提升组员意志力,并帮助组员树立坚强的学习意志;另一方面帮助同学学习欣赏对方,培养同辈之间的接纳、互助和关爱的品质		
活动次数	6次		
活动地点	学校活动室		
节数	主题		目标
第一节	很高兴认识你		明确小组目标;组员之间、组员与社工之间相互熟悉;制订小组规则
小组环节设计			
1. 社工开场白,介绍自己及小组目标、环节设计。 2. 热身游戏——"大风吹"。工作人员组织大家围坐成一圈;当工作人员说"大风吹"时,组员喊"吹什么?"工作人员可以根据组员的特征说出吹的内容,比如"吹戴眼镜的人",那么凡是戴眼镜的人就要互换位置,工作人员也可以加入抢位子,没抢到的位子的人就要做主持,或者接受大家的惩罚。 3. 树立组员的团队意识:发给组员事先剪好的五瓣花朵一张;请小组组员在每瓣花朵的空白处填写个人的答案。(1)我是谁?(2)假如……,我将会很开心;(3)我希望别人说我是什么样的人?(4)我加入小组的希望是……(5)我希望我们的小组是…… 4. 制定小组规则:通过花瓣活动,了解组员对小组的期望和参加动机等;学校社会工作者借此说明小组的目标、内容和功能,以澄清成员对小组的期待,并说明小组规范的重要性,并组织小组讨论中组员应遵守的小组规范以及违规时的处理方式,鼓励大家共同遵守。 5. 总结与分享:你认识了哪些新朋友?本小组的规则是怎样的? 6. 预告下节活动主题。			
第二节	激发学习动机		组员交流分享学习动机的重要性,并激发组员的正确的学习动机
小组环节设计			
1. 上节内容回顾。 2. 热身游戏——"可爱的动物"。参与者围坐成圈,1人在中间当"小猫","小猫"走到任意组员面前蹲下学猫叫,面对者要抚摸"小猫"的头说"哦,可爱的小猫",但是不能笑,一笑就输;"小猫"扮演者有三次逗组员笑的机会,若对方不笑,扮演者就要离开找别的组员。			

续表

3. 学习故事分享：工作人员讲述有关学习动机对人的学习产生的重要影响的故事，并引导组员讨论影响学习成功的因素。

4. 交流学习：组员两两配对，相互探讨近一年的学习心得和体会，讨论"你的学习动力是什么""你为什么要学习""学习的热情来自于哪"等问题并交流意见；学校社会工作者讲解动机的概念以及动机对人们学习成功的重要性；成员围坐一圈，每个小组选出一个代表总结小组交流内容；学校社会工作者整合组员意见，并给出反馈。

5. 总结与分享：对本次活动进行回顾和总结，并邀请组员分享参加的感受。

6. 预告下节活动主题。

| 第三节 | 有你更美好 | 提升组员自信，培养组员欣赏自己、欣赏他人的能力，并创建良好的团体氛围 |

| 小组环节设计 | | |

1. 上节内容回顾。

2. 热身游戏——"棒打无情郎"。组员围圈站，挑选 1 名参与者站在中间，手拿"无情棒"作为"无情者"；"无情者"需要说出其他参与者的名字，并走到他面前举起"无情棒"做打的动作；被叫到者要很快说出其他任何一位参与者的名字（不能说叫你的人），让"无情者"离开自己面前，寻找其他目标；反应不过来的被叫到者就要受到"无情者"的"打"，并替代本轮"无情者"成为下一轮的"无情者"。

3. 团队游戏——"优点轰炸"。组员围坐成圈，有工作人员开始表达"我有一双手，可以写字"，组员开始接力；引导组员看到自己拥有的能力；用"击鼓传花"的方式，选择1人站中间，其他组员轮流说出中间者的优点；学习爱的鼓励。

4. 欣赏他人：写出身边组员的优点，并制作成卡片送给对方。

5. 总结与分享：别人称赞你时你有什么样的感觉？喜欢被人称赞吗？

6. 预告下节活动主题。

7. 家庭作业：每天对自己说一句鼓励的话，带着欣赏的眼光去看待别人。

| 第四节 | 坚持就是胜利 | 培养组员的意志力以及相互沟通和学习的能力 |

| 小组环节设计 | | |

1. 上节内容回顾。

2. 热身游戏——"豆豆挑挑挑"。分成若干小组，在规定的时间内分拣放在一个盆里的红豆和黄豆，用时最短的小组获胜，用时最长的则要接受大家的惩罚。

游戏分享：夹不住豆子时你有什么样的感受？当其他组完成时自己是什么样的心情？

3. 意志力激发：组员相互讨论"听不见音乐，可以随着音乐翩翩起舞吗"等问题，欣赏视频舞蹈《千手观音》，引导组员思考意志力的重要性。

续表

4. 强化意志力。通过体验"站桩"游戏（两手平伸，两脚与肩间宽，双腿尽量下蹲，上身保持平直。比谁能坚持到最后），引导组员讨论："不能坚持做一件事的外界干扰有哪些？"帮助组员总结出可以强化意志力的方法，并写在大白纸上。

5. 总结与分享：今天有什么收获？让你印象最深刻的是什么？

6. 预告下节活动主题。

7. 家庭作业：给自己确定一个小目标：比如一天记住20个单词，做一个小时的数学练习题等。

第五节	团队协作	提高组员的团队协作能力，强化个人在团队中的重要性，构建良好的团体关系

小组环节设计

1. 上节内容回顾。

2. 热身游戏——"雨点变奏曲"。工作人员说出一段话，组员根据话中的词语作出以下动作："小雨"——指尖互相敲击；"中雨"——两手轮拍大腿；"大雨"——大力鼓掌；"暴雨"——跺脚。

3. "三人四足"。将组员分成三个人一组，每三个人的腿要绑在一起向前走，比赛哪组最先走到规定的目的地。游戏结束后，工作人员带领组员分享感受。

4. 团队游戏——"猴子捞月"。5人一组，每组的组员在规定的范围以外，朝指定的区域内放一样物品；参与者在15分钟时间内，要想办法通过参与者之间的协调合作（下半身不能触地），在规定的范围以外把抛出的物品拿回来；工作人员请小组表达成功拿到物品的方法以及感受。

5. 总结与分享：引导组员分享此次活动的感受，以及在遇到困难时组员采取的对策等，工作人员还要加强组员战胜困难的能力方面的训练。

6. 预告下节活动主题。

7. 家庭作业：组员之间相互监督彼此的作业完成情况。

第六节	有爱一家亲	总结回顾，强化组员人际沟通学习能力、解决困难的能力并营造团体之间接纳互助的氛围；处理离别情绪，结束专业关系

小组环节设计

1. 上节内容回顾。

2. 热身游戏——"解千千结"。组员站大圈，你的右手拉右边朋友的左手，你的左手拉左边朋友的右手（记住左右的朋友）；松开手，在圈内自由走动，指导者叫停，成员定格，位置不动，伸手牵自己先前拉的"左手"和"右手"，从而形成许多结，见到对面的朋友微笑点头；不能松手，但可以钻、可以绕，要善于观察，队员间共同想办法解决困难，恢复到起始的状态。

续表

3. 观看小组过程剪影，回顾整个小组历程，组员分享参与小组感受：我有哪些收获？有哪些改变？我最喜欢的环节是什么？

4. 一起做手工。5人一组做手工——大树。用一张大白纸做成一个大树干和若干树叶；要求每个人都参与，并报告每个人在小组任务中的贡献以及团队的协作方式；将每个人的收获写在树叶上，并贴到树干上，做成一棵大树；工作人员总结。

5. 祝福与告别：每个人取一张彩纸，贴在背上，由他人写祝福语；合跳《兔子舞》。

6. 结束小组活动。

困难与对策	
困难	对策
当工作者提出某种问题需要大家讨论时，成员沉默不语。	发生此种情况的原因有思考、茫然、情感负荷等，此时要观察组员，了解沉默原因，并鼓励每一位组员发言，在必要的时候可以鼓励某位组员进行发言。
在小组讨论及互动过程中，仍然出现同性之间交流的现象。	采用男女分开坐的方法，工作者在活动过程中，应尽量引导男女同学进行异性间的交流。
组员对小组活动的兴趣不高，没有积极性，出现冷场情况。	在活动时尽可能顾及组员的情绪，认真讲解活动的目的及意义以吸引组员加入活动，另外还可以放一些轻音乐作为背景。
组员有事缺席	向其他组员合理解释，以打消其他组员的疑虑。
组员谈话跑题	工作人员注意观察发现并及时地把话题拉回到小组的主题上来。
组员只和自己熟悉的成员进行交谈	工作人员及时发现并引导组员相互交流，必要时调整组员座位。

三、小组工作评估

社工将小组成员近期表现和相关的访谈资料与小组开始阶段组员的基本资料（包括成员对小组的期待）进行比较发现，小明的逃学行为明显减少，完成作业的次数增多，而且已经可以和班里同学融洽相处了，而小组中大部分人的学习能力和人际交往能力有了很大的提高。以下是组员评估的部分资料记录。

小明：老师说小明的逃课行为明显减少，完成作业的次数也在增多，在跟同学的相处过程中，开始欣赏对方的优点，在同学需要帮助时，也会及时的帮助。在同学的建议下，已经准备报名参加学校的唱歌比赛了。

小红（组员）：她学习成绩不错，相比较之前认为"学习差的都是坏孩子"，现在已经开始寻找"学习差"孩子身上的优点了，并会主动把自己的学习心得分享给需要的同学，以前认为她"冷淡"的同学，也开始接近她了，据社工对班里的同学访谈发现，小红现在准备成立一个学习小组，倡导大家相互学习，相互监督。

小刚（组员）：他之前是大家口中的"差生"，学习成绩一直提不上去，经常独自一个人一起，通过小组活动，他体会到团队的力量，同学对他优点的认可使他不再自卑，大家对他的接纳也增强了其学习的兴趣和与同学交往的兴趣。

小文（组员）：经常和小刚在一起玩，认为只有"小刚他们才愿意和他玩"，通过小组活动，他已逐步得到大家的接纳和认可，也学到了不少学习经验，现在的他一点也不害怕和"学习好的同学在一起"。擅长打篮球的他，准备组织同学和隔壁班打一场篮球比赛了。

小雨（组员）：他是一个很聪明的学生，学习成绩好，发言也比较积极，通过"优点轰炸""猴子捞月"等小组活动，认识到个人的力量和重要性。现在的他已经不再吝啬向同学借学习笔记了，并且，同学学习上有什么困难，他也会主动伸出援助之手，既提高了成绩，又收获了友谊。

通过小组活动后期的观察，社工发现大部分同学能够主动地将小组活动中的知识和技巧运用到日常生活中去，逐步改善自己在学习以及人际交往中的表现，可见，通过小组活动的开展，组员们体会到了互助、接纳在学习和人际交往中的重要性，为此，他们在学习方面和人际交往方面的自信心也得到了很大提高。

【课堂练习】

案例思考

小林，男，现年16岁，普通中学高一学生，语言表达能力较差，不善于与人交流。小林自小体弱多病，身体协调性较差，之前一直在普通小学就学，但学习能力差，又因为身体原因，学习成绩老是跟不上。

小林的家庭经济状况较好，父母离异，小林和母亲一起居住。小林的父亲是一名小有成就的商人，因为工作时间的关系，父亲与小林相处的时间并不多。后来父亲成立了新的家庭，父子见面的时间和次数就更少了，出于愧疚，父亲经常给他大笔的零花钱。母亲虽然照顾小林的起居饮食，但脾气不怎么好，并且一直忽视他的感受，很少和小林进行沟通，当小林犯错误时就用打骂来惩罚他。

小林常常感到孤独和寂寞，身边也没有较好的玩伴，想跟同学交流，却不知道正确的交朋友的方式，他经常以反复给同学打电话的方式来获得别人对他的关注，但同学的拒绝和排斥让小林感到自己在班里受到了孤立，而父亲的某些言行让小林认为学习就是多认识点字，并不一定有用，从而让小林产生了学习无用的思想，自从被同学孤立之后，更加无心向学。表现为经常无故不来上课，不按时完成作业，多次要求退学，虽然小林经家长和老师的劝说后，又回到学校上课，但他的注意力经常不集中，情绪不稳定，常常会扰乱课堂秩序。

参考思路

个人、家庭和学校三方面的因素导致了小林的问题，因此，学校社会工作者可以从这三个方面改善小林的状况。

（1）改善案主的家庭环境。①与小林母亲沟通，改善其对子女的管教方式；②增加父亲与小林沟通相处的时间。

（2）改善案主的人际关系。①帮助同学理解小林打电话的行为；②同学主动联系小林使其习得正确的行为方式。

（3）对案主进行情绪疏导。寻找合适的表达情绪的方式，并教案主疏导情绪的方法。

（4）矫正案主的不良行为。与小林订立"行为契约"，约束案主的不合理行为，强化其正确的行为。

（5）树立案主的自信心。从优势视角出发，因势利导，重塑小林对学校的信心。

参考文献

[1] 钱在森，等. 学习困难学生教育的理论与实践[M]. 上海：上海科技教育出版社，1996.

[2] 杨心德. 中小学学习困难学生焦虑的研究[M]. 心理发展与教育，1994，10（2）.

[3] 俞国良. 10-15岁学习不良儿童自我概念发展的研究[J]. 心理发展与教育, 1996.

[4] 万冀. 学习困难儿童学业失败自我归因特点研究[J]. 心理发展与教育, 1992, 8 (2).

[5] 张雨青. 学习障碍儿童的基本能力特征[J]. 心理发展与教育, 1995, 11 (3).

[6] 季军. 多动症和学习困难儿童父母教育方式初探[J]. 心理发展与教育, 1994, 10 (111).

[7] 忻仁娥. 儿童学习困难与社会心理因素[J]. 中国心理卫生杂志, 1989, 3 (4).

[8] 周文莉, 王军. 新课改背景下的中学生师生关系调查[J]. 教育测量与评价（理论版）, 2009 (4).

[9] 汪翠兰, 陶芳标, 樊嘉禄. 学习困难青少年学生的家庭因素调查研究[J]. 卫生研究, 2008 (2).

[10] 丁少华. 小组工作[M]. 北京：社会科学文献出版社, 2003.

[11] 牧之, 张震. 心理学与你的生活[M]. 北京：新世界出版社, 2006.

[12] 石彤. 学校社会工作实务教程[M]. 北京：中国人民大学出版社, 2010.

[13] 刘贞宜, 等. 协助低成就资优生突破困境[J]. 资优教育简讯, 2006.

[14] 许莉娅. 学校社会工作[M]. 北京：高等教育出版社, 2009.

[15] 易纲. 学校社会工作[M]. 北京：北京大学出版社, 2012.

[16] 蔡元云, 等. 炮制少年不倒翁：学校抗逆手册[M]. 香港：突破出版社, 2003.

[17] 文军. 学校社会工作案例评析[M]. 上海：华东理工大学出版社, 2010.

项目二　学生人际关系困境与社会工作介入

【项目导学】

人际关系是个人对周围人的依附感和归属感。人际关系是人与人交往过程中所形成的心理关系，包括亲属关系、朋友关系、同学关系、师生关系等。良好的人际关系有益于个人的学习、工作与生活；良好的人际交往能力是青少年社会化的起点，也是青少年在青春期成长阶段需要发展的重要能力。

相关研究文献指出，每个人从出生开始便经历不同类型的人际关系，如与父母、兄弟姐妹、同学、朋友及老师的联系等。如果学生能与以上这些人维持良好的联系，就会有较好的自我形象、自信心、解决问题能力以及人际沟通技巧等。所以，在中小学和大学时期协助处于成长阶段的学生与家人、同伴和老师建立起良好的人际关系就显得尤为重要。本项目从家庭关系不良、同伴关系不良、师生关系不良三个方面案例着手，分析造成学生人际关系困境的因素，结合学校社会工作者介入的策略，帮助学校社会工作者明晰遇到此类案例该如何为那些正面临此类困境的青少年提供适当的关心、理解和解决策略。

【学习目标】

- 掌握学生人际关系困境出现的影响因素。
- 理解学生人际关系困境的表现。
- 掌握社工介入的策略。

任务一　家庭关系不良与介入策略

【任务情境】[①]

案主玲玲（化名），女，今年10岁，重庆秀山人，本学期转学到M小学，就读于三年级1班。妈妈是学校职员，已在学校工作一年多；爸爸今年年初前往秀山工作，与玲玲的哥哥、大嫂还有侄儿在老家生活。案主上学期期末找到社工进行咨询，社工开始跟进。据玲玲表述，她生下来到半岁时是由妈妈照顾，但半岁后到三岁左右，妈妈外出打工，她便跟随奶奶、爸爸生活。三岁多时妈妈从外地回家，玲玲去车站接妈妈，妈妈看到黝黑的玲玲并不知道这是自己的女儿，说了一句"这是哪个哦，这么黑？"而这句话深深地印在玲玲心里。因此，玲玲称自己不喜欢妈妈，因为妈妈都不认识她。玲玲心里总认为自己不是爸爸妈妈生的孩子，因为大人们总说她是捡来的；玲玲认为妈妈并不爱自己，而且妈妈总是让自己做一些不开心的事情，是个"坏妈妈"。

玲玲与妈妈的同事一起吃晚饭时，会将脚放在凳子下面的横条上，妈妈会不自主叫玲玲坐好，不要挡着其他的人吃饭，也不应该做怪动作。每当玲玲表现出妈妈认为不妥当的行为时，妈妈就会大声批评她，对其进行说教，但她是一个倔脾气、敏感的人，只要妈妈让她做她不太喜欢的事情，她就会生气、闹情绪，而妈妈看着这样的玲玲时，也会更加生气，会责骂，有时甚至动手打玲玲，两人的沟通和互动就这样恶性循环。

玲玲的学习成绩位于班级中等偏上，数学成绩很好，语文稍差，现在在补习数学，因为数学成绩好所以希望它可以更好，不太喜欢看书、阅读，但喜欢看小说，因为缺乏自信，害怕自己学不会，也不太愿意参加舞蹈、绘画等兴趣班。

阅读上述案例，请回答：玲玲与妈妈之间出现了什么问题？尝试对此任务情境做出需求评估？社工辅导的对象有哪些？学校社会工作者可以提供什么样的服务？

[①] 本项目中案例由重庆仁怀青少年社会工作服务中心提供，并进行改编。

【任务要求】

- 掌握家庭关系困境的表现形式。
- 分析家庭关系困境事例包含的需求要素。
- 学会运用家庭关系困境的介入方法解决具体问题。

【必备知识】

一、家庭关系的定义

家庭是社会的细胞,家庭的稳定关系到社会的稳定。这里的家庭关系主要强调子女与其父母的关系,即亲子关系。亲子关系,是指父母与子女之间的关系,它是由夫妻关系而产生的一种最基本、最重要的家庭关系。

二、家庭关系不良存在的困境

家庭关系不良,是父母和子女在相处过程中所出现的种种困境。家庭关系不良主要表现为以下几个方面:

1. 发展各阶段的适应困境,矛盾冲突频繁

有些父母与子女在某些阶段可以相处得很好,但是到了另外的阶段却无法适应,特别是子女到了青春期,也就是我们常说的叛逆期,尤为如此。例如,有时亲子关系的问题产生,主要是由于父母对子女有特殊或过分的期待,因子女无法满足其期待导致亲子问题的出现。在现实生活中,很多父母会把自己未曾实现的理想或愿望寄托在子女身上,"望子成龙""望女成凤",而子女因为受到父母过大的压力,导致亲子关系的紧张和冲突。

2. 代际冲突,价值观念存在差异

由于父母与子女所处的社会环境、所接受的教育、人生阅历、年龄和心理等方面的不同,由此导致他们在行为方式、生活态度、价值观念方面的隔膜、差异、对立和冲突。由于互联网技术的加速发展,人们的知识和认知更新速度也随之加快。作为父母,往往对子女的一些观念和行为感到不可理解,难以接受;作为子女,常

常会感到父母的很多观念和生活知识已落后于时代，父母在经验传递中已失去了原有的魅力，父母在子女心中的地位也随之下降，"代沟"越来越深，共同语言越来越少。

3. 特殊家庭不良关系

特殊家庭不良关系以家庭暴力为典型，表现为对子女的身体攻击、情绪攻击等。受到现代社会生活节奏快、压力大等社会因素以及行为习惯、受教育程度等个人因素的影响，一些父母往往将负面情绪发泄在孩子身上。父母在与子女的互动过程中常常出现拳脚相加的打骂行为，有时会给孩子造成身体的伤害，这样的互动循环，造成了严重亲子关系困境的出现。

4. 父母越位与缺位，过渡干涉或不参与子女成长

一种表现为父母已将子女生活学习的任何部分都计划好，安排好，很多事情替子女完成，使子女在成长过程中缺少了积累生活经验的学习机会，父母过渡干涉，子女失去了生活的自主权；另一种表现为不参与，几乎和孩子无沟通，不参与孩子成长的任何事物，如一日三餐的基本生活保障、辅导作业、参加家长会等。这两种行为表现都需要父母做一定的调适，才能走出亲子关系的困境。

三、家庭关系调适策略

在日常生活中，保持和谐的亲子关系对于维护整个家庭的稳定和睦、对于子女的健康发展都至关重要。现实生活经验表明，不良的亲子关系会使孩子形成消极、回避的行为，严重者会患孤独症。很多青少年之所以会走上犯罪的道路，与其家庭中不良的亲子关系有直接关系。此外，如果亲子关系问题处理不当，还能导致子女离家出走、自杀等家庭悲剧。

事实上，很多亲子关系问题是由亲子沟通不畅引起的，所以，良好的家庭互动与沟通利于和谐亲子关系的构建，构建良好家庭关系的原则如下：

1. 父母自身行为的控制，提升自我文化修养

由于在亲子关系中父母居主导地位，因此要形成良好的亲子关系，父母起着决定作用。为了形成健康的亲子关系，父母应该注意以下几个方面：①提高自身素质，

加强自身文化修养。②改变对子女的认识和态度,以和蔼、关切、耐心、交流、鼓励、欣赏、平等的态度进行交流沟通。③树立榜样效应,言行合一。

2. 加强亲子沟通,适时给予援助

亲子之间心理距离的远近与亲子之间的沟通有很大的关系。沟通是心理相融和产生密切关系的基础。①定时沟通。定时沟通的具体程序是:每周确定固定的沟通时间,如果必要,每周2~3次,每次沟通时间为1~2小时。沟通的内容可以是事先设计,也可以是随机,前者主要用于了解子女情况,后者主要用于情感交流。沟通时父母要操持不指责的态度,和孩子建立信任的关系,这样当孩子遇到问题时才会主动找到父母援助,父母才知道在哪些关键点上可以主动给予孩子帮助。②情感发泄。亲子关系出现的问题原因之一是由于父母独断带来的子女的情绪压抑产出的消极情绪,这影响子女的学业,也影响亲子关系。所以,父母可以扮演一个倾听者,鼓励他们说出心里话,及时加以解释、辅导和回应。

3. 角色互换,相互理解

由于亲子角色的固定性和界限分明的特征,亲子交往时站在各自的角色立场上看待问题,这种方式很容易造成亲子的意见分歧,甚至冲突。所以,可以采用角色扮演的方式,让父母扮演孩子,孩子扮演父母,相互体验对方的思想和情绪,达到相互理解、消除隔阂的目的。

4. 养育孩子的新原则

(1) 鼓励孩子。

(2) 避免奖赏和惩罚。

(3) 利用合理和自然的结果。

(4) 坚定而非强硬。

(5) 尊重孩子。

(6) 引导孩子遵守规则。

(7) 引导孩子尊重别人的权利。

(8) 杜绝批评和减少错误。

(9) 让生活有规律。

（10）花时间训练。

（11）赢得合作。

（12）避免过分关注。

（13）避免权力之争。

（14）不介入冲突。

（15）做，而不是说。

（16）不要"赶苍蝇"。

（17）慎用取悦，有勇气说"不"。

（18）避免冲动行为，做孩子意料之外的行为。

（19）避免过度保护。

（20）鼓励孩子独立。

（21）不介入争执。

（22）不被恐惧驱使。

（23）做好自己。

（24）避免怜悯孩子。

（25）要求合理简洁。

（26）言出必行，保持一致。

（27）对孩子一视同仁。

（28）倾听。

（29）注意说话的语气。

（30）放松从容。

（31）对坏习惯不要小题大做。

（32）一同享受乐趣。

（33）"和"他们说话，而不是"对"他们说话。

（34）家庭会议。

四、学校社会工作者的介入策略

在实际学校社会工作者介入家庭关系困境时，通常可采用社会工作领域中个案工作、小组工作、社区工作、社会工作研究及社会政策等工作方法。针对家庭关系困境，社会工作形成了其特定的工作领域——家庭社会工作。它是以家庭为中心的服务方法，运用社会工作专业方法以促进家庭功能，强化家庭生活，协助个人及家庭解决家庭关系及社会适应问题。家庭社会工作除了传统的工作方法外，家庭治疗更是其一大特色。

在介入面临人际关系困境的学生社会工作时，学校社会工作者应先对这些学生的人际关系困境进行评估，发掘他们产生这些问题的深层次原因，然后再根据各自特点开展服务。

（1）对那些遭遇严重人际关系困境的学生，社会工作者可以通过多次咨询和辅导，了解他们问题产生的原因，并和他们一起制定出解决问题的方法。

（2）对他们进行自我肯定的训练，并通过游戏、角色扮演等方式教导人际交往的良好方式。重在促使学生开放自己，学会尊重他人，接纳不同意见，并学会良好的沟通和表现意见的方法。

（3）一方面教导学生学习良好人际关系互动方法，学会互相尊重与帮助；另一方面采用个性化的行为规范准则，以理性的态度来指导学生。同时，提供学生自我表现的机会，使学生从成功经验中获得自我肯定。

（4）学校社会工作者可以和老师、家长、同学多方联系，协同发展，共同应对困境。

（5）改善家庭亲子关系的服务。① 家庭生活教育。它是一种通过讲座、宣传、知识竞赛和娱乐活动等方式增进家庭成员的生活常识、改善家庭成员的沟通交流的服务活动，其目的是促进家庭成员关系的协调，增强家庭的社会功能，提高家庭成员的生活质量。② 与家庭有关的主题活动。如儿童节游园活动，端午节包粽子竞赛、元宵节灯会等。以娱乐为主题，重点是增强家庭成员之间的感情交流，目的是为了丰富家庭成员的社会生活，促进家庭的和谐。③ 家长学校。邀请专家为家长讲授科学育儿的方法、培养子女成才的方式以及合理处理家庭冲突的技巧，以增强亲子之间的沟通交流，加强家庭的社会功能。

【实务操作】

回到"任务情境"中,对于玲玲和妈妈之间的沟通和互动的恶性循环,学校社会工作者做出如下介入:

一、问题诊断 通过接案,逐渐建立关系,收集资料等,社工分析了案主面临的主要问题。	1. 家庭成员间的沟通不畅。 案主从小与妈妈一同生活的时间并不长,在转校到该小学之前,案主一直在老家上学,而妈妈在城里上班,两人对彼此的说话方式、行为习惯都较为陌生。现在,玲玲仍然按照在老家的行为习惯生活,但案主妈妈认为这些行为、习惯、脾气是不对的,便会批评、呵斥,责令改变,妈妈的说话方式、语气让案主感到非常不开心,致使两人经常沟通失败,陷入僵局。 2. 不适应新的生活、学习环境。 案主转学到 M 小学后,还未适应与母亲一同居住的生活,还未习惯新学校老师的教学方法和同学们的互动模式。 3. 案主存在一定的童年创伤。 婴幼儿时期,妈妈给予的陪伴和关注太少,致使她在安全感不足,总会产生自己不是爸爸妈妈的亲生孩子这样的想法,认为父母是不爱自己的。 4. 案主缺乏足够的自信。 妈妈的"望子成龙""望女成凤"的思想表现在日常与案主的交流过程中,她总是在批评案主做的事情不对,总是说她笨、不动脑袋、吃那么多干什么,等等。这些言语或多或少都让案主觉得自己是不行的,自己不可能学会这些东西。而妈妈也很少赞美、表扬、鼓励案主,致使其缺乏足够的自信。
二、服务目标与计划	1. 服务目标。 协助案主妈妈改善与案主的沟通方式和互动模式,促使案主妈妈站在案主的角度思考问题,感受案主的感受,给予案主更多的陪伴、支持和肯定;协助案主理解妈妈,感受到妈妈对于她的关爱,逐渐消除她对妈妈的讨厌,适应和妈妈一同居住的生活以及目前的学习环境,且挖掘案主的潜能,促使其提升自信心。

续表

二、服务目标与计划	2. 服务计划。 （1）定期约见面谈案主，了解她的近况以及与母亲之间的故事，给予案主及时的情绪疏导、关心及支持等。 （2）与案主妈妈建立专业关系，开展面谈，引导妈妈慢慢认识到亲子间不良的沟通和互动对亲子关系的影响，并为其示范正确沟通的方式。 （3）时常跟进案主妈妈，了解案主与妈妈的沟通情况是否发生改变，实时给予案主妈妈支持和建议，鼓励案主妈妈给予案主更多的陪伴、支持和肯定，协助案主正向发展，并改善其亲子关系。 （4）引导案主理解妈妈，并邀请案主和母亲一同参与亲子互动小组，在小组中协助案主感受母亲对于她的关爱。
三、服务方法与过程	1. 服务理论与方法。 （1）结构家庭治疗模式是由美国的米纽钦与他的同事在20世纪60年代所创立的，结构家庭治疗模式并不直接解决个人行为问题，而是致力于改变案主家庭的交往方式，因为，结构式家庭治疗模式认为，个人的问题只是表象，家庭的问题才是导致案主个人问题的真正原因，因此，结构家庭治疗模式主张通过多元化、多层次的家庭介入，解决家庭的问题，最终达到解决案主个人问题的效果。 （2）"优势视角"是社会工作学领域的一个基本范畴、基本原理，是指"社会工作者所应该做的一切，在某种程度上要立足于发现、寻求、探索及利用案主的优势和资源，协助他们达到自己的目标，实现他们的梦想，并面对他们生命中的挫折和不幸，抗拒社会主流的控制。这一视角强调人类精神的内在智慧，强调即便是最可怜的、被社会所遗弃的人都具有内在的转变能力"。概括地说，"优势视角"就是着眼于个人的优势，以利用和开发人的潜能为出发点，协助其从挫折和不幸的逆境中挣脱出来，最终达到其目标、实现其理想的一种思维方式和工作方法。

续表

三、服务方法与过程	2. 服务过程。 （1）接案与建立关系阶段。 　　案主妈妈觉得案主性格有些倔强，有时不太爱和大人说话，有的时候有事情也闷在心里，作为家长不知道案主在想什么；此外，案主妈妈也担心案主转校来到 M 小学后不能适应这里的生活、学习环境，所以找到社工，希望社工可以介入，与案主进行沟通和交流，了解案主的想法。社工同意在新学期开学后进行介入和跟进。 　　开学后的第二天，案主便在妈妈的指引下来到社工室，社工非常欢迎她的到来，并和她闲聊起来。案主向社工分享了她现在在学校的生活状况、她的家人，还有妈妈在她很小的时候就外出打工了，回来的时候也不认识她了，这让她很难过，等等。社工发现案主是一个语言表达能力、逻辑能力都很好的孩子。在这次交流之后，案主对社工产生了非常良好的信任感，经常会在放学后来社工室找到社工。 （2）收集资料与问题判断阶段。 　　在与案主进行了第一次交流之后，社工立即与案主的妈妈进行了面谈，以证实案主所述事件的真实性和完整性。社工从案主妈妈那里得知，案主妈妈确实在案主半岁到三岁的期间外出打工，不过当时是因为妈妈担心哥哥被骗进了传销组织，那时候村里的人将传销组织吹嘘得非常吓人，才让案主妈妈有了去东北找儿子、暂时把还是婴儿的案主放在家里由丈夫养育的想法。谈及道后来案主到火车站去接她的时候，案主妈妈表示当时自己确实没有认出案主，当听到这件事情被案主记在心上了，案主妈妈不禁满眼泪水…… 　　经过几次的面谈之后，社工逐渐收集了案主的基本家庭情况、案主与妈妈的沟通互动情况、案主在校的学习生活情况，并根据所收集的资料对案主现在面临的问题进行了分析和判定，确定案主主要面临的问题。 （3）制定目标与工作计划阶段。 　　在完成资料收集和问题评断之后，社工拟定了本个案的初步目标和计划，并在与案主、案主妈妈面谈的过程中评估其与服务对象需求的一致性及可行性。 （4）服务的实施阶段。

续表

三、服务方法与过程	在与案主建立了良好的专业关系之后，案主经常到社工室找社工，可能案主来的时候并没有表现出不开心，或者她不会一来就告诉社工她今天和妈妈产生了矛盾，但每次一问就会发现，今天妈妈又说她了，这让她感到委屈、不高兴，她需要社工关心她的这种情绪，并且协助她倾吐、宣泄。这个时候，社工就一直扮演支持者和协调者的角色，给予案主心理支持和陪伴，同时作为中间人去缓和案主与妈妈的矛盾，协助案主表达她的真实想法。从案主的言谈和行为中可以得知，因为案主从小的经历，所以她有时候会闹情绪排除妈妈的爱，说她讨厌妈妈，但其实在她心中非常渴望妈妈的爱、陪伴、支持和肯定。 在与案主妈妈面谈的过程中，妈妈时常会谈及道案主做得不好的地方，她说每次好好给案主说，案主都不听，案主不听的时候她可能就会说话更大声或者动手，然后母女的沟通就会停止，陷入僵局。社工逐渐引导妈妈认识到彼此的说话方式会影响到两人间的沟通，良好的沟通会促进亲子关系的发展，而无效的沟通则会阻碍亲子关系的发展。希望妈妈可以谨记这一点，并且做出改变。案主妈妈最开始认为之所以造成这样的沟通结果，案主需要负大部分责任，她并不认为自己的说话方式或者说是自己管教孩子的方式有任何不妥之处。但随着面谈次数及社工自我展露的增多，案主妈妈逐渐意识到她自己有时候说话过重，总是在揭露、批评案主不好的行为习惯，很少称赞案主，没有给予案主足够的陪伴、支持和鼓励等。慢慢地，案主妈妈有了改变自己行为的意识，并与社工约定逐渐改变，今后说话、做事的时候尽量考虑案主的感受，且多抽出些时间来陪伴案主。 在与案主的一次交流中，案主告知社工她的语文成绩较数学差一些，但最近自己的语文成绩有所提升，语文老师还表扬了她。于此，社工开始利用焦点治疗法协助案主找寻本次语文成绩进步的成功经验，保持语文成绩以及提升自信。最终社工和案主制订了一张阅读签到表，涵盖日期、阅读书目、阅读时间、阅读地点四项，约定每周完成后案主需要交予社工检查，而案主的母亲作为观察者对案主进行观察，社工会不定时询问案主母亲有关案主的阅读时间。慢慢地，案主也适应了在M小学的学习生活。

续表

四、服务评估	1. 成效评估。 在最近的一次交谈中，案主妈妈表示案主最近这段时间比才转学过来的时候好了许多，现在课业能跟上了，状态也很不错，晚上两人也会有一些交流，案主已经适应了现在的学习、生活环境，如果一直保持这样的状态，她就很满意了。此外，案主妈妈还谈到现在她觉得案主的哥哥、嫂子对于案主的教育是不太合理的，因为他们总是说案主这里不好、那里不好，从来没有看到过孩子好的地方……可见，案主妈妈的教育理念也正在慢慢地转变。 与案主妈妈面谈结束后，社工用刻度问句问案主，你觉得现在你和妈妈的相处可以达到多少分，分值为1~100分，1分最低，100分最高。案主答道，98分。可见，经过三个月的跟进后，案主与妈妈之间的沟通更加有效，亲子关系得到更好发展。 除此之外，根据社工的观察以及老师的反应，案主已经适应了这里的学习生活，人也比刚转学过来的时候开朗、自信了许多。 2. 自我评估。 在介入和跟进个案的过程中，社工始终秉持用爱心、耐心及专业知识技能为案主服务；尊重案主的隐私权，对在专业关系中获得的资料遵守保密原则。在服务结束后，案主情绪稳定，家庭成员关系有所改善。
五、个案反思与总结	（1）社工在介入过程中，首先是通过与个案对象的面谈，了解服务对象的基本情况、需求、诉求、问题所在等。需要注意的是，这种谈话是有介入的，介入是有目的的，而不是无目的的聊天。 （2）社工可能会与服务对象存在某些相似的经历或相同的感受，社工可以良好地运用自我展露方式与服务对象进行同理、共情，但需要注意不应将自己的感受投射到服务对象的身上，应当尊重案主自决。

任务二　同伴关系不良与介入策略

【任务情境】

小鹏，某聋哑学校初中一年级学生，患有听力障碍，在他很小的时候父母就离婚了，目前父亲再婚，小鹏跟着父亲住。由于家人工作比较忙，加之其患有听力障碍，本身与家人的沟通也存在障碍，且很少有与家人沟通的机会，小鹏父亲从小对他实行的是打骂式暴力家教。小鹏与同学关系不好，现在在学校爱欺负同学，总是一副盛气凌人的样子，看谁不顺眼就想动他两下，以前曾与班上一位同学发生过矛盾，曾还有抢同学钱的恶习。同学也都不太喜欢小鹏，对他持恐惧心理，其他班级的同学对他的态度是离得越远越好，不要与其有瓜葛，小鹏自己也觉得在班上没有好朋友，大家都是怕他的。

小鹏也是"星心相识"适应小组的成员之一，第一节小组活动小鹏"放肆"的行为便引起了工作人员对他的关注。

结合上述案例，请指出小鹏班上的同学不喜欢他，是什么原因造成的？同伴之间不良的人际关系会对小鹏日后的生活带来什么影响？

【任务要求】

- 分析影响同伴关系困境的因素。
- 掌握同伴关系困境介入的方法。

【必备知识】

一、不良同伴关系定义

同伴关系主要是指同龄人之间或心理发展水平相当的个体间交往过程中建立起来的一种人际关系，是个体同伴经历的重要内容。

不良同伴关系是对个体间正常交往的异化。从个体被同伴接纳的水平及其友谊状况两方面加以分析发现，不良同伴关系主要体现在同伴交往中被拒绝和被忽视及同伴的数量少、质量低。

二、同伴关系困境的表现

同伴关系的困境一般表现为在学校里朋友关系的不稳定性。有些同伴之间的关系不是以感情为基础，是通过讨好和放弃自身利益的形式来维持自己与别人的关系。

比如：通过借钱的方式，将暂时获得的金钱用来购买零食以此来获得与他人的良好关系；结交品行不良的朋友，拉帮结派，难于脱身，以打架、抽烟、赌博等一些不良行为为傲。由于自身发展特点导致同伴不愿与之交往或者他们主动回避与同伴进行交往。比如：有些学生个子矮小或是身体上有缺陷，在与同伴交往时会显得比较孤僻，不合群。某些行为不符合群体内的行为规范，导致同伴群体的排斥。比如：一些学生爱随地吐痰，爱说脏话，同学便不爱与他交往。

三、不良同伴关系的形成原因

1. 消极的个性品质

由于青少年青春期生理、心理发展的不平衡性，个体将会承受许多心理上的冲突和压力，处于各种心理矛盾中，如果这些矛盾不能及时地解决，就有可能出现情绪情感及性格方面的偏差，严重的还会引起精神方面的疾病。这些消极的个性品质所直接导致的便是同伴关系的障碍——被拒于同伴交往之外。

2. 不良同辈群体的影响

首先，有些青少年由于与同伴交往时间增多，父母、老师对其的约束随之减少，一些不良同伴极易乘虚而入。其次，个体在逃避正常同伴的同时，为了寻求积极的情感体验和归属感，会到社会上寻求有着共同反社会特征的不良同伴。再次，随着青少年时期异性交往的逐渐频繁，异性间迫切寻求情感上的一种归属感，也就出现了我们通常所说的"早恋"现象，也正因为"早恋"有着偷尝禁果的神秘感与刺激感，同辈群体之间也会对这一行为投以广泛的关注甚至效仿。

3. 个体在同伴交往中的被忽视感

个体在同伴交往中的被忽视则是由个体自身各方面能力的缺乏所致。如人际交往能力不足的青少年，由于不擅交际而缺乏与所属团体中同伴的正常交往，为了寻求积极的情绪体验和归属感，他们逐渐转向能够接纳他们的一些不良群体。

4. 其他因素的影响

影响同伴关系的因素是由个人心理因素、家庭因素、学校因素、社会因素共同作用而引起的。个人心理因素主要包括闭锁心理、恐惧心理、自卑心理、羞怯心理、嫉妒心理、多疑心理、自傲心理、以自我为中心、情绪化严重、逆反心理、干涉心理等。以上不良心理因素并非彼此孤立,往往相互交错,相互作用于不同的交往过程中。

家庭因素:① 家庭结构的变化。② 家教观念的偏颇。③ 父母人格、交友方式与行为的影响。

学校因素:① 单一的课堂教学交往结构。② 与生活世界相脱离的文本。③ 应试教育下沉重学业负担的束缚。

社会因素:① 媒体的导向作用。② 对物质利益的追求过度。③ 不良风气的耳濡目染。④ 同伴关系问题对青少年的影响。⑤ 行为偏差。⑥ 阻碍自我统一性的形成和人格的发展,不利于青少年发展社会能力、获得熟练的社交技巧。

四、同伴关系困境对青少年的影响

同伴关系的困境使青少年缺少稳定感和归属感,减少了学习社会交往技巧的机会,降低青少年的宽容能力和理解能力;青少年的社会洞察力得不到发展会使青少年缺乏团队意识和集体意识,很难习得与异性相处的技能。同伴关系困境对青少年社会化的影响,会使青少年形成"以自我为中心"的现象,产生不好的社会行为,阻碍青少年情绪、情感的良好发展。使青少年不能很好地定位将来的社会角色,社会交往能力得不到提高和发展,对自身的品德造成不好的影响。

五、同伴关系困境介入的内容

当前学校社工在服务过程中对同伴关系困境的关注及处理是一项重要的工作内容,在成年人看来是一些微乎其微的小事,可对于这时的青少年看来却是人生的最大事项,从埃里克森的人格发展八阶段理论来看,自我同一性和角色混乱的冲突是青春期的主要冲突与任务。如果这一阶段的危机成功地得到解决,就会形成忠诚的美德;如果危机不能成功地解决,就会形成不确定性或说是无归属感,为人冷淡冷漠,缺乏关爱的意识。

埃里克森认为这个阶段是童年期向青年期发展中的过渡阶段。在前四个阶段中，儿童懂得了他是什么，能干什么，也就是说，他懂得了所能担任的各种角色。在这个阶段中，儿童必须仔细思考全部积累起来的有关他们自己及社会的知识，最后致力于某一生活策略。一旦他们这样做，他们就获得了一种同一性，长大成人了。获得个人的同一性就标志着这个发展阶段取得了满意的结局。

正在成长和发展的青年人，他们正面临着一场内部生理发育的革命，面临着摆在他们前头的成年人的使命，他们现在主要关心的是把别人对他们的评价与他们自己的感觉相比较，主要关心的是如何把各种角色及早期培养的技能和当今职业的标准相联系这个问题。所以，学校社会工作者在处理这些问题时需注意以下几点：

（1）对那些遭遇严重同伴关系困境的学生，社会工作者可以通过多次咨询和辅导，了解他们问题产生的原因，并和他们一起制定出解决问题的方法。

（2）采用恰当的介入模式对学生开展个案服务，如心理与社会治疗模式、理性与情绪治疗模式、焦点治疗模式等，帮助他们改善非理性的信念，重塑自我认知，调试与周围环境和同辈群体的互动关系。

（3）学校社会工作者可以从生态系统理论的视角出发，和学生的老师、家长、同学多方联系，协同发展，共同帮助其应对目前的困境。

（4）改善学生人际关系困境的服务活动包括人际沟通技巧学习小组与兴趣活动等。

① 人际沟通技巧学习小组。它是一种学习性小组，通过让存在人际关系困境的学生学习人际沟通技巧，提升他们在人际交往方面的能力和自信，从而更好地去应对自己的问题。

② 兴趣活动。通过让有人际关系困境的学生参加各种文体兴趣活动，增加他们与同辈群体交流的机会，引导他们养成乐观、开朗的性格，让他们找到人际交往的自信。

【实务操作】

结合"任务情境"中小鹏的同伴人际关系困境案例，学校社会工作者以心理与社会治疗模式介入。学校社工在班主任处了解到具体情况之后，随即在案主、同学等处收集更加详细的资料。根据案主所呈现的问题（需求）以及社工多方了解到的资料，依据心理社会治疗理论对其表现出来的行为进行分析，其过程包括研究—诊断—治疗。详细的介入过程如下：

问题分析	心理社会治疗理论以"人在情境中"为基础，认为人的行为是由内在的心理因素和外在的环境因素相互作用导致的，其中理论假设提到对求助者问题假设，导致求助者的人际关系失调和心理困扰的原因主要涉及三个方面：第一，求助者早年未被满足的欲望或者未被解决的情绪冲突压抑在心中，经常干扰求助者当前的生活，妨碍求助者的人际关系适应。第二，当前的社会环境的压力过于强烈，使求助者早年未被解决的问题表现出来，从而导致求助者的行为出现偏差。第三，求助者的问题还与不良的自我功能和不良的超我功能有关，在这些不良的自我功能和超我功能的影响下，求助者对外部环境的认识能力以及对自己情绪的控制能力减弱，最终导致心理困扰和人际关系的失调。对人际沟通的假设，求助者的自我功能的强度，自我防卫机制和知觉等都是影响其人际沟通技能形成的重要因素。 结合案例及相关的理论，可知案主平时表现出的欺负同学、嚣张跋扈的状态，是由于自身防御心理较强以及早年的经验所导致。案主父亲对其从小实行的是暴力家教，导致案主受环境影响较大，从小学会了采用暴力解决事情，故在和同学们的互动中也采用此方法应对。
问题呈现	案主虽然愿意和社工说与朋友之间发生的事情，却不愿透露家庭的信息，对家庭的事情有隐瞒（案主家人离婚是在其老师处得知），家庭关系的改变对其造成深重的影响。 生理层面：案主患有听力障碍，使其在人际沟通中受到影响。 心理层面：案主意识到同学对其拒而远之的态度，却没有错误的意识性，发生任何事情都一味地觉得自己都是对的，错误都在于别人，自己没有缺点和错误，不需要向别人道歉，态度强硬。 社会层面：缺乏主动性，案主虽然有想要改变人际关系的想法，却很少真正的付出行动。
介入过程	1. 建立信任关系。 在小组活动中，小鹏是一个有很多想法，但又沉默、缺乏主动性，不善于表达的人。做什么事情他都是推给同学去做，往往他最后一个才做。故在小组活动中社工运用了重点关注，优先提问小鹏，给予小鹏发言的权利，并在小组后主动找小鹏，与他建立起友好的朋友关系。 2. 赋权。 在小组活动期间，社工重点关注小鹏，并让小鹏独立带领一个热身活动，让小鹏找到自信，在小组间建立人际关系。

续表

介入过程	3. 问题评估。 在小组期间社工找小鹏谈过两次话，了解到造成小鹏对同学态度的原因是小鹏觉得是因为同学对自己不尊重，自己才会变得如此。在谈话期间社工运用焦点治疗模式与小鹏进行讨论，通过小鹏对目前同学关系自我打分、对同学态度的打分，让他谈及对目前人际关系的看法，让小鹏明白有效的人与人沟通、相处的方式，同时，小鹏也表达了自己想要变得温柔的和想要与人和睦相处的想法。 4. 制订计划。 社工通过现实主义疗法中的"WDEP"（"W"想干什么？"D"做了什么？"E"有用吗？"P"计划）系统理论与小鹏进行面谈，对于"W"，小鹏的回答是改变自己凶狠的一面，与人友善，尊重他人，与同学和睦相处。对于"D""E"，小鹏的回答是没有。对于"P"，在与小鹏分析主客观原因后，小鹏明白了要改变他人对自己的看法首先得从自身做起，社工与小鹏制定了契约（小鹏自己所写），内容包括每周要来社工室或是利用QQ向社工反馈自己本周的情况，每周至少一次，情况必须如实反映。为做到与老师、同学互相尊重，例如：不欺负女同学、尊重老师的意见、同学间互相帮助、应从哪些方面去做，建议小鹏应注意的内容，遇到事情要沟通解释，等等。 5. 计划执行期。 现在小鹏正在朝着自己的目标努力，见到老师问好，不说老师坏话，课堂尊重老师，不与同学少争吵，与同学建立友好的同学关系，发展自己的兴趣爱好。 在这个过程中，学校社会工作者扮演了支持者、监督者两个角色： 支持者的角色。学校社工也一直在帮助案主改善人际关系，了解案主同学对案主的评价，并向同学解释案主现在的想法，分析案主的情况，让同学接纳案主。 监督者的角色。学校社工、案主的好朋友小张与案主一起监督案主的行为，每月做一次行为反馈。 6. 后期评估。 案主目前脾气差的状态已经有了明显的改变，但是案主与同学的沟通还是比较少，不能将自己的想法正常的表达出来，下一步学校社工将邀请小鹏进入人际沟通小组，创造一个相对安全的沟通环境，学习人际沟通技巧。	

		小组计划书			
1	小组名称：	"星心相识"适应小组	2	小组编号	GO1-201503-TJ-WSY
3	主办：	RH	4	合作单位	LYS
5	对象：	初一、初二学生	6	年龄	12~18
7	预计总人数：	6	8	举办地点	LYS

续表

	参加者6人，职员1人	
9	小组理念： 通过走访班级和与同学们的交流时发现，聋哑学校很多同学都来自偏远郊县，加之听障学生的沟通交流多依赖手语，学生的警惕性和自我防备心理很强，对学校的老师和同学存在着害怕与紧张心理，不能够对学校产生归属感。而这种情况发生在进校时间不长的低年级学生大量存在。 马斯洛的需求层次理论认为，人的需要是有五个等级构成的，分别是生理需要、安全需要、社交需求、归属和爱的需要、自我实现的需要。归属和爱的需要是指一个人要求与其他人建立感情的联系或关系，如结交朋友，所以本小组招募对象为初一、初二学生，此次小组的目标在于协助组员进一步认识自己，通过人际互动，培养其对学校的归属感。	
10	成效目标	表现指标
	通过小组使组员学会认识并接纳自我	1. 90%的组员能够说出自己的爱好、优缺点。 2. 85%的成员在小组评估时说出至少一点小组为其带去的改变。
	培养组员对新环境的适应能力，加强组员对学校的归属感	1. 100%的组员能够说出任意两个方面自己喜欢学校的理由。 2. 100%的组员能够分享至少一个在学校生活时遇到的困难，并能够学会相应的适应方法。
11	程序内容	

第一节 相知相识 （50分钟）	本节目标： 1. 促进组员之间的认识与了解，建立互动关系，形成团体，引发个人参加小组活动的兴趣。 2. 组员能够认识小组性质。 3. 制定小组协议，让组员之间彼此尊重，履行协议。 4. 培养和谐的团体气氛。		
日期/时间	每节集会目标	活动内容/形式	物资
8分钟	小组成员见面； 社工自我介绍； 阐述小组性质。	1. 组员签到。 2. 社工自我介绍。 3. 阐述小组性质。	签到表

续表

10 分钟	小组成员自我介绍。		
15 分钟	破冰游戏:"你快?我快?" 目的:活跃轻松气氛;相互认识	游戏规则: 1. 将两组成员分成A、B两队,隔开站立。 2. A、B两队成员需要每次派出一名队员在社工报数后立刻站起来说出对方的名字。 3. 几轮下来,最后速度最快,记得名字无错,正确最多的队伍获胜	糖果
12 分钟	游戏:"约法三章" 目的:建立小组契约	1. 由领导者先说明团体的规则:团体内开放自我、坦诚,课堂外保守秘密,准时、积极,保证参加所有活动。 2. 引导组员思考"如果想要达成这样的期望,那么我们应该……"思考小组契约,进行补充。 3. 团体成员表决通过,每个同学用自己喜欢的彩色笔签名	准备好团体契约、彩笔
5 分钟	节目预告	社工总结并预告下次活动的内容	
第二节 认识自己 (45 分钟)	本节目标: 1. 使组员学会认识并接纳自我。 2. 使成员更加认识彼此,并增进团体凝聚力		

续表

日期/时间	每节集会目标	活动内容/形式	物资
5分钟	总结上次活动	着重在小组契约	
10分钟	暖场游戏:"请你跟我这样做"。 目的:暖场、加深熟悉	游戏规则: 大家围一圈,首先每个人必须记住其他人的名字,主持人开始做一个动作,并邀请大家跟着一起做,当主持人做完动作后说出一个人的名字,请大家跟着这位同学一起做,依此类推	
20分钟	游戏:"发现我的美"。 目的:让组员学习思考自己的兴趣、爱好、优缺点	游戏规则: 1. 组员围成一个大圈坐下,然后以猜拳的形式抽取社工做好的小纸条问题,社工给大家示范开火车的方法和节奏。 2. 然后我们火车按顺时针方向前进,组员随着节奏一起依次说出纸条上的问题。 3. 如果有组员的火车断裂,组员不知道答案,可请其他组员帮忙回答	
10分钟	总结及下次节目预告		
日期/时间	每节集会目标	活动内容/形式	物资
第三节 我爱聋校 (50分钟)	本节目标: 1. 培养组员对学校的归属感。 2. 引导组员面对在学校的不适应		
5分钟	总结上次活动	重点在强调小组成员的优点	

续表

10分钟	暖场游戏:"香蕉运动"。 目的:暖场,活跃气氛	游戏规则: 1. 两人一组,并将一位同学的左腕和右腕绑住。 2. 给每组拿着一条香蕉在左手,然后叫开始,让他们合作用右手一同剥去蕉皮并用最快的速度把香蕉吃掉。 3. 哪一组最快即获得胜利	香蕉
15分钟	游戏:"我爱聋校"。 目的:发现学校的优点、培养组员对学校的归属感	游戏规则: 1. 社工带头说一件在学校里面发生过的难以忘怀的事情(好的)。 2. 邀请同学谈谈学校美丽的地方,谈谈在学校我们能获得哪些好处	
7分钟	游戏:"我有你没有"。 目的:分享组员在新环境中不适应的状况,并看其他组员是否也出现过这种状况,又是如何解决的	1. 工作者结合组员小组报名表总结出所有组员不适应的具体表现。(注:匿名与大伙儿分享) 2. 如果其他的同学也曾经发生过这件事那么由这位同学具体讲解感受和他解决的办法	
8分钟	分享:卡片传递	1. 每个人用卡纸分别写出自己在遇到不开心的事情时,会自我调适的五个方法。 2. 一共制作两份小卡片。 3. 在上面游戏的过程中,针对陈述人所说问题,可以将自己的宝典送给对方	卡纸

续表

5 分钟	小结、小组结束预告		
第四节 离别之际 （45 分钟）	本节目标： 1. 总结前 3 次小组，鼓励组员积极分享收获。 2. 完成参与者评估		
日期/时间	每节集会目标	活动内容/形式	物资
10 分钟	暖场游戏："饮管行动"。 目的：检验组员之间形成的配合与团结，活跃气氛	游戏规则： 1. 小组成员围成一个圈，为每位组员发吸管。 2. 组员根据社工的指令做相应动作（举手、蹲下、跳起、坐下等）	吸管
15 分钟	活动回顾	由社工带领成员回顾前几次的活动与团体目标，并在过程中引导成员回忆并分享其心得（印象最深的单元活动？哪次的活动内容改变了自己原有的想法？等等），以加深成员的印象	
10 分钟	参与者评估	填写评估表	评估表
10 分钟	颁奖典礼	1. 由社工颁发组员证书、手册与小奖品给每位成员。 2. 颁发全勤奖给全勤的成员。 3. 团体合照	组员证书（定做）纪念品全勤奖品

12. 财政：（请另附财务预算）

13. 负责职员： SY

    签署日期：2015.03.05

14. 督导评语：

    签署：×××

任务三 师生关系不良与介入策略

【任务情境】

小青刚到社工室就开始哭,并告诉社工她要疯了,已经容忍了3年,今天真的忍无可忍了。李老师从初一至初三一直是她的班主任,对学生要求严格,学生犯了很小的错误,她会当着全办公室老师的面呵斥学生,并重提该生以往的过错。

小青向社工哭诉,说今天李老师说她思维很怪异,李老师还告诉小青思维很怪异的有两种人,第一种是神经病,第二种是科学家和发明家。这次考试的难题唯独小青做出来,但是李老师并没有给予小青赞许的眼光,反而说小青运气好,不相信是小青做的。李老师还上网去找了几道高中的数学题给小青做,当小青做对时,李老师却嘲讽说:"那像你这么聪明的人直接去考哈佛呀!"小青觉得所有学生中,李老师好像经常斥责自己,小青感觉李老师在侮辱她。

阅读上述案例,请回答:学校社会工作者在其中扮演怎样的角色?思考学校社会工作者在处理师生关系不良过程中,可采取哪些策略?

【任务要求】

- 掌握师生关系不良的表现。
- 分析师生关系不良的原因。

【必备知识】

一、师生关系定义

师生关系,是指教师和学生在教育教学过程中结成的相互关系,包括彼此所处的地位、作用和相互对待的态度等,它是教育教学过程中最基本,也是最重要的关系。师生关系不仅是知识赖以传授的重要条件,而且是学生人生初期人际交流的重要组成部分。积极的师生关系,可以使学生获得积极的生活体验和生活态度,并且迁移到他的同伴关系，使他与社会、他人形成积极的交往关系，从而影响他整个的人生。

但是现实生活中，师生之间由于在目标、价值观、资源多寡等方面的差异而产生对立、分歧和相互干扰等现象，这种现象就导致了师生关系冲突。正如美国社会学家特纳认为："冲突是双方之间公开于直接的互动，在冲突的每一方的行动都是力图阻止对方达到目标。"克芬克对冲突的概念作了进一步的展开："不一致的目标各自专有的利益、感情上的敌意、观点上的异议，以及有节制的相互干涉。"

据调查资料显示，师生关系冲突问题在校园教学及其管理过程中经常发生。师生冲突根据不同的标准可分为不同的类型，从冲突产生导因，有学生过错冲突和教师过错冲突；根据行为目的指向，有手段性冲突和目的性冲突；根据冲突的表现形式，有显性冲突和隐性冲突；根据师生冲突过程，有持续性冲突和偶发性冲突；从冲突发生环境，有课堂冲突和课下冲突；根据冲突性质，有建设性与破坏性师生冲突。在实际教学实践中，师生冲突表现与变化更加复杂。正确对待师生冲突，一方面，有利于师生关系的重新定位；另一方面，有利于师生双方共同成长，使双方把内心的压抑和不满释放出来，维持良好的心理健康状态，同时促进双方自我反思，师生双方可以以此为契机，进一步完善自我。

二、师生关系冲突具体表现

1. 师生关系的疏离与冷漠

主要表现为师生之间实际交往时间很少，情感和思想交流的渠道不畅，缺乏相互了解，彼此漠不关心。如师生相遇时，有意回避或不问候，甚至视对方为路人，佯装不识等。

2. 师生关系的功利化和商业化

学校是传授知识的主要场所，维系师生关系的纽带主要是知识、思想和情感及智慧，而不是物质利益。但由于受到诸多社会因素的影响，师生关系也会逐渐功利化，有些学生家长为了让孩子在学校和班上有更多的发展机会，请客或向老师送礼；有些老师以个人的私事寻求家长的无偿帮助，使教师、学生、家长之间关系复杂化，正常的师生关系严重变形。

3. 师生关系的矛盾与冲突

教育过程中的矛盾与冲突是不可避免的,也是正常的,但是师生双方长时间处于比较激烈的,甚至是攻击性和暴力伤害性的矛盾冲突中,就会严重破坏师生关系。其具体表现为师生双方在认识、情感、思想等方面严重的分歧和矛盾激化而采取直接的语言和行为上的对抗或攻击等。

三、师生关系冲突的成因分析

1. 社会方面因素

(1)在现行教育体制下,一味强调尊师重教还远远不够,且加之对教师的评估方法不完善,往往以科研成果及论文的发布数量为主,降低了部分教师教学积极性,把更多的精力放在科研上,减少对学生学习和生活的关注,无法形成良好的师生关系。

(2)社会风气影响,社会上的一些不良现象,如人际关系淡化、社会风气堕落等影响着很多人,也包括一部分教师,表现在师生关系上,淡化了角色意识,忽略了自己的职责,同时对学生产生了不良影响。

2. 教师方面因素

(1)教师的教育观念落后,大部分教师依然采取填鸭式教学方式,力图让学生在最短的时间内接受最多的知识,调动不起学生学习的主动性与积极性,影响师生关系。

(2)教师的情绪情感枯竭,教师是职业倦怠的高发人群,工作热情不能持续,情绪烦躁、易怒,无法关注学生的需要,因而使其丧失爱心、耐心和责任心,他们的情绪往往与学生的交往中通过一定的言语、表情、动作表现出来,使学生厌学,教师厌教。

(3)教师课堂管理水平较低,在维持课堂秩序方面,有的教师要么语言简单粗暴,要么只顾完成教学内容;对成绩较差的学生缺乏关注,将精力集中在不能自我管理,破坏班级秩序的部分学生身上,引发师生关系直接冲突。学校社工常常会遇到这样的学生,不喜欢这个教师的言语、教学方式,进而不喜欢这个教师,因此不喜欢这个学科，导致了偏科等学业困境。

3. 学生方面的因素

（1）学生在青春期阶段会有不同程度的逆反心理，如果教师不正确疏导，很容易让师生关系出现异常。

（2）现代社会中，随着互联网信息时代的到来，学生大多早熟，思想方式较为激进，如师生双方在处事态度及言行上不一致，容易造成教师和学生的隔阂。

四、社工介入建立良好师生关系的策略

1. 搭建沟通互动平台

学校社工可利用社工站作为阵地，开设康乐空间，利用学生和教师课余时间，组织开展以兴趣为主的活动，比如写留言本、猜谜语、下象棋、打羽毛球、听音乐等，这样的活动不仅学生喜欢，同时教师也喜欢，在参与上无任何压力，这些活动拉近师生彼此的距离，不管是教师还是学生都是参与者，不用以尊师重教的价值理念去约束彼此的行为，以一种放松、平等的心态沟通、相处。

2. 开展教师减压活动

学校社工可策划减压活动，组织学校教师来参与，一方面可增加教师对社工的了解，另一方面可通过游戏如"制作PIZZA"，以彼此按摩的方式来舒缓压力；用"国王的圈子"等游戏以参与式互动，提升团队合作能力；借助活动"空椅子"说出自己的压力等游戏来减少工作生活中的压力，舒缓情绪，以保证在教学及与学生共处中保持积极正面的心态。

3. 开展节日主题活动

在学校里，每年的教师节和感恩节都是特别的日子，学校社工可以借此时间节点来开展主题活动，一方面为学校营造节日的气氛，另一方面也可以培养学生的感恩之心，以增进学生和教师之间的情感，消除隔阂。例如，当教师节来临时，提前录制每个班级给教师的祝福视频，通过学校大屏幕播放"听听他们的祝福"，不仅给了教师一个惊喜，同时也提升了学生们的沟通表达能力。

4. 个案辅导

部分学生与教师的冲突及矛盾比较突出，学校社工需进行需求评估，以一对一的形式进行辅导。有时候学生问题错综复杂时，社工可以采用焦点解决治疗模式。焦点解决治疗模式又称寻解导向、建构解决模式，是在积极心理学背景下发展起来的一种充分尊重个体、相信其自身资源和潜能的心理治疗模式。它把解决问题的关注点集中在当事人的正向方面，并且寻求最大化地挖掘个体/团队的力量、优势和能力。由于寻解决模式强调问题原因和解决办法之间没有必然的联系，因此，该模式指出，为了促进改变的发生去探究原因是没有必要的，这与传统问题解决模式中重视探究问题原因从而形成解决方案形成了极大的反差。

【实务操作】

回到"任务情境"，面对小青的情况，学校社工可以从小青和李老师两个方面采取介入策略。

问题分析	结合案例中小青所遇到的问题，在她看来与李老师之间的关系是一种积压在心中的痛苦，已经有3年了，如果不说感觉自己"快要疯了""我想哭"。这些负面情绪带来了较大的心理负担，社工首要的目标为舒缓案主负面情绪，使案主的情绪得到宣泄。 在与小青的沟通中，发现她的认知水平较高，逻辑思维能力也不错，社工第一步采用焦点治疗疏导她当下所面临的情绪问题，第二步让其学习社交技巧，改善与老师的互动沟通模式，第三步为教师提供减压活动，同时增进对学生的理解
服务目标	1. 危机介入疏导情绪。 2. 提供人际沟通技巧学习小组，提升案主与教师彼此沟通互动技巧。 3. 开展教师减压活动，降低学校师生冲突发生频率
介入过程	针对服务目标一，采取焦点解决治疗模式，学校社工与小青面谈： 1. 如果要对目前的心情打个分，1~10分，1分最低，10分最高，请为自己现在的心情打个分吧。 2. 如果要让自己好受些，目前来说，你最想改善到几分呢？ 3. 如果心情改善了，情况会是怎么样的？ 4. 有没有一些情况是你和李老师关系比较好的时候呢，除此以外还有其他的情景吗？如果有，是什么一个怎么样的时候呢？

续表

介入过程	5. 你做了什么，让老师赞扬你呢？（应对问句） 外化的技巧： "告诉我，'生气'是如何困扰你？你何时会最会注意到'它'就在你的周围？" "生气在何时比较不困扰你？你如何让那个情况发生？" "在那些时间，你会做什么不同的事，才不会被生气困住？" "当生气不再如此常常困扰你时，你觉得谁将会注意到这样的改变？" "生气要如何转变，才能让你今天在学校可以进行你的学习？" "基于刚刚你告诉我的情况，你认为今天你可能是做了哪些尝试，而使生气对你而言，会变成一个比较小的问题？"

经过学校社会工作者有技巧性的面谈，在会谈结束后，明显地发现案主的情绪得到舒缓及控制。为了降低师生冲突发生的频率，增进师生之间的彼此理解，学校社工特别在教师节开展了一次针对教师的减压活动。

活动计划书

1	活动名称	"Forever Young"教师节主题活动	2	活动编号	P01-LY-201609-TJ
3	主办	RH	4	合作单位	重庆市 L 学校
5	对象	全校教师	6	年龄	/
7	预计总人数	50	8	举办地点：	操场
		（参加者 50 人、职员 2 人、义工×人）			
9	活动理念	重庆市 L 学校教师较少，很多教师身兼多职，工作负担较重，学生往往不能够理解教师的辛苦，常常会有一些调皮捣蛋的学生让教师更为头痛。教师平时压力较大，团体活动并不多，导致教师身心疲惫。 马斯洛需求层次理论，亦称"基本需求层次理论"，是行为科学的理论之一，由美国心理学家亚伯拉罕·马斯洛于 1943 年在《人类激励理论》中所提出。其将需求分为五种，像阶梯一样从低到高，按层次逐级递升，分别为：生理上的需求，安全上的需求，情感和归属的需求，尊重的需求，自我实现的需求。 社工想要借助即将到来的教师节，给重庆市 L 学校的教师一个放松、减压的平台，以团队拓展的形式以增强教师之间的合作和沟通，增进对教师对学生的理解			

续表

	成效目标	表现指标（量化）
10	1. 让教师觉得放松、减轻平时的压力。 2. 增强团队精神，提升团队凝聚力。 3. 增进教师对学生的理解	1. 80%的教师都积极参与到活动中，感受活动轻松的气氛 2. 在分享环节中，85%的教师表达在团队活动中，自己为团队努力，体会到团队力量 3. 90%教师的可以仔细阅读学生的留言条
	活动程序设计		

	时间	目标	活动内容/形式	物资
	9月7日	1. 向教师宣传此次活动，通知活动时间地点。 2. 活动准备	1. 社工通过微信、公告栏等形式，告知全校教师活动时间、地点。 2. 准备活动所需物资和人员安排。 3. 通过班级走访，邀请同学在便利贴上写出想对老师说的"心里话"	
11	9月9日 5分钟	社工介绍本次活动的内容和目的	社工作自我介绍，向全体教师介绍本次活动的内容和目的	
	20分钟	1. 引导教师融入活动中，体验活动的乐趣。 2. 感受合作和竞争的意义，体验探索与创新的快乐。 3. 考验教师之间的团队合作能力和默契度	活动开始前，社工手持红、黄、蓝、绿、紫的纸条各10张，参加活动的教师分别抽取，所持颜色相同者为一组，方便之后活动。 热身游戏： 1. 齐心协力：根据参加者数量将团队分成小组（以50人为例，10人一组，分5组），组内自主选举队长，给小组冠名，画队旗、选对歌等，限时10分钟。然后进行团队间的展示。要求队长报队名、队员报名、队旗展示、向大家解释队旗的内涵，然后合唱队歌。在活动过程中，如果队长出现错误，男队长做10个俯卧撑，女队长做20次蹲起。	大白纸、水笔

续表

			历奇活动：	
11	35分钟	1. 增强团队的合作意识，提高团队的创新能力。锻炼大家的团队合作能力及协调能力。 2. 旨在提高队友之间相互的默契度。 3. 通过读出便利贴上的"心里话"增进对学生的理解	1 幸福一页。 游戏规则：要求各队队员站在指定大小的纸张上，哪组站的人多为胜。游戏分三轮，每轮纸张大小减半，坚持到最后的组，并且组员全部在纸上的队伍获胜。获胜队伍可以获得特权卡，用于"蜻蜓点水"环节，可以优先选择。 2 十人九足。 游戏规则：男女交叉排成一横排，相邻的人把腿系在一起，一起跑向终点，终点墙上贴着学生的留言条，必须大声读出，用时最短的胜出。抽签决定比赛次序。胜出队伍可以获得特权卡，第二选择"蜻蜓点水"区域。 3 穿针引线。 游戏规则：各组人手拉手围成一个圈，将呼啦圈套在队长的左胳膊上，队员在不松手的情况下将呼啦圈从队长的左臂出发，通过每个队员的身体传送然后重新回到队长的左臂。时间少的团队算胜利，胜出队伍获得第四选择权。 4 蜻蜓点水。 游戏规则：在起始线外有不同距离的"宝贝"，队员需要通过团队合作够取"宝贝"。游戏需要一名安全员，一名勇士，勇士需要腿伸直、单脚着地，一手拉着后面的伙伴，一手前去够取"宝贝"。其他的人负责保护勇士，让勇士尽自己可以达到的最远距离够取起始线外的"宝贝"	报纸、特权卡 五色绳、特权卡 排球、特权卡 呼啦圈 面膜
	30分钟	分享与总结	分享会： 1. 各组派组长抽取问题卡，每组三个，在规定时间内组内进行讨论和分享，组内派代表和大家进行分享。 2. 社工需要提前准备15张问题卡，问题内容包括：①关于本次活动。②做教师的感受（对学校、对学生、对同事）。③对社工的要求。 3. 社工对活动进行总结。 合照留念（播放祝福视频）	

续表

12	财政预算 （请另附财务预算）	
13	负责职员 签名：TJ	日期：2016.9.9
14	督导评语： 督导：LXL	

【课堂练习】

一、单项选择题（每题的备选项中，只有1个最符合题意）

1. 小丽今年14岁，上初二，每天放学后都不想回家，因为妈妈会说她这里没做好，那里没做好，总是嫌弃她在生活和学习上做得不够好，久而久之，一回家她就"砰"的一声把门关上，案例中母女关系不良的主要表现是（　　）。

　　A. 父母越位与缺位　　　　　　B. 发展各阶段的适应困境

　　C. 代际冲突　　　　　　　　　D. 冷暴力

2. 小明不遵守课堂纪录，小红是纪律委员，对小明上课说话的行为进行了干涉，因此两人发生了口角，学校老师找到社工，社工的服务对象为（　　）。

　　A. 老师　　　　　　　　　　　B. 双方家长

　　C. 小明　　　　　　　　　　　D. 小明和小红

3. 以下哪个选项是最影响同伴关系的因素有哪些？（　　）。

　　A. 学习成绩　　　　　　　　　B. 身高体重

　　C. 零用钱多　　　　　　　　　D. 个人心理因素

参考答案：1~3　BDD

二、简答题

学校社会工作者针对学生家庭关系不良可以从哪些方面介入？

参考文献

[1] 陆士桢，李江英，洪江荣. 中国青少年社会工作实务案例精选[M]. 上海：华东理工大学出版社，2010.

[2] 罗观翠. 青春期教育社工指南[M]. 北京：社会科学文献出版社，2014.

[3] Paula Allen-Meares. 儿童青少年社会工作[M]. 范志海、李建英，译. 上海：华东理工大学出版社，2013.

[4] 许莉娅. 个案工作[M]. 北京：高等教育出版社，2004.

[5] 罗观翠. 学校社会工作案例汇编[M]. 北京：社会科学文献出版社，2010.

[6] 全国社会工作者职业水平考试教材编写组. 社会工作实务/中级[M]. 北京：中国社会出版社，2016.

项目三　学生家庭生活困境与社会工作介入

【项目导学】

在过去的30多年中，中国社会发生了翻天覆地的变化，中国社会正经历着从传统社会向现代社会、从农业社会向工业社会、从封闭性社会向开放性社会的社会变迁和发展。然而，在我国经济快速发展的背后，也面临着经济发展的不平衡、城乡差距及贫富差距加大、社会保障体系不完善等问题。家庭作为最基本的社会细胞，伴随着社会的变迁也发生了剧烈的变化，在社会转型、经济转轨、人口转变、观念转换的大时代背景下，家庭的结构、家庭的关系、家庭的功能也面临巨大的震荡。家庭是人第一个接触到的社会单位，也是人社会化最重要的场所。学生群体没有经济来源，在生活上、情感上和心理上都对家庭有强烈的依赖，在面临家庭的震荡时显得更加的脆弱。因此，了解家庭生活困难学生面临的问题，能够运用社会工作专业方法帮助学生及其家长解决问题，促进家庭功能的发挥，使学生能在更加和谐的家庭中快乐成长，是学校社会工作者重要的工作之一。本项目重点介绍了三种类型的困境家庭学生，即经济困难学生、遭受家庭暴力学生及留守学生。他们面临着不同的困难和问题，需要学校社会工作者及全社会的关心和支持。

【学习目标】

- 掌握经济困难学生的相关知识。
- 掌握遭受家庭暴力学生的相关知识。
- 掌握留守学生的相关知识。
- 能够运用社会工作专业方法为困境家庭学生提供专业服务。

任务一 经济困难学生与介入策略

【任务情境】

小李是某大学大二的学生。他来自农村家庭，是家中老大，他还有一个正在读高二的妹妹，小李的父母文化程度低，目前其母亲在家务农，父亲在省城一建筑工地打工。小李是其村庄唯一一个考上大学的人，他的父母为此感到非常自豪。小李性格比较内向，话语不多，常常独来独往，较少参加学校组织的活动，与同宿舍的同学也很少交流。他学习非常认真刻苦，每天都会去上自习，课堂上他很少发言，但是听课很认真，除了英语基础较差成绩不太好以外，其他成绩都较好，大二上学期还获得了三等奖学金。

但是大二的下学期，小李同学开始上课打瞌睡，不认真听讲，多次逃课，甚至有时夜不归宿。辅导员找他谈话，他承认错误，表示自己会改，但是对于逃课原因闭口不谈，多次谈话效果不佳。在最近的一次谈话中，他向辅导员提出自己想退学。辅导员询问其具体原因，他表示自己现在没有学习的心思，觉得自己不是学习的料，尽了最大努力也只有三等奖学金。以后毕业就业也竞争不过其他同学。加之家庭经济困难，妹妹也快要高考了，所以想早点进入社会赚钱。辅导员将其转介给了学校社工。

学校社工接案后，通过与他本人、同宿舍同学及其家长沟通后，才知道原来在3个月前，小李同学的父亲突发脑溢血，由于抢救及时保住了性命，但是一条腿还是变得麻木，走路一瘸一拐，无法再外出打工。父亲住院花光了家里的所有积蓄，还找亲戚朋友借了几万元。由于父亲生病，家庭的经济状况出现了极大的困难，小李母亲告诉社工，今年开学小李告知母亲，自己有奖学金而且可以在校外打工赚钱，所以不需要家里再支付生活费用。为筹措生活费用，小李今年开学就在学校附近的火锅店找了一份兼职工作，每天晚上要工作到10点，有时候甚至更晚。下班太晚的时候，小李就睡在店里，不回宿舍。小李想退学也是希望自己能够找一份更高工资的工作帮助家人还债。

阅读上述案例,请回答:我国的学生资助政策体系对于家庭经济困难的学生可以提供怎样的支持?家庭经济困难学生除了经济资助外还有哪些方面的需求?学校社会工作者可以为小李提供什么服务?

【任务要求】

- 掌握经济困难的基本概念。
- 了解我国学生资助政策体系。
- 能够为经济困难学生提供相应服务。

【必备知识】

贫困是一个十分复杂的问题,不同的研究者从不同的角度对贫困的含义和衡量标准进行研究,就会有对贫困不同的理解和认识。我国国家统计局将贫困定义为:"贫困一般是指物质生活困难,即一个人或一个家庭的生活水平达不到一种社会可接受的最低标准。他们缺乏某些必要的生活资料和服务,生活处于困难境地。"[①]学生没有独立获得经济来源的能力,在经济方面完全依靠家庭,家庭贫困的问题也直接波及学校学生。家庭经济困难学生在学校的学习生活中面临着诸多的困难和挑战,加之学生正处于成长、成才的关键期,学生面临的经济困难问题需要学校和社会各界更多的关注。

一、学生生活贫困的成因

1. 家庭原因

(1) 家庭成员收入低。

大部分学生群体缺乏自主获得经济来源的能力,上学的相关费用主要依靠家庭。在农村地区,部分农民依靠农业生产收入较低,部分外出务工农民工由于教育水平、职业能力等原因只能谋取到收入较低的临时性工作。在城市,自 20 世纪 90 年代开

[①] 国家统计局《中国城镇居民贫困问题研究》课题组和《中国农村贫困标准》课题组研究报告。

始,由于经济体制急剧转化以及企业改革的逐步深化,城市中出现了失业人员、下岗职工、停产半停产企业职工等。这部分的家庭成员收入低,不能为子女提供基本的经济保障。

(2) 家庭人口多、子女多、处于教育阶段的学生多。

家庭劳动力人口数在一定程度上决定了家庭收入的水平,家庭中劳动力人口所占比例越少,抚养系数就越大,家庭就越容易陷入贫困状态。很多经济困难学生都来自两个或多个子女的家庭,人口多使得家庭日常的生活费用高,如果处在教育阶段的学生多更可能使家庭入不敷出。

(3) 家庭人员中老弱病残者多。

我国现阶段社会保障制度有待进一步完善,如果家庭成员中有生活无法自理的老人、患有重大疾病的家人、因残障丧失劳动能力的家人等情况,这样家庭的收入就可能很难维持基本的生活。

(4) 家庭变故多。

家庭出现家庭成员失业、父母离异、丧失亲人等变故,会使家庭的基本功能发挥受到影响,进而使家庭陷入贫困。

(5) 家庭遭遇意外事件。

当家庭遭遇水灾、旱灾、震灾等意外事件时,家庭会出现经济困难,出现不能支付其子女上学费用的情况。

2. 社会及学校因素

由于我国在经济发展过程中,存在地区间的差异,不同的地区和学校的财力也有不同,所以在对家庭经济困难学生的资助方面力度也相差较大。

(1) 学校收费高。

我国现已实行了九年义务教育,在义务教育阶段,统一城乡"两免一补"政策,对城乡义务教育学生(含民办学校)免除学杂费,免费提供教科书,对家庭经济困难寄宿生补助生活费。但是学生进入到高中,特别是进入高等学校学习的学生,仍然面临较大的学费压力。目前高校的学费大概在 4 000~8 000 元/年,一些热门专业甚至上万元,贫困家庭难以支付。

(2) 学习相关支出大。

虽然教育部已明确规定不准组织任何形式的节假日整班补课，严格规范教师有偿家教行为。但是有的学校还是变相的组织一些需要个人出资的集体性活动或学习培训，在社会上也存在以素质教育、综合能力为名引导学生参与考证培训班、特长培训班等，这些都可能造成家庭的经济压力。

(3) 助学体系不完善。

目前我国已初步建立了一种以"奖、贷、助、补、减、免"为主要内容的助学体系，但是各级各类奖学金、助学金只能满足极少数贫困学生，还存在贷款金制度不健全，学生贷款难，高校勤工俭学岗位少，待遇低等现象。[①]

3. 个人因素

(1) 缺乏对金钱的管理和规划能力。

学生日常基本消费主要包括在校期间的衣食住行等方面的花销。部分学生由于缺乏对生活费的管理和规划能力，加之社会风气影响，使学生形成冲动消费、过度消费、超前消费的习惯。特别是在住校学生中，容易出现学生将一个月的生活费在月初花完，后半月生活窘迫，甚至借贷度日的情况。现在大学生群体使用信用卡超前消费的情况越来越多普遍，部分商家还以各种形式诱导学生进行借贷，由于部分学生不具有理财规划的能力，也不具有经济收入的能力，超前消费后无力偿还，使债务滚雪球般越滚越大。近年频繁出现学生借贷致使家庭无力偿还债务，学生因借贷无力偿还而采用极端方式逃避债务的事件。

(2) 生活中的不合理消费。

随着学生自我意识的觉醒，消费行为充当起了塑造自我认同、宣示自我形象的社会功能。在这种心理驱使下部分学生在消费中进行攀比、进行炫耀性消费、追求超越自身或父母收入水平的非理性高消费等。近年出现的学生网络裸贷风波使越来越多的人意识到学生的不合理消费带来的巨大影响。

(3) 学生遭遇突发事件。

学生在校期间因本人突发疾病需要治疗，或遭遇其他的突发事件需要经济支出

---

① 卫爱军. 高校大学生困难群体形成原因及对策分析[J]. 前沿，2007（7）.

也可能使学生出现经济困难的情况。

二、经济困难带来的影响

1. 生活及身体影响

（1）无法获得足够营养，影响身体发育。

学生阶段正是生长发育的关键期，经济困难的学生，由于无法获得满足自身需求的食物，导致营养不良，影响身体发育，身体素质差。

（2）无法获得足够的医疗资源，影响身体健康。

生活贫困学生生病后，由于经济窘迫，常常采取消极就医的方式。因缺少医疗费用及有效的医疗介入，导致身体恢复较慢，甚至出现病情加重等情况，影响身体健康。

2. 心理影响

（1）自卑心理。

由于经济上的拮据、生活上的困难，面对现实他们往往感到自己无能为力。部分学生认为家庭不如别人，会被周围同学嘲笑，加之由于家庭经济条件限制，不能得到兴趣发展及能力培养方面的提升，在与其他学生的对比中容易产生自卑心理。

（2）敏感多疑。

家庭经济困难学生在平时与他人交往的过程中，对于他人对自己家庭经济困难的看法十分敏感，非常注重他人对自己的评价，担心别人因此看不起自己，不愿意让他人了解自身的家庭情况。甚至在与他人的互动中，暗自比较，产生不平衡心理，对他人的反应过度敏感，产生多疑的想法。

（3）孤僻和内向。

由于经济的窘迫，学生不敢过多的参与需要花钱的集体活动，对于同学间涉及经济开支的活动也尽可能采取回避的态度。部分学生由于经济弱势产生自卑心理，采取独来独往、不积极融入同学的方式，避免同学知道自己的经济状况。

（4）焦虑悲观。

对自身状况的客观认识，使他们认识到只有奋发努力才能不负父母的期望，改变自己的人生处境，因此对自己严格要求，刻苦努力。但是现实问题又时刻困扰他们，他们既要为学费、生活费等经济问题担忧，又在学习竞争中缺乏必要的辅助，使他们时常处于心理紧张和焦虑的状态。所以，在努力后结果不尽如人意时就容易出现悲观情绪。

3. 学习影响

（1）面临辍学风险。

经济困难学生家庭由于无法筹措到学费及生活费用，面临辍学的风险。部分高中及大学里成绩较好的学生也因为经济的原因失去继续深造的机会。

（2）缺乏必要的学习用品。

我国已经对城乡义务教育学生（含民办学校）免除学杂费，免费提供教科书。但是学生在学习中仍然需要购置一些必要的学习用品，如纸、笔、辅助工具、参考书籍等。部分学生由于家庭经济困难，无力购置必要的学习用品，影响学习成绩。

（3）学习时间不足。

部分经济困难学生在家中还需要承担起协助家长进行生产劳作、照顾家人等家庭事务，导致学习时间不足。在高年龄段的学生中，特别是贫困大学生中，为筹措学费解决经济困难，被迫选择兼职，部分学生无法处理好兼职与学习的关系，出现迟到、旷课等现象，导致学习成绩下滑。

4. 其他影响

（1）人际交往被动，人际关系疏离。

由于经济弱势产生的自卑心理，部分经济困难学生表现得胆小害羞，在人际交往中较为被动，缺乏积极性和主动性。在与他人交往中，往往不愿意谈及自身家庭情况，甚至隐瞒家庭情况，有心里话也不愿与他人诉说，担心在交往中受伤。由于不敢参与那些需要花钱的集体活动，也在客观上使经济困难学生与其他同学疏离。

（2）因贫困导致越轨问题。

部分学生由于经济困难无法满足基本的生活开支或是无法满足某些物质欲望，导致越轨问题发生，如采取偷窃等行为获得不义之财等。他们急切地想要改变自身的经济状况的心理，还可能会受到不良人员和不法分子的利用，做出违法行为。

（3）反社会人格的形成。

部分学生在与他人的对比中产生不平衡心理，认为社会的不公平导致其贫困，产生消极抵制社会的行为，甚至伤害他人、危害社会。

三、我国学生资助政策体系

根据教育部网站发布的《2016年中国学生资助发展报告》，我国学生资助政策体系实现了所有学段全覆盖，实现了公办与民办学校全覆盖，实现了家庭经济困难学生全覆盖。各就学阶段的助学政策详见下文：

就学阶段	助学政策
学前教育阶段	按照"地方先行、中央补助"的原则，地方政府对经县级以上教育行政部门审批设立的普惠性幼儿园在园家庭经济困难儿童、孤儿和残疾儿童予以资助
义务教育阶段	统一城乡"两免一补"政策，对城乡义务教育学生（含民办学校）免除学杂费，免费提供教科书，对家庭经济困难寄宿生补助生活费
中等职业教育阶段	建立了以免学费、国家助学金为主，学校和社会资助、顶岗实习为辅的资助政策体系
普通高中教育阶段	建立了以国家助学金、建档立卡等家庭经济困难学生免学杂费、地方政府资助项目为主，学校和社会资助相结合的资助政策体系
本专科教育阶段	建立了国家奖助学金、国家助学贷款、基层就业学费补偿贷款代偿、应征入伍国家资助、师范生免费教育、新生入学资助、退役士兵学费资助、勤工助学、校内奖助学金、困难补助、伙食补贴、学费减免及新生入学"绿色通道"等"多元混合"的资助政策体系
研究生教育阶段	建立了研究生国家奖学金、国家助学金、学业奖学金、"三助"岗位津贴、国家助学贷款、基层就业学费补偿贷款代偿、应征入伍国家资助、校内奖助学金及新生入学"绿色通道"等相结合的资助政策体系

四、生活贫困学生的介入

1. 整合各方面的助学资源，为学生提供政策咨询服务

贫困学生的问题首当其冲是经济困难的问题。在为贫困学生提供经济支持时，

学校社工应充分发挥资源整合者的角色，多方面整合资源为学生提供助学资源。首先，学校社工应熟悉掌握当地教育部门及所在学校针对贫困学生帮扶的相关政策及相关助学资金申请流程；其次，社工应积极发掘社会资金，将其引入到学生的助学中。比如企事业单位、社会团体或个人捐助等。通过多渠道收集整理相关资源信息，走访联系相关单位等方式积极发掘。2016年我国资助学生的社会资金已达到98.14亿元，但社会资金在资助总额中仅占5.75%，我国的社会助学资源还有待进一步发掘。

2. 组建贫困学生的帮扶队伍，全方面帮扶贫困学生

贫困是一个十分复杂的问题，贫困学生面临的问题和困难也是多种多样的，学校社工在帮扶贫困学生的过程中也需要全方面地介入。为了解决贫困学生面临的种种问题，学校社工应充分发挥经纪人的角色，在学校组建一支由学生工作部（处）人员、学校心理辅导老师、教师、班主任（辅导员）、学生干部、学生同辈群体等多方面人员组成的贫困学生帮扶队伍。在有条件的情况下还应该积极整合社会的资源，引进社会专业人士如医生、律师、心理咨询师等与社会爱心人士、社会爱心组织一起组成学生帮扶队伍。发挥队伍在学生的助学资金筹措、心理帮扶、学习帮扶、情感帮扶等方面的作用，全方面地关爱贫困学生。

3. 运用个案工作方面，有针对性的解决学生问题

学生贫困的原因有很多，贫困导致学生在学习、生活、心理、社交、行为等方面面临多种多样的问题，学校社工应本着个别化的原则，运用个案工作方法，针对学生的实际情况，制定符合学生需求的介入目标，有计划、有步骤的协助学生解决经济困难及其带来的多方面影响。

4. 运用小组工作方法，提升学生能力

学校社会工作者在对学生的需求进行评估后，可以在学校开展针对学生经济困难的原因及影响开展主题小组，如理财规划、行为矫正、沟通交流、自信培养、学习提升、抗逆力培养等。通过小组动力的发挥和组员间的互助，协助经济困难学生应对经济困难带来的各方面影响。

5. 整合社会资源，改善家庭状况

家庭是学生的依靠，当家庭遭遇危机和困难时，学生也会陷入危机中。解决学

生的经济困难问题，关键还是要解决家庭的经济困难问题。学校社工在为经济困难学生提供服务时，还应该关注到学生家庭的状况，协助家庭解决矛盾、纠纷和遇到的困难，如协助学生家庭申请低保金或救济金，协助家庭成员获得就业支持培训，协助离异家庭成员协商分摊学生的学费和生活费等。通过家庭问题的解决，给予学生支持。

【实务操作】

"任务情境"中学生小李是比较典型的经济困难学生，小李由于家中主要劳动力父亲的意外事件，导致家庭失去经济支柱，出现经济困难的情况。经济困难问题进一步导致了小李的学习问题和行为问题。所以要协助小李解决遇到的困难，首先是要协助其解决经济困难，使其能放下心理包袱，顺利地完成学业。我国针对经济困难学生的帮扶已经有多方面的政策出台，社会工作者要充分发挥资源整合者的角色，协助小李获得在校期间的学费和生活费。在此基础上再针对小李因为经济困难导致的心理及行为方面的问题进行介入。在对经济困难学生的帮扶中，学校社工要充分意识到"助人自助"价值观的重要性，服务的落脚点不仅仅是帮助案主解决目前面临的问题，还应该提升案主应对困难的能力。针对小李同学的情况，社工可以提供如下的服务：

介入目标	服务计划	社工能力要求
目标一：协助小李筹措在校期间的学费及生活费。	1. 协助小李收集了解学校相关的资助政策。包括助学贷款、助学金、相关补助等政策，根据相关要求准备相应材料进行申请。 2. 协助小李收集了解社会资助资金（企事业单位、社会团体和个人捐助等各类资助资金）等学生资助的项目及相关申请条件，进行申报。 3. 通过在校募捐、网络众筹等方式帮助小李筹措学费。 4. 协助小李对筹措的经费进行科学合理的管理和规划	1. 熟悉掌握学校学生资助相关政策信息。 2. 具备发掘和整理社会相关资助信息的能力。 3. 具备运用网络、新媒体等手段进行募捐的能力

续表

介入目标	服务计划	社工能力要求
目标二：协助小李调整好兼职及学习的关系。	1. 协助小李澄清兼职与学业的关系，明确兼职对于学生的意义。 2. 协助小李在学校申请勤工俭学或助学岗位。 3. 由于现目前勤工俭学或助学岗位能够获得的收入较低，小李可能会放弃勤工俭学而选择校外兼职。社工可以与小李一起探讨校外兼职的利弊，尊重其选择。如果其决定继续在校外兼职，社工协助其处理好兼职带来的问题，合理规划作息时间，协调好兼职与学习的关系	1. 具备与服务对象建立关系的能力。 2. 具备开展个案工作的能力
目标三：协助小李疏解压力，建立支持系统。	1. 组建一支由校内外人员组成的帮扶队伍。人员可包括学校心理健康辅导中心工作人员、学生工作部（处）人员、任课教师、辅导员、学生干部、宿舍室友以及校外爱心人士等。与他们积极沟通小李的情况，协调大家发挥自己的能力为其提供支持。 2. 联系成绩较好的同学与小李组成学习搭档，共同学习，提升学习成绩。 3. 在其班级开展促进同学关系的主题活动或小组活动，增加班级同学之间的了解和关系。 4. 开展以人际沟通交流、减压为主题的小组活动，并邀请小李参加	1. 具备整合资源，沟通协调的能力。 2. 具备开展主题活动的能力。 3. 具备开展小组工作的能力

任务二 家庭暴力与介入策略

【任务情境】

小丽是某小学五年级的学生，小丽的成绩原本在班里属于中等水平，但是今年小丽表现出了在课堂上打瞌睡，不认真完成家庭作业的情况，成绩有所下滑。老师还发现小丽表现得比以前邋遢了，衣服很多天都不换，头发也不洗，偶尔还能看到手臂上有淤青。小丽越来越邋遢，班里的同学都不愿意与其来往，小丽也变得越来越沉默。班主任找小丽谈话后发现，原来小丽的父亲一直在外地打工，小丽与母亲居住，母亲没有工作，一直在家照顾小丽。去年父亲突然向母亲提出了离婚，母亲告诉小丽说父亲在外面找了"新妈妈"。小丽的母亲原本不愿意离婚，但是前段时间父亲从单位请假回来了一个多月，期间与母亲每天争吵，不时还打架，母亲叫来了很多的亲戚朋友劝父亲，但父亲还是无动于衷，最后父母协商离了婚。按照父母的约定，小丽跟着母亲生活，父亲每个月会寄1 000元给母亲作为小丽的生活费。母亲离婚后开始外出工作，找了很久工作后终于找到一份在超市当售货员的工作。母亲每天要工作10多个小时，而且一直站着，非常辛苦。由于工作很辛苦，所以母亲无暇照顾小丽，还要求小丽承担家中洗衣服和做清洁的家务劳动。离婚后母亲性情变得很暴躁，经常会殴打小丽。有时候是因为没有完成母亲安排的家务事，有时候是因为做作业做得太久或成绩不好，有时候是因为小丽和邻居家的孩子玩耍，有时候甚至小丽也不知道是什么原因。特别是最近父亲因为各种原因不按时寄钱回来，母亲非常生气，每天打电话给父亲催要抚养费，还要小丽去找父亲催要抚养费。小丽给父亲打电话，如果没有要到抚养费，母亲会让小丽每天晚上罚跪，有时候小丽和父亲多说了几句话母亲也会殴打她。小丽的祖父母和父亲的亲戚住在临近的社区，但是因为离婚时的纠纷，母亲和父亲亲戚的关系变得非常恶劣。母亲不准小丽与住在附近的祖父母往来，一旦发现就要遭到暴打。而小丽的外祖父母住在另外的城市，基本上没有往来。小丽告诉班主任自己很恨母亲，不想和母亲一起居住了，她想去找父亲。有一次在电话里父亲告诉小丽，自己也想把小丽接到打工的城市一起居住，但是由于父亲新妻子怀孕了，所以近期比较忙也不方便。等小丽小学毕业时，如果母亲同意，可以把小丽接过去一起生活。现在小丽也不想读书了，只想快点毕业后离开母亲。但是她又非常担心母亲是否会同意自己离开，父亲的新妻子是否会喜欢自己，父亲有了另外一个孩子后是否会改变主意。了解到小丽的情况后，班主任将小丽转介给学校社工。

  阅读上述案例，请回答：造成小丽遭受家庭暴力的原因有哪些？小丽有哪些方面的需求？学校社会工作者可以为小丽提供什么服务？

【任务要求】

- 掌握家庭暴力的基本概念。
- 具备评估学生面临家庭暴力风险的能力。
- 能够为遭遇家庭暴力的学生提供专业服务。

【必备知识】

据最高人民法院 2015 年统计，全国约有 24.7%的家庭存在不同程度的家庭暴力；妇联系统每年受理 4 万到 5 万件家暴投诉；近 10%的故意杀人案件涉及家庭暴力。在某医科院校 485 名大学生儿童期虐待经历的调查中，曾遭受过身体虐待、心理精神虐待或性虐待的有 459 人，比例高达 94.6%。①2016 年 3 月 1 日起，《中华人民共和国反家暴法》正式实施，这是中国首次以"家事"立国法，明确"反家庭暴力是国家、社会和每个家庭的共同责任"，标志着家暴属于"家务事"的时代正式终结。在该法中明确规定未成年人、老年人、残疾人、孕期和哺乳期的妇女、重病患者遭受家庭暴力的，应当给予特殊保护。该法第十四条规定学校、幼儿园、医疗机构、居民委员会、村民委员会、社会工作服务机构、救助管理机构、福利机构及其工作人员在工作中发现无民事行为能力人、限制民事行为能力人遭受或者疑似遭受家庭暴力的，应当及时向公安机关报案。公安机关应当对报案人的信息予以保密。在 2014 年民政部发布的《儿童社会工作服务指南》中明确儿童社会工作应该提供保护性服务，即通过外部监督、干预性服务等形式，防止儿童被虐待、忽视和剥削。家庭和学校是学生生活的主要场所，当学生面临来自家庭的伤害时，学校应发挥庇护的作用，为学生提供协助，学校社会工作者也应积极参与到学生的反家庭暴力工作中。

一、虐待相关的概念

世界卫生组织对虐待儿童的定义是对 18 岁以下儿童的虐待和忽视行为。它包括在一种责任、信任或有影响力的亲密关系中的各种身体和（或）情感虐待、性虐待、

---

① 赵丹，李丽萍. 某医科院校 485 名大学生儿童期虐待经历的调查[J]. 中华疾病控制杂志，2006，10（2）.

忽视、疏忽、商业或其他剥削，这给儿童健康、生存、发展或尊严造成了实际伤害或潜在伤害。遭受亲密伙伴的暴力有时也列为一种虐待儿童行为。

《中华人民共和国反家暴法》所称家庭暴力，是指家庭成员之间以殴打、捆绑、残害、限制人身自由以及经常性谩骂、恐吓等方式实施的身体、精神等侵害行为。

《中华人民共和国刑法》(第二百六十条)对虐待罪的定义是指对共同生活的家庭成员，经常以打骂、捆绑、冻饿、限制自由、凌辱人格、不给治病或者强迫做过度劳动等方法，从肉体上和精神上进行摧残迫害，情节恶劣的行为。

对于虐待的定义一般是从施暴者的身份及其与受害者的关系以及虐待的方式和对受害者的影响方面进行定义。对于儿童的虐待，可能发生在很多的场所，但是由于家庭是儿童首先接触的社会单位，是他们生存和社会化重要的场所，儿童对其具有很高的依附性。父母与子女的互动是最频繁的，但是如果互动关系不良，在家庭中发生虐待的可能就非常高。特别值得注意的是，随着我国经济社会的快速发展，家庭也随着发生变化，出现了很多形式的非家庭关系成员生活在一个屋檐下的情况。他们可能是具有照料关系的家务协助人员，如保姆、钟点工、医疗福利机构的护工等，也有可能是与孩子具有教育关系的工作人员，如特长辅导教师、家庭教师、课程陪读等。这类人员与孩子在家中有较密切的来往，也可能发生虐待行为，近些年保姆虐待孩子的情况，也经常见诸报端。虽然我国刑法对虐待罪的定义中，指向的是共同生活的家庭成员，但是来自于家庭中的非家庭成员、学校、社区、社会的暴力也不容忽视。儿童由于自身的弱势性，属于家庭暴力容易受伤的群体，学校社会工作者应积极发挥作用，给予其保护。

二、虐待的类型

我国是儿童权利公约的缔约国，儿童权利公约对儿童的定义是指18岁以下的任何人，除非对其适用之法律规定成年年龄低于18岁。18岁以下在我国的学龄期中包括了学龄前、小学、初中及高中的学生。在儿童权利公约的第十九条提出："缔约国应采取一切适当的立法、行政、社会和教育措施，保护儿童在受父母、法定监护人或其他任何负责照管儿童的人的照料时，不致受到任何形式的身心摧残、伤害或凌辱，忽视或照料不周，虐待或剥削，包括性侵犯。"

国内学者对于虐待的类型有不同的归类和研究。有的将儿童的虐待的类型概况为：

1. 言语虐待

言语虐待指采用侮辱、贬低、歧视、讽刺的言语对待儿童。

2. 躯体虐待

躯体虐待指采用粗暴的行为对儿童造成实际的或潜在的躯体损伤。包括拳打脚踢、鞭抽等方式。其导致的受伤的严重程度不同，如皮肤的淤血、骨折、神经受损、致残，甚至致死。

3. 儿童性虐待

儿童性虐待对儿童施以性刺激以满足自己性冲动的行为。常见成人对儿童的强迫或诱骗性的性行为。如让儿童看色情图片，暴露生殖器等以及带有性刺激目的的亲吻、拥抱、调戏儿童身体、玩弄儿童的性器官，其中最严重的是强迫性交、乱伦和逼迫儿童卖淫等。

4. 儿童忽视

(1) 躯体忽视。躯体忽视指忽略了对儿童身体的照护（如衣着、食物、住所、环境卫生等），它也可以发生在儿童出生前（如孕妇酗酒、吸烟、吸毒等），忽略或拖延儿童对医疗和卫生保健需求的满足。

(2) 情感忽视。情感忽视指没有给予儿童应有的爱、忽略对儿童心理方面的感受，如情感的关系、缺少对儿童情感需求的满足。

(3) 安全忽视。安全忽视指由于疏忽孩子生长和生活环境存在的安全隐患，从而使儿童有可能发生健康和生命危险。

(4) 交流忽视。交流忽视指由于疏忽了与儿童的交流，导致监护人与儿童不能进行有效的沟通，从而导致儿童的认知、情感等方面的偏差。[①]

2010年，深圳市鹏星家庭暴力防护中心正式注册成立，这是深圳也是全国首家

---

① 杨世昌. 儿童受虐量表、儿童被忽视量表的编制及信度效度研究[D]. 长沙：中南大学，2006.

专业民间的家庭暴力防护中心。参考该中心对于家庭暴力的分类，我们可以把儿童虐待的类型分为以下几种。

身体暴力	包括对儿童身体各个部位的种种攻击行为，如殴打、剧烈摇晃、推搡、打耳光、抓头发、脚踢、使用物品攻击等
精神暴力	包括以语音威胁恫吓、经常性谩骂、诽谤、辱骂，直接影响受害者的自尊和自我评价；使用武力、自杀等行为威胁受害者；强迫受害者做其不想做的事情；控制受害者的行为自由，如干扰睡眠、禁止与外界接触等
经济控制	包括控制时间、食品、衣服、住房、钱等
性暴力	包括强迫攻击受害者胸部、阴部，用物或身体暴力强迫发生性行为、性接触，强迫与他人发生性关系等
儿童忽视	儿童照管者因疏于其对儿童照料的责任和义务，严重或长期疏忽对儿童基本需要的满足，以致危害或损害了儿童的健康或发展，或在本来可以避免的情况下使儿童面对极大的威胁。① 儿童忽视一般包括身体忽视、情感忽视、教育忽视、安全忽视、医疗忽视和社会忽视等层面。有的研究也认为儿童忽视还应包括营养忽视、衣着忽视、素质训练忽视和交流忽视等

在针对家庭的诸多研究中，可以发现，儿童在大多数的情况下，受到的暴力形式是多种形式同时并存的。不同类型的暴力类型，对儿童的伤害不同，但是都对儿童的身心健康成长以及社会发展等各个方面带来了消极的影响。在家庭中发生的暴力行为，有的可能不是针对儿童，而是针对家庭其他成员，但是也会给处于成长期的儿童带来巨大的负面影响。有研究发现，目睹家庭暴力的儿童及少年容易出现情绪困扰、脾气急躁、沮丧、惧怕及压抑行为问题，严重者甚至会出现较低的自尊心和社交能力或侵略性行为，还有可能在成年后出现反社会的暴力倾向。总之，无论何种类型的家庭暴力，都会对家庭成员及家庭的稳定带来负面的影响，甚至影响到整个社区和社会的和谐。

三、家庭虐待的特点

1. 家庭虐待发生的隐蔽性

家庭虐待的施虐者和受虐者存在亲密关系，在生活上、经济上、情感上都有相互依赖性，受虐者对施虐者受到法律的制裁有所顾忌，所以不愿告知外人。家庭虐

---

① 潘建平. 中国儿童忽视现状与研究展望[J]. 中国学校卫生，2014，35（2）.

待常常发生在家庭居所内部，不易被外界察觉，本着"家丑不外扬"的观念，家庭成员也会有意保守"家庭秘密"。

2. 施虐者身份的特殊性

实施虐待的施虐人可能包括其父母、继父母、养父母、祖辈、兄弟姐妹、保姆、看护人及其他有共同生活关系的非家庭成员。这些人对受害者具有监护权或临时看护义务。与受虐人有着多方面的关系和往来，有的是受虐人不可分割的血肉至亲，有的是受虐人的主要依靠。

3. 受害者反抗能力低、自我保护意识弱

儿童不具有任何经济来源，对家庭成员有很高的经济、精神和情感依赖性，离开家庭后无法独立生活。我国对于家庭虐待相关的教育较少，儿童不明白发生在自己身上的虐待可以由何种途径获得帮助，在没有可能获得其他有效的支持方式前，儿童不敢将其受虐的事实告知其他人。

4. 虐待方式的多样性

儿童遭受的虐待包括身体虐待、精神虐待、性虐待、儿童忽视等多种方式，暴力的方式多样。有研究表明，儿童在遭受虐待时可能同时遭受多种虐待形式的伤害。

5. 虐待结果的隐蔽性

在实行虐待时，施虐者为了不让外部人员知道虐待行为的存在，施虐者常常将暴力施加于外界不易察觉的小腿、后背等。同时精神虐待、性虐待、儿童忽视等也具有较高的隐蔽性，难以被周围人所察觉。

6. 虐待的反复性、长期性

家庭暴力和虐待发生一般呈现循环性，大致有三个过程：紧张阶段，双方使用语言攻击和敌对状态；暴力冲突阶段，紧张压抑爆发，实施躯体攻击伤害；亲密阶段，施暴者事后表示悔恨，求得原谅，换回受害者满心期待。但几乎隔一段时间再次重复，这也使得家庭暴力会长期维持几年，甚至几十年。[①]若未经外力的介入，施暴者往往不会自行调整自己的虐待行为。

---

① 刘艳红. 社会工作干预家庭暴力的协作模式研究[D]. 石家庄：河北师范大学，2015.

四、产生家庭暴力的原因

不同的文化、风俗、养育观念、意识形态对家庭暴力的认识不同,产生家庭暴力的原因也十分复杂。在现今的中国社会,对家庭暴力的认识存在误区,部分父母对子女的教育缺乏有效的手段,认为采用讥讽、打骂的手段教育子女是有效的方式,特别是父母没有接受过教育又缺乏法律常识时,就更加容易发生家庭虐待的事件。产生家庭暴力的原因多种多样,我们从以下几个方面进行探讨。

1. 父母与家庭暴力

(1) 父母生活压力。父母在面临离异、疾病、失业、经济困难等生活压力时,有可能发生虐待和忽视孩子的行为。

(2) 父母对孩子的发展缺乏理解。父母不了解孩子年龄发展的特点,对孩子出现的吵闹、不听话或其他行为,无法理解、接纳、容忍。

(3) 父母缺乏管教能力。父母在缺乏与子女的沟通技巧,面对子女出现的不良行为缺乏有效的管教方式的情况下,有可能采取打骂的管教方式。

(4) 父母对子女的期望过高。父母对子女的学业、行为表现有不切实际的期望,望子成龙,望女成凤,当子女无法达到其期望时,轻则言语指责,重则拳脚相向、棍棒相加。

(5) 父母自身的创伤。有研究表明许多施虐者都有过被虐待的家庭经历,自身的受虐经历,会使其缺乏自尊、自信,存在心理创伤。当他们成年后会模仿父母的管教方式,对子女使用暴力。

(6) 父母情绪问题。父母情绪不佳,缺乏控制情绪的能力,遇事易冲动、易怒、愤世嫉俗、性格不成熟,都可能导致父母对子女使用暴力。

(7) 父母存在性格或行为缺陷。偏执型人格、反社会人格、冲动型人格的父母及有不良嗜好(如酗酒、毒瘾、吸毒等)的父母,更可能使用家庭暴力。

(8) 父母文化水平低,缺乏法律意识。这类父母可能出现自我调控能力弱,缺乏管教的技能,缺乏基本的法律意识,使用暴力虐待孩子。

(9) 父母关系紧张。家庭成员关系紧张、家庭破裂或家庭成员之间有暴力的情况下,子女遭到家庭暴力的可能性也会增加。

2. 儿童与家庭暴力

（1）儿童的个性特征。有研究表明如性格古怪、孤僻等特征的儿童常是受虐对象或相对容易诱发受虐。过分顽固倔强、热衷于反抗的孩子也容易导致家庭暴力的发生。

（2）照料比较困难的儿童。照顾比较困难的孩子表现为不停哭闹、过分活跃，不能做出合理的可接受的反应，给父母带来巨大的养育压力。

（3）发展困难的儿童。相比正常儿童，发展困难的儿童，如残障儿童，智力发展障碍儿童会给父母增添经济压力、照顾压力、情绪压力。这类儿童的自我保护能力更弱，容易成为家庭虐待的受害者。

（4）孩子的外貌或行为引起施虐方的不良想法。如他们自身的负面特征，以及离异或情感破裂的配偶等，孩子的外貌及行为的刺激导致虐待产生。[①]

（5）儿童的自我保护能力及意识低。儿童的自我保护能力较低，在遭遇家庭暴力后缺乏有效的求助途径，一定程度上助长了施虐方的侥幸心理。

3. 社会、社区与虐待

（1）社会中存在对家庭暴力错误的认识，包括以下几个方面：①"打是亲，骂是爱""爱之越深，恨之越切"的情感表达方式。②"棍棒之下出孝子""不打不成器"的棍棒式教育观念。③"虎毒不食子"父母都是不会伤害自己的子女的，父母对子女的教育都是为了子女好。④"子女对父母应该百分百服从"，在中国几千年封建传统家庭观念中，父母是家庭的权威，孩子不服从父母，挑战父母权威就应该教育。⑤"孩子是父母的私人财产"，打骂孩子是家务事，他人不能随意干涉。

（2）邻里、社区对家庭暴力的漠视。中国社会中普遍存在"清官难断家务事"的观念，当邻里发现家庭暴力后，一般认为与自己无关，进行劝解是"多管闲事"。部分热心居民想要进行劝解，又怕遭到暴戾的施暴者的报复，常常感到无能为力或者选择沉默。

（3）家庭与社区的隔离。许多存在家庭暴力的家庭，存在与社区隔离的情况。在社区附近没有亲戚、朋友，家庭成员很少与社区居民往来，发生暴力比较隐蔽，

---

① 马韵. 儿童虐待：一个不容忽视的全球性问题[J]. 青年研究，2003（4）.

受到暴力侵害的家庭成员缺乏求助的途径。

4. 相关法律对儿童虐待的防范和打击力度不够

《中华人民共和国未成年人保护法》仅对儿童家庭暴力作出禁止性规定；《中华人民共和国治安管理处罚法》仅对殴打、伤害未满十四周岁的人及虐待家庭成员，被家庭成员要求处理的情形规定了行政处罚；《中华人民共和国刑法》规定儿童虐待属于自诉案件，即"告诉的才处理"，只有当暴力造成儿童严重身体伤害构成故意伤害或虐待时才能适用。虽然刑法修正案九对此做了补充规定，但是基于"家丑不外扬"等传统观念影响，近家属主动告发的极少。2016年出台的《中华人民共和国反家庭暴力法》在实施中仍面临种种困难。法律的不完善导致执法的困难。2013年发生的贵州金沙县虐童案，女童长期遭受父亲的虐待，当地的基层村干部、学校、派出所都有介入，但是因为缺少相关法律支持，只能对其采用批评教育、讲道理说服等方式，但效果不佳。

五、家庭虐待的影响

世界卫生组织认为针对儿童的暴力行为，对某些儿童可能导致严重的终身健康后果。这些后果包括以下几方面。

伤害	内伤、头部损伤、骨折、烧伤
非传染性疾病	中风、糖尿病、癌症、慢性肺部疾病、心脏病、肥胖
传染病和风险行为	滥用酒精和药物、吸烟、缺乏身体活动、不安全性行为、艾滋病毒、性传播疾病、多个性伴侣
孕产妇和儿童健康	死亡（包括胎儿死亡）、意外和少女怀孕、妊娠并发症
精神健康问题	抑郁和焦虑、创伤后应激障碍、自杀、殴打

家庭暴力对儿童的生理、心理和行为表现都产生巨大的影响。在生理方面，使儿童身体疼痛、生长发育落后、伤残、健康状态不佳；在心理方面，使儿童产生负面的情绪体验，形成自卑、恐惧、无助等心理，造成无法治愈的心理创伤，导致人生观、价值观、世界观畸形发展；在行为表现方面，使部分儿童出现偏差行为，如

离家出走、厌恶学习、滥用毒品、暴力犯罪、自残甚至自杀等。结合各方对家庭虐待的研究，家庭虐待对学生的影响主要包括：

1. 生理方面

（1）身体健康状况差。遭受虐待学生的身体可能经常会出现淤青、伤口、经常性疼痛等情况，遭受忽视的学生还会出现拖延就医等情况，导致身体健康状况差。

（2）生长发育受影响。由于身体经常性受伤及处于较大的精神压力中，家庭暴力会使学生出现失眠、运动技能受损等情况，严重时甚至会影响学生的智力和身体发育。

2. 心理方面

（1）恐惧心理。经常挨打会使学生产生严重的恐惧心理，表现出软弱顺从，胆小怕事等。

（2）憎恨心理。学生在遭受家庭虐待时，会使他们产生怨恨、逆反憎恨等心理。

（3）自卑心理。遭受家庭虐待的学生的自尊心受到损害，产生自卑心理，容易自暴自弃。

（4）无助心理。遭受家庭虐待使学生感到孤立无援，对自己的评价较低，认为自己没有能力改变生活状况。

（5）情绪暴躁。父母情绪暴躁也会使学生性情暴躁，行为粗野，甚至形成攻击性人格，对别人施暴，难以与他人建立良好的人际关系。

（6）逃避心理。由于过错会挨打，为逃避惩罚，迫使学生违心说谎，以逃避惩罚，久而久之，形成了逃避心理。

（7）低自尊。经常遭受虐待使学生怀疑自身价值，形成低自尊。

遭受虐待会使学生在心理上产生多方面的不良影响，部分学生还会出现焦虑心理、睡眠不佳、注意力分散、敏感多疑等情况。

3. 行为方面

（1）增加儿童出现攻击行为的可能性。"暴力循环理论"，也称为暴力代际间传递，认为通过习得性的行为，暴力家庭中成年人的暴力直接被传递给下一代，由此形成一个暴力在家庭中不断循环再生。一个儿童处于暴力家庭环境中成长，若遭受或目睹了暴力,将倾向于成为容易诉诸暴力的成年人。

(2) 使儿童不善于控制和表达自己的情绪。在处理愤怒情绪时,较为容易采用暴力和攻击性行为,表现得没有耐心、容易发脾气,不易服从。

(3) 使儿童出现人际交往和社交方面的问题。遭受家庭虐待可能使儿童缺乏信赖感,害怕与人接触或与他人形成较为亲密的关系,从而影响儿童的人际关系。

(4) 使儿童学业表现不佳。由于受到家庭暴力及相关问题的困扰,容易使儿童无法专心学习,出现学习习惯不良,学习成绩较差的情况。

(5) 使儿童出现偏差行为。家庭暴力可能使儿童出现包括离家出走、厌恶学习、滥用毒品、暴力犯罪、自残甚至自杀等行为。有多项的研究表明,儿童遭受虐待使其自杀风险提升,在有自杀行为的成年人中,儿童期曾有受虐经历的显著高于对照组。

六、家庭虐待的介入

儿童面临暴力是一个世界性问题,2016 年 7 月 12 日世界卫生组织与合作伙伴们针对减少针对儿童的暴力行为推出了七项相互关联的策略。这七项策略包括:

(1) 落实和执行法律:如限制青少年获取枪支和其他武器的法律和对父母暴力惩罚儿童行为定罪的法律。

(2) 规范和价值观:改变关于性别角色的观念和行为。

(3) 安全的环境:瞄准暴力"热点"并改善建筑环境,例如改善住房条件等。

(4) 支持父母和照护者:如提供育儿培训。

(5) 改善收入和经济状况:包括小额信贷结合性别规范培训。

(6) 应对和支持服务:如面向少年犯的治疗方案。

(7) 教育和生活技能:例如建设安全的学校环境,并加强儿童的生活和社会技能培训。

在我国,依据《中华人民共和国反家庭暴力法》的相关要求,为了防止儿童在家庭中遭受到暴力和虐待,需要全社会各个部门在党和政府的领导下积极配合、共同努力,积极发挥自身作用。在面对家庭虐待和暴力时,各相关部门及人员应开展如下工作:

相关部门及人员	措施
1. 各级人民政府	1. 县级以上人民政府负责妇女儿童工作的机构，负责组织、协调、指导、督促有关部门做好反家庭暴力工作。 2. 县级以上人民政府有关部门、司法机关、人民团体、社会组织、居民委员会、村民委员会、企业事业单位，依照《反家庭暴力法》规定，做好反家庭暴力工作。 3. 各级人民政府应当对反家庭暴力工作给予必要的经费保障
2. 庇护场所	1. 依法为受害人提供临时庇护救助服务，保障受害人人身安全，维护其合法权益。 2. 为受害人提供救助方案，鼓励受害人自主选择。 3. 积极协调各部门，根据受害人需要做好转介工作
3. 公安机关	1. 接到家庭暴力报案后应当及时出警，制止家庭暴力。 2. 按照有关规定调查取证，协助受害人就医、鉴定伤情。 3. 无民事行为能力人、限制民事行为能力人因家庭暴力身体受到严重伤害、面临人身安全威胁或者处于无人照料等危险状态的，公安机关应当通知并协助民政部门将其安置到临时庇护场所、救助管理机构或者福利机构
4. 人民法院	审理涉及家庭暴力的案件，可以根据公安机关出警记录、告诫书、伤情鉴定意见等证据，认定家庭暴力事实
5. 医疗机构	1. 为遭受家庭暴力的受害者提供及时的医疗服务。 2. 做好家庭暴力受害人的诊疗记录
6. 用人单位	发现本单位人员有家庭暴力情况的，应当给予批评教育，并做好家庭矛盾的调解、化解工作
7. 工会、共产主义青年团、妇女联合会、残疾人联合会	1. 在各自工作范围内，组织开展家庭美德和反家庭暴力宣传教育。 2. 做好家暴受害者的维权和帮扶工作
8. 人民调解组织	依法调解家庭纠纷，预防和减少家庭暴力的发生
9. 法律援助机构	依法为家庭暴力受害人提供法律援助
10. 社工机构及儿童保护相关社会组织	1. 在全社会广泛进行开展家庭美德和反家庭暴力宣传。 2. 充分整合社会资源为家庭提供心理健康咨询、家庭关系指导、家务支持、养育支持等服务。 3. 针对发生家庭暴力的人提供咨询、支持、保护等服务
11. 学校及教师	1. 针对家长开展如下工作： （1）做好家庭美德和反家庭暴力教育。 （2）提供子女教育支持

续表

相关部门及人员	措施
11. 学校及教师	2. 对儿童开展下列教育： （1）身体自主权。 （2）正常和非正常触摸的区别。 （3）如何识别有虐待的情况。 （4）如何说"不"。 （5）如何对所信任的成年人透露受虐待情况。① 3. 积极关注学生的身心健康，发现虐待情况及时制止并报告相关部门
12. 家长自身	1. 提升反家庭暴力意识，主动学习相关法律知识。 2. 提升自身问题处理及子女管教的能力，以文明的方式进行家庭教育，依法履行监护和教育职责
13. 邻里	1. 关心社区邻里，发现家庭暴力及时制止并报告给相关部门。 2. 协助相关调查取证工作，积极协助受害人维权
14. 社区	1. 构建家庭和睦、邻里和谐社区。 2. 建立儿童友好型社区
15. 广播、电视、报刊、网络等媒体	广泛开展家庭美德和反家庭暴力宣传

受到虐待儿童面临着多方面的问题，需要全社会多个部门积极的配合和努力，针对受虐儿童，学校社会工作者需要建立起儿童的社会支持系统，运用个案管理的模式为其提供服务。具体提供的服务包括：

（一）建立受虐儿童的社会支持系统

社会支持包括客观支持和主观支持。客观支持是实际提供给服务对象的支持。上表中各职能部门为家庭暴力受虐学生提供的服务大部分就属于客观支持。学校社会工作者应熟悉上表中各个职能部门对于家庭暴力受虐儿童提供的服务内容及服务流程，积极与相关部门建立良好的合作关系。主观支持是服务对象感受到的支持，这类支持主要来源于服务对象的亲友、邻里、同学、老师以及社工。主观支持有时候比客观支持更加地重要，所以社会工作者应协助受虐学生建立良好的社会关系，

---

① 世界卫生组织官方网站。

形成与受虐学生支持者的有效互动模式。主观感受到的支持有时候还取决于服务对象社会支持的利用程度。只有真正发挥了支持系统的功效才能够充分的调动各方资源防止学生遭受家庭暴力。

（二）对高风险家庭和学生进行筛查

暴力的发生具有循环性，一旦暴力发生后，施暴者没有受到阻止或惩罚，就会进入到下一个循环中，且每次循环的时间和手段，虐待暴力程度也有可能会加剧。发生在家庭中的暴力具有隐蔽性，常常不容易被外界察觉。所以在家庭暴力发生的早期干预显得非常的重要。学校社会工作者应通过面谈、家访、座谈会等形式对具有高风险的儿童及其家庭进行筛查，及早地发现受虐待儿童，及早地进行介入。具有高风险的家庭和儿童可以通过产生家庭暴力的原因中的相关因素进行评估，也可以参考世界卫生组织导致虐待儿童的危险因素，进行相关评估。世界卫生组织提出虽然现已明确了若干导致虐待儿童的危险因素。但并非在所有社会文化背景下都存在这些危险因素，在试图了解虐待儿童问题产生的原因时，以下内容可提供整体概貌。

1. 儿童

必须强调的是，儿童是虐待受害者，这绝不是他们的过错。儿童自身的一些特点会增加受虐待的可能性：

（1）未满四岁的儿童或者青少年。

（2）家中不得宠或未满足父母的期望。

（3）有特殊需要、爱哭闹或有异常身体特征。

2. 父母或照护者

父母或照护者本人的一些特点会增加虐待儿童的危险，其中包括：

（1）很难与新生儿建立亲密关系。

（2）不养育孩子。

（3）小时候曾受过虐待。

（4）对儿童发育缺乏认识或有不切实际的期望。

（5）酗酒或滥用药物，包括妊娠期间。

（6）参与犯罪活动。

（7）经济困难。

3. 关系

家人或亲密伙伴、朋友和同龄人之间关系上的一些特点会增加虐待儿童的危险，其中包括：

（1）家庭某一成员有身体、发育或心理健康问题。

（2）家庭破裂或与其他家庭成员之间有暴力行为。

（3）孤独无助或缺少社会支持网络。

（4）大家庭对养育子女的支持中断。

4. 社区和社会因素

社区和社会的一些特点会增加虐待儿童的危险，其中包括：

（1）男女不平等和社会不平等现象。

（2）缺失可用以支持家庭或公共机构的适足住房或相关服务。

（3）失业率或贫困率很高。

（4）容易获得酒精和药物。

（5）未实施防止虐待儿童、儿童色情制品、儿童卖淫和童工现象的有关政策和规划。

（6）社会和文化规范宣扬或鼓吹对他人的暴力行为，支持使用体罚，要求僵化的性别角色分工或削弱子女在亲子关系中的地位。

（7）社会、经济、卫生和教育政策导致生活水平低或社会经济不平等或不稳定。[①]

（三）运用个案管理的方法，为受虐学生提供专业服务

个案管理模式是20世纪七八十年代开始在美国社会工作界推广的一种个案社会工作模式。主要适用于服务对象受多种问题的困扰，需要各种类型的专业社会工作者帮助的情况。个案管理人员的角色包括经纪人、促进者、联系人、调停人以及呼

[①] 资料来源：摘录自世界卫生组织网站。http://www.who.int/mediacentre/factsheets/fs150/zh/。

呼者等角色。

受到家庭虐待的学生面临诸多的困难和问题，需要社会工作者运用个案管理的方法协调相关部门和人员共同为学生提供相应服务。服务步骤包括：

1. 发现案主

家庭虐待具有较强的隐蔽性，社会工作者可以通过多与高危学生接触，建立师生转介系统等方式，发现潜在的案主。

2. 进行服务预估及收集资料

当社会工作者通过与学生的接触或其他人转介后，发现学生身上有伤痕或其他怀疑是受到虐待的情况时，应该向学生、同学、任课老师及家长了解是意外受伤还是蓄意为之。不管学生或家长对此有何说辞，学校社工都应该谨慎的对待学生受伤的情况，并持续关注学生的情况，对于家庭虐待的敏感和对学生的关爱是收集资料并进行预估的关键。

3. 拟定服务计划

受虐学生面临的问题是多方面的复杂的，学校社工运用个案管理的方法在拟定服务计划时，应征集相关各方的意见和建议。家庭虐待涉及学生的生命安全、学校责任和相关的法律问题等。社工在拟定服务计划时应征求各方的意见，积极的争取相关各方的参与。

4. 提供服务

明确学生是遭受到家庭暴力后，社工需要根据伤害的严重程度提供以下的服务：

（1）受虐者的普法教育。

（2）受虐者管教孩子的支持服务。

（3）学生的自我保护教育。

（4）告知受虐者相关亲友、邻里、老师要求其对受虐者进行保护。

（5）通知妇联、社区居委会、人民调解组织、公安机关等相关部门介入。

（6）协助相关部门将受虐学生带离家庭，进行妥善的安置。

（7）协调相关资源为受虐学生及家庭提供心理辅导及其他支持服务。

（四）家庭暴力的预防及社会倡导

为了防止家庭暴力的发生，学校社会工作者应针对家庭、学校和社区积极开展反家庭暴力相关法律和知识。

1. 家庭服务

针对学生的家庭成员社工可以采用发放宣传资料、讲座、培训、小组、活动等形式开展反家庭暴力法律知识、子女教育、儿童发展知识、亲子互动、情绪控制、施暴行为矫正等主题的活动。增强家长的法律意识，提升家长情绪控制和子女管教的能力。对于面临就业困难、经济困难和其他困难的家长，学校社工可以为其提供社会援助相应的咨询服务，也可以将其转介给社区社工或其他救助组织和部门。

2. 学校服务

在学校，社工可以针对不同的对象开展以下的服务：

（1）针对全体学生，开展家庭暴力识别，家庭暴力法律知识，家庭暴力发生时的自我保护等主题的服务，增强学生权利义务意识及自我保护意识。

（2）针对高危风险的学生，开展面临家庭暴力时的自我保护、与家长互动沟通技巧、如何寻求帮助、反家庭暴力服务资讯等主题的服务，提升学生面对暴力事件的能力。

（3）针对学校教师开展关于如何识别遭受暴力的学生、如何为遭受家庭暴力的学生提供服务等相关知识的宣传和培训。

3. 社会服务

（1）积极配合相关部门在学校所在的社区开展反家庭暴力法律知识宣传。

（2）为学生所在的社区开展反家庭暴力知识讲座，提升社区居民反家庭暴力的意识。

（3）积极协助相关部门和组织在学校开展反家庭暴力主题活动。

【实务操作】

"任务情境"中展现了一名受到家庭虐待的学生的案例，通过案例我们可以了解到学生受到虐待后可能出现的各种反应，学生遭受家庭虐待的原因以及学生面临的困境。

在发现遭受到虐待的学生后，以"保护生命"为第一原则，学校社工首先应该评估学生受到虐待的程度和安全的问题，确定是否需要紧急介入。然后再根据服务对象面临的具体困难和问题整合各方面的资源为学生提供专业服务。针对案例中小丽的情况，学校社会工作者开展了如下的服务：

社工首先约谈小丽，了解小丽受到母亲虐待的相关事实，根据母亲殴打小丽的频次、程度和使用的工具，评估小丽与母亲继续居住的安全性。社工约谈后发现小丽的母亲殴打小丽的频率较高，每周都有2~3次，但是程度不重，一般是用手打或掐，没有使用其他的工具。所以社工判断小丽与母亲居住没有生命安全。社工还在约谈中了解了小丽与母亲的互动形式，小丽是一个倔强的孩子，有时候母亲骂的时候会还嘴，做错了事也从来不承认错误，偶尔还会说要离开母亲与父亲住这样的言语来刺激母亲。对此，社工对小丽进行了辅导，教授其与母亲相处的技巧，特别是当母亲发怒时，如何保护自己。告诉小丽当母亲发怒时自己要保持冷静，不要再用言语或行为去激怒母亲，如果母亲殴打自己要首先保护好自己的头、脸、颈和腹部。遇到危急的情况要大声地求救，让邻居来帮助自己。如果情况比较紧急还要找机会离开现场，找祖父母、社工或派出所警察帮助自己。

在与小丽约谈后，社工又电话联系了小丽的母亲，小丽的母亲告诉社工自己工作很忙，最近都没有时间。社工告知小丽母亲她的这些行为已经是对小丽实行家庭暴力，违反了国家的《反家庭暴力法》。小丽母亲知道事态的严重性，答应下午请假半天来学校。

来到学校社工办公室，小丽的母亲显得有点紧张，社工给小丽母亲倒了一杯水后先了解了母亲现在的工作和生活情况。在说到自己现在的境况时，小丽母亲伤心落泪。小丽母亲与父亲是在外地打工时认识的，他们是一个单位的同事，相识不久后便有了小丽。为了与小丽父亲结婚，自己不顾父母的反对，背井离乡来到这个城市。生育小丽时自己大出血，割了子宫，不仅失去了生育能力，还使自己的身体状况一直不好，所以没有再外出工作。丈夫和家人都希望再要一个儿子，但是自己已无生育能力，因此与丈夫及其家人有诸多矛盾。后来丈夫独自外出工作，夫妻之间感情也越来越差。去年丈夫在外面认识了其他人，绝情地与自己离了婚，自己搬出了婆家，在外租房。因为结婚时不顾家中父母的劝告落到现在的下场，自己也不敢把事情告诉家里人。面对沉重的生活负担，自己开始工作，但是自己已经有很多年没有工作了，加之身体状况不好，做起事来总是不如其他同事，常常被主管斥责。小丽母亲现在工作的工资很低，面对房租和小丽的学费和生活费，她感觉压力很大。小丽母亲说自己想到了死，但是又放不下小丽，小丽现在是自己唯一的寄托。说到殴打小丽的原因，她表示自己是爱小丽的。但是每次看到小丽就让自己想起她忘恩负义的父亲，就容易生气。而每次看到小丽学习不好就怕小丽未来没有出息，走上与自己一样的道路，所以想要通过"教育"使她积极上进。特别是每次小丽表现出对自己的厌恶，说要离开自己去和父亲生活时，自己就会崩溃。她知道小丽的父亲是骗小丽的，如果他要是真心对孩子好，又怎么会如此坚决的离婚，离婚后1年多从来没有看过孩子，甚至连生活费都不准时给。

　　社工耐心地倾听小丽母亲的诉说，给予同感和支持，并协助其母亲梳理出目前面临的三个方面的问题：① 经济压力的问题。② 小丽的教育问题。③ 支持系统的问题。

　　在第一次面谈后，社工和小丽母亲达成了停止使用暴力手段伤害小丽的协议。社工告知小丽母亲，自己会协助她一起解决以上三个方面的问题，但是问题的解决需要一定的时间，问题的改变是循序渐进的，但是她首先需要做的是停止对小丽的殴打和言语辱骂。小丽母亲接受了社工的意见。之后社工通过与小丽母亲多次的面谈和邀请其参与活动，协助小丽母亲解决了以上三个方面的问题。社工提供的服务具体包括：

问题	提供服务
1. 经济压力的问题	1. 社工协助小丽的母亲去所在的社区居委会了解了相关的补助和经济适用房的申请信息。根据小丽母亲的情况可以申请经济适用房，经济适用房申请后，社工又通过社区组织的途径协助小丽母亲获得了一些捐赠的家具，缓解了小丽家住房压力。 　　2. 社工协助小丽母亲申请到社区的公益性就业岗位，公益性岗位工作时间不长，收入虽然比超市工资低一些，但是除去交通费和在外就餐的费用，收入也相差不大。公益岗位有如下的优势：第一，小丽母亲的身体状况不好，公益性岗位的工作压力她能够承受。第二，公益性岗位的工作时间更短，小丽母亲能够有更多的时间照顾家庭。第三，公益性岗位可以作为她工作的一个过渡，待小丽中学住校后或有更好的工作岗位后她再做下一步的打算。

续表

问题	提供服务
1. 经济压力的问题	3. 鼓励小丽母亲重新与自己的家人以及丈夫的家人建立起联系,在自己遇到突发困难时家人可以给予自己协助
2. 小丽的教育问题	1. 社工邀请小丽母亲参加了情绪控制的培训活动,学习了情绪控制的方法,还通过个案辅导服务,协助小丽母亲在日常生活中关注自己的情绪,运用一些方法控制自己的情绪。 2. 社工邀请小丽母亲参加子女教育能力提升小组,通过小组她不仅了解到孩子成长期的特征表现,学习到教育子女的有效方法,还与社区里的其他家长建立了较好的关系。 3. 社工对小丽进行了辅导,帮助其面对父母离异的事实,处理母亲家暴带来的心理创伤,并一起解决与母亲在互动中的问题。 4. 社工协助小丽在学校找了一名成绩好的同学做为学习的搭档,协助小丽培养良好的学习习惯,提升其学习成绩。 5. 社工联系了社区的四点半学校,小丽放学后可以先去四点半学校完成家庭作业,等母亲下班后一起回家。四点半学校里有大学生志愿者可以给小丽进行课业辅导。 6. 社工邀请小丽参加了学校开展的人际交往的小组,提升其人际交往的能力,让她通过小组活动交到了知心的朋友。 7. 社工邀请小丽和其母亲参加了亲子沟通平行小组,通过小组活动母女都学到了很多沟通的技巧,也加深了彼此的理解
3. 支持系统的问题	1. 社工联系了一个提供公益服务的心理咨询机构,为小丽母亲做了心理疏导,帮助其从离婚的阴影中走出来。 2. 社工鼓励小丽母亲重新与自己的家人建立起联系,当小丽母亲将自己的情况告诉家中父母时,出乎她的意料,父母并没有对她进行冷嘲热讽,而是对她现在的情况表示非常的关心。建议她带着孩子回家生活。对此,小丽母亲考虑到小孩的读书问题,她决定等孩子上完小学后再做打算。 3. 社工通过个案辅导使小丽母亲愿意让小丽与其祖父母等亲属往来。小丽的祖父母也提议在她工作的中午,小丽去自己家里吃饭,也不要其支付生活费。他们也会督促儿子每个月及时寄回孩子的生活费。至于孩子的其他费用也可以在需要时商议

经过了近一年的服务,现在小丽母女的关系已得到了缓和,母亲再也没有殴打小丽。小丽的母亲对工作和生活状态都比较适应,很快小丽升入了小学六年级,小丽母亲正和家人积极联系小丽的转学事宜,准备等小丽小学毕业就回老家就读。小丽成绩也有了提升,她希望通过自己的努力可以在转学的时候更加的容易。小丽母

亲与前夫及其家人关系得到了缓和，前夫及其家人表示支持其为孩子转学，也会持续的支付孩子的抚养费，直到孩子就业为止。

本个案中出现的虐待学生的情况，虐待发生的时间不长，主要的原因是家长遭遇到家庭的变故，经济、生活、精神压力较大，加之不懂得如何进行孩子的教育所以出现了虐待和忽视孩子的情况。案主对于改变具有积极的动力，对社工的服务非常配合，加之本身具有较好的支持系统，所以社工首先通过整合社会资源给予案主协助，如：廉租房、公益就业岗位、心理咨询支持、四点半学校等，给予了案主经济支持和子女教育支持。但是案主问题的根本性解决还是需要发挥其自身资源，才能够提供持续性稳定的帮助。社工通过辅导案主调整心态，与自己的父母及前夫家庭重新建立起良好的关系后，才出现了对案主家庭状况有根本性改变的可能性，也带给案主更多的生活期盼。当案主一年后回到自己父母家中，在家庭成员的支持下，生活状况应该能够得到根本性的改变。展望未来，小丽及其母亲还将面临生活中很多的挑战，自身能力的发展才能增强她们对抗逆境的能力，所以学校社工通过邀请小丽及其母亲参加教育小组、沟通小组、社交小组等使她们能够从中提升自己的能力，勇敢地面对未来生活。

小丽家庭是比较幸运的，因为她们还有较好的支持系统，小丽母亲对于孩子还有深深的爱，家庭成员都有为了更好的生活改变自己的意愿。而有的虐待子女的家长却非常的残忍冷酷。面对这类家长时，社工首先要保护受虐者和自身的安全，积极地寻求社会各界的支持。儿童虐待问题是一个全球性的问题，虐待儿童在人类历史上也出现了较长的时期，现在家庭暴力得到了社会各界越来越多的关注，《反家庭暴力法》的出台是对受暴者的强有力的法律支持，相信在社会各界的共同努力下，家庭暴力将能够得到很好的控制，家庭将成为每一个家庭成员避风的港湾。

任务三 留守家庭学生与介入策略

【任务情境】

小陈是小学六年级的学生，他的成绩在班上本来是中等水平，但是升入小学六年级后的这学期开始,他学习方面出现了很大的变化。在课堂上他很少抬头看黑板,也不主动回答老师的提问,而是自顾自地玩着父母给他新买的手机或是翻看课外书籍,有时候还找身边的同学说话,由于他长得比较高,被安排坐在教室靠后的位置,离讲台比较远,所以他在课上说起话来肆无忌惮,甚至扰乱老师的教学。班主任找他谈话时,他认错的态度较好,但是没有实际的行动。学校每半学期都会开一次家长会,小陈的父母由于在外打工,从来都没有参与过。小陈与爷爷奶奶一起住,爷爷奶奶年纪比较大,表示自己开了会也不懂,所以也没有参加过。鉴于小陈最近学习方面出现的问题,学校社工决定去小陈家里进行家访。

　　来到小陈家里,社工向小陈的爷爷奶奶了解了相关的情况。小陈的父母在小陈小学二年级的时候就外出在广东的一家工厂打工,父母二人的工作虽然辛苦,但是也省吃俭用地存了一笔钱,前两年回到老家盖了两层楼的新房。他们每天要上10多个小时的班,而且工作三班倒,所以很少与家里联系。每到过年过节,厂里比平时还忙,为了挣更多的加班费,他们好几年过年也没有回家。每年寒暑假也由于父母都是住员工宿舍,生活不方便,所以也从来没有接小陈过去过。但是父母对于小陈还是很疼爱的,每个月都会定期地给孩子寄生活费回来,最近为了与孩子多点联系,还给小陈买了一部智能手机。社工告知他们最近小陈学习状态不好,小陈的爷爷奶奶告诉社工,学习方面他们也不懂,只有孩子自己管自己,没有父母在身边关心的孩子也是可怜,说到这里小陈奶奶还不禁流下了眼泪。对于孩子的学习,爷爷奶奶告诉社工,小陈的父母也都没什么文化,现在打工家庭生活也还过得去。对于小陈的学习,小陈父母不怎么关心,而且去年过年父母回来后商量在小陈小学毕业后就和他们一起去广东,想办法把孩子的年龄改大一点,然后让他也进厂工作。他们认为,反正读多少书都是要工作的,还不如现在早点去工作,一方面可以早挣钱,另一方面一家人也可以早点团聚。虽然他们周围的人都说孩子还是要读书以后才有用,但是小陈爷爷奶奶也无法干涉小陈父母的决定,而且两位老人的身体状况也越来越差,在照顾小陈洗衣做饭方面也明显感觉非常吃力。

　　了解了小陈家庭的情况后,社工又与小陈进行了面谈,面谈中社工了解到小陈对于是否继续学习充满矛盾,一方面他不愿意离开自己的同学去一个陌生又遥远的地方,所以也想继续读书;另一方面他又非常的渴望自己能过上与父母一起的新生活。现在自己与爷爷奶奶一起生活，他们唠唠叨叨，非常节约，父母给了生活费，他们却只给很少的零花钱，他们坚持吃素，做的饭菜也特别难吃。对于未来要和父母一起生活，他又表现出对未来种种的担忧，比如父亲的脾气比较暴躁，有时候很久不见，过年回家也会因为一些"小事"打自己。还有如果去工作，自己能不能胜任等。最近自己学习不认真，一是因为想到反正都要去工作了，所以没有继续学习的兴趣。二是因为新买的手机有很多好玩的游戏，自己总是控制不住自己想要玩手机。三是因为自己坐在最后根本看不清楚黑板，他怀疑自己可能近视了，告诉爷爷奶奶，他们又因为心疼钱不愿意带自己去做检查，配眼镜。

阅读上述案例，请回答：小陈现在面临哪些方面的需求？学校社会工作者可以为小陈同学提供什么服务？

【任务要求】

- 了解留守学生的基本知识。
- 能够运用社会工作方法为留守学生提供服务。

【必备知识】

2015 年 6 月 9 日晚，贵州省毕节市七星关区田坎乡的 4 名留守儿童在家中服毒自杀。这四名儿童是一兄三妹，最大的哥哥 13 岁，最小的妹妹才 5 岁。在村民们的描述里，4 兄妹基本不出门，不仅不跟村里的大人打交道，也不跟村里同龄的孩子一起玩耍。孩子们的母亲在 2014 年 3 月外出，去向不明，父亲今年 3 月外出打工。该事件的发生使留守儿童的照顾问题再一次呈现于社会大众的视野下，引起了社会巨大的反响。留守儿童问题是我国在社会发展和转型中的城乡二元分割，地区发展的不平衡的缩影。进城务工农民很难将子女带在身边，由此产生了大量的留守儿童。但是，我国曾在较长一段时间中在政府管理体制中存在关于留守儿童的空档，没有一个行政部门负责留守儿童事务。2016 年 2 月，国务院发布《关于加强农村留守儿童关爱工作的意见》，第一次从顶层提出了全面系统的解决方案。规定了民政部门负责留守儿童事务，并规定了具体的政策，是我国留守儿童政策发展的里程碑。

2016 年 3 月，民政部、教育部、公安部印发通知，在全国范围内组织开展农村留守儿童摸底排查工作。根据此次排查的通报，全国共摸底排查出农村留守儿童902万人，其中由（外）祖父母监护的805万人，占89.3%；由亲戚朋友监护的30万人，占3.3%；无人监护的36万人，占4%；一方外出务工另一方无监护能力的31万人，占3.4%。另外，近32万由（外）祖父母或亲朋监护的农村留守儿童监护情况较差。少数农村留守儿童辍学或尚未登记户口。从区域分布看，主要集中在中西部地区，70万人以上的有江西、四川、贵州、安徽、河南、湖南和湖北等省，占全国总数的67.7%。从年龄结构看，0～5周岁、6（含）～13周岁、14（含）～16周岁的农村留守儿童分别为250万人、559万人和92万人，各占27.8%、62.0%和10.2%。

在留守儿童中有很大一部分处于学龄期，留守给儿童带来身体、心理、生活、学习等多方面的困难，留守儿童需要全社会的关爱。

一、留守儿童的概念

留守儿童并非是中国独有的现象，在很多的国家和地区都存在。国际上对于留守儿童没有一个明确的定义。一般认为儿童的父/母一方或双方迁移到其他地方，儿童被留在一个大家庭中或者单独生活，就可以认为是留守儿童。

《国务院关于加强农村留守儿童关爱保护工作的意见》对于农村留守儿童的定义是：父母双方外出务工或一方外出务工另一方无监护能力，无法与父母正常共同生活的不满十六周岁农村户籍未成年人。

除了农村留守儿童外，由于地区间的发展不平衡等各方面原因，也存在着居住在城市的留守儿童。

二、留守儿童面临的问题

根据中国科学心理研究所2009年对中国留守儿童研究述评，发现我国学者对留守儿童的研究主要集中在以下几个方面：

（1）心理健康方面。（2）自我意识方面。（3）情绪和社会支持方面。（4）社会行为方面。（5）人格方面。（6）学业与校园关系方面。（7）家庭与生活方面。[①]

---

① 罗静，王薇，高文斌. 中国留守儿童研究述评[J]. 心理科学发展，2009，17（5）.

从以上的研究内容中我们可以发现留守儿童面临着多个方面的困难和问题。具体来说主要包括以下几个方面：

1. 营养与健康问题

父母外出后，常常是将孩子交由祖父母或其他亲属进行照顾，有的甚至是让孩子独自居住，在这种情况下留守儿童面临着营养和健康的风险。主要表现为：

（1）交由祖父母或其他亲属进行照顾的留守儿童，由于照顾者缺乏营养、健康的常识或出于经济方面的考虑，不能为其提供足够的营养食品。

（2）独自居住的子女由于缺乏自我管理、自我照顾的能力，不能获得足够的营养。有的独自居住的留守儿童由于缺乏生活费管理的能力，出现有钱高消费，无钱饿肚子的情况。

（3）留守儿童生病需要就医时可能存在延误就医或缺乏照顾的情况，影响其健康。

2. 学业问题

在学习方面，由于缺乏父母的约束和指导，部分留守儿童出现学习困难的情况。主要表现在以下几个方面：

（1）照顾者缺乏辅导孩子学习的能力。留守儿童的照顾者特别是由祖父母照顾的，由于祖父母自身文化水平的限制，缺乏辅导孩子学习的能力。

（2）照顾者缺乏辅导孩子的精力和方法。留守儿童的照顾者，可能缺少管束儿童的精力、缺乏孩子管教的方式方法。面对孩子不完成作业或学习状态不理想时，有的过于溺爱，有的粗暴对待，不能够很好地督促孩子的学习。

（3）留守带来的消极情绪，也可能使留守儿童对学习失去兴趣。有研究发现留守儿童对自己学习成绩的满意程度较低，并进而导致较高的消极情绪，因此，提高留守儿童对自己成绩的满意度，有利于减轻留守儿童的消极情绪，而提高对学习成绩的满意度的基本方式，就是要减轻留守儿童的心理压力。①

3. 心理与性格问题

留守儿童缺乏与父母情感交流的机会，也缺乏通过父母言传身教来学习的机会，

---

① 李亦菲. 拨开留守儿童心灵的"迷雾"——中国留守儿童心灵状况白皮书（2015）[N]. 光明日报，2015-07-04.

这都会对留守儿童的心理和性格产生较大的影响。在留守的过程中，留守儿童可能体验到学习焦虑、自责倾向、孤独、安全感、神经质、掩饰、内向、不稳定、烦躁、悲观疑虑、过敏倾向等负面情绪体验。国内首部留守儿童心理状况白皮书显示，与父母见面的次数会影响到孩子的心理状况，一年内与父母见面次数越少，儿童的愉悦度越低，有一半以上的农村儿童每年与父母见面的次数少于 5 次，导致留守儿童的烦躁度提高，愉悦度降低，表现为伤心、害怕、紧张、忧愁、心烦意乱等消极情绪。该报告还测算出全国每年与父母联系次数少于 3~4 次的儿童，在总数上达到惊人的 1 518 万，有 921 万孩子甚至一年都没见过父母。这些一年没有与父母联系的孩子表现为寂寞、孤独、无聊、迷茫、缺乏信心等。[①]

4. 行为问题

由于缺乏父母的关爱与管束，在照顾者的照顾忽视或是过分溺爱的情况下，一些留守儿童出现偏差行为，由于缺乏对偏差行为的矫正，一些留守儿童甚至走上违法犯罪的道路。

5. 安全问题

留守儿童由于缺乏父母的保护，祖父母或其他的照顾者精力不足，使他们面临较大的安全风险。据 2014 年的调查数据显示，49.2%的留守儿童在过去一年中遭遇到不同程度的伤害。2013—2014 年，媒体曝光的女童性侵案件高达 192 起，其中留守女童受侵害案件占 55.2%。[②]除了针对留守儿童的犯罪行为外，由于缺乏安全教育和保护，每年留守儿童遭遇溺水、交通事故的情况也是层出不穷。

三、学校社工的介入途径

学校社会工作者对于留守学生的介入可以分别从宏观、中观和微观不同的层次提供相应的服务。

[①] 李亦菲. 拨开留守儿童心灵的"迷雾"——中国留守儿童心灵状况白皮书（2015）[N]. 光明日报，2015-07-04.

[②] 南方周末. 在一起——中国留守儿童报告[M]. 北京：中信出版社，2016.

1. 宏观层面

在宏观层面，学校社会工作者重点关注留守学生相关的社会制度、政策、社会舆论氛围等方面。学校社工积极发挥倡导者的角色，积极参与到针对留守儿童相关的社会立法、社会政策制定及社会舆论宣传等方面。关注外出务工人员的社会福利，协助留守儿童争取到更多的社会关注和支持，通过改善宏观环境来改善留守学生所面临的社会环境。

2. 中观层面

在中观层面，学校社会工作者关注留守学生所生活的社区和能够为其提供服务的社会组织。由于大部分的留守学生都生活农村和经济相对比较落后的地区，在社区层面应该充分发挥基层组织如村委会、基层党组织的作用，积极的关心留守学生的生活状况。在农村地区，有些地方则是一个大家族生活在一起，邻里关系比较融洽，要充分运用农村居民守望相助的传统，给予留守学生更多的关注。在留守学生较多的地区，还可以组织社会公益性组织或大学生志愿者有计划地开展留守学生的帮扶工作，从学业、心理、情感等方面给予留守儿童帮助。学校社工还可以运用小组工作的方法，组织留守学生成立互助小组，共同学习、相互帮助、一起成长。

3. 微观层面

在微观层面，学校社会工作者关注每一个留守学生及其家庭。学校社工可以运用个案、小组等方法和手段，协助留守学生适应留守生活，解决遇到的学习、情感、交流等方面的问题，也可以协助留守学生的主要照顾者提升学生的照顾和教育能力，使其能够为留守学生营造一个良好的成长环境。协助留守学生家长做好职业规划，增加与孩子的沟通及交流，促进外出务工的家长给予孩子经济、情感支持。

【实务操作】

"任务情境"中小陈是一名留守儿童，他与我国902万农村留守儿童一样都面临着多个方面的问题，需要学校社工的关怀的帮助。针对小陈同学的情况，学校社工确定了如下的服务目标：

（1）向小陈父母及监护人普及九年义务教育及用工相关的法律知识，使其改变对小陈接受教育的错误认知。

（2）协助小陈解决学习中遇到的困难，提升学习成绩。

（3）协助小陈解决因留守而产生的生活、情绪等方面问题，建立支持系统。

学校社工从小陈的父母、小陈的爷爷奶奶、小陈本人及学校四个方面入手，采用个案、小组等方法，为其提供如下的服务：

服务对象	服务内容
1. 小陈的父母	1. 社工电话联系小陈的父母，了解其对于小陈学业相关想法，向其父母普及我国的基本教育制度和用工制度。让其明白他们计划让小陈读完小学就去工作的想法是违背我国相关的法律制度的。通过社工的沟通，其父母放弃该想法，表示只要小陈能够继续读书，不管是初中、高中和大学，他们都愿意供养。 2. 社工通过电话对小陈父母关于亲职责任的履行进行辅导。让他们明白对于孩子的关爱不仅仅是用金钱，也应该有亲情关怀。现在的网络技术很发达，可以通过视频聊天的方式多与孩子沟通，父母工作挣钱也是为了孩子有个好的生活，但是如果为了挣钱而忽视了孩子的教育，是得不偿失的。小陈的父母经过社工的辅导，也表示自己会考虑以后多点时间与孩子联系，也会想办法在节日或寒暑假的时候多与孩子团聚。
2. 小陈的爷爷奶奶	社工对爷爷奶奶作为监护人的责任和如何更好地履行小陈的管教任务进行了教育和协助。 1. 孩子的营养和健康方面。社工告知其爷爷奶奶小学六年级学生的生理发展特征，这个阶段正是孩子长身体的时候，应该加强营养，而不是让孩子和他们一样每天吃素，这样会影响孩子的身体发育。小陈的学业问题，可能受孩子的视力的影响，建议其与小陈的父母商量后带小陈去视力矫正中心检测，看是否要佩戴眼镜或者进行相关的视力矫正，同时要监督小陈不要过度的沉迷于手机游戏。 2. 孩子的生活习惯养成方面。社工告知其爷爷奶奶，不能一味地溺爱孩子，应该适度让孩子参与家务劳动，发现孩子有不良的生活习惯也应该及时进行纠正。 3. 孩子的教育方面。社工告知其爷爷奶奶，孩子在这个年龄阶段自我约束的能力可能较弱，在孩子的学习方面他们也需要进行监督，并教授他们一些有效的方法。爷爷奶奶表示他们之后会进行学业监督，同时还协商了住在附近的小陈的姑姑协助进行孩子的学业监督

续表

服务对象	服务内容
3. 小陈本人	1. 社工首先对小陈的学业方面进行了辅导。经过与小陈父母的沟通后,已打消其小学毕业后就业的想法。社工进一步协助小陈规划未来的学业发展并分析利弊,帮他分析如果他初中毕业后就业、高中或中职毕业后就业、大学毕业后就业可能面临的职业选择和发展,鼓励小陈努力学习。 2. 针对小陈近期遇到的学业方面的障碍,协助其进行解决。协调班主任调整小陈的座位,使其能够看清楚黑板。协调小陈的家人带小陈去视力矫正中心检测,并配了一副眼镜。要求小陈将手机在上学期间交由爷爷奶奶保管,使其不再沉迷于手机游戏。与小陈的姑姑面谈,促使姑姑能够为小陈补习功课。为小陈联系了成绩好的同学,组成互帮互助小组。 3. 针对小陈感受到亲情缺失带来的消极情绪。社工首先对其进行了情绪疏导,建议小陈用写日记的方式,抒发自己对父母的思念。对小陈父母进行了亲职教育,使他们转变思想,加强与子女的联系。鼓励小陈积极地与临近的姑姑和其他亲属联系,从他们那里获得更多的支持
4. 学校	1. 开展留守学生成长小组。针对学校有较多留守学生的情况,社工开展了留守学生的成长小组,通过小组帮助学生学习如何自我管理,如何与父母建立良好的互动关系。 2. 开展留守学生监护人教育小组。运用小组工作的方法帮助学校留守学生的监护人学习学生的成长、教育方面的知识,搭建互助平台,使学生监护人能够相互支持和帮助。 3. 成立学生关爱小组。组织学校的部分老师和部分学生家长,成立学生关爱小组,定期开展针对留守学生的家庭走访和关爱活动,关心留守学生的成长

【课堂练习】

一、多项选择题(每题的备选项中,有1个及以上符合题意)

1. 学生经济困难的原因包括(　　)。

　　A. 家庭因素　　B. 学校及社会因素　　C. 个人因素　　D. 社区因素

2. 家庭虐待的形式包括(　　)。

　　A. 精神虐待　　B. 身体虐待　　C. 经济虐待　　D. 性虐待

3. 家庭虐待对学生的影响主要包括（   ）。

   A. 心理方面　　　B. 身体方面　　　C. 智力方面　　　D. 行为方面

4. 留守儿童可能出现的问题包括（   ）。

   A. 学业问题　　　B. 安全问题　　　C. 健康问题　　　D. 行为问题

5. 社会工作介入到困境家庭儿童的服务主要通过以下哪些层面？（   ）。

   A. 宏观层面　　　B. 中观层面　　　C. 个人层面　　　D. 微观层面

参考答案：1. ABC　2. ABCD　3. ABD　4. ABCD　5. ABD

参考文献

［1］易刚. 学校社会工作[M]. 北京：北京大学出版社，2012.

［2］李晓凤. 学校社会工作[M]. 北京：中国社会出版社，2010.

［3］王思斌. 社会工作导论[M]. 北京：高等教育出版社，2004.

［4］南方周末. 在一起——中国留守儿童报告[M]. 北京：中信出版社，2016.

［5］唐玉琴、张乐方. 高校家庭经济困难学生的多维透视[M]. 北京：中国书籍出版社．2015.

［6］乔东平. 虐待儿童：全球性问题的中国式诠释[M]. 北京：社会科学文献出版社，2012.

项目四 特殊行为群体学生与社会工作介入

【项目导学】

特殊行为群体学生是指在校期间行为有异于其他学生,出现施暴欺凌行为、药物滥用行为、网络成瘾行为等越轨特殊行为的学生。这些行为的出现严重影响了校园的文明与秩序,对学生群体的身心健康成长与社会未来的和谐稳定发展都造成了极其负面的影响。学校社会工作致力于学校良好校园环境的形成,为学生成长和发展提供资源与支持,应该保持对特殊行为群体学生的高度关注,并运用一系列的专业方法将特殊行为群体学生的行为进行矫正,使其自身发展回归正轨的同时采取积极的行动预防越轨行为的出现。

【学习目标】

- 了解校园暴力、药物滥用、网络成瘾的基本概念。
- 理解校园暴力、药物滥用、网络成瘾的成因。
- 掌握校园暴力、药物滥用、网络成瘾的介入方法。

任务一 校园暴力与介入策略

【任务情境】

上学被欺凌毕业欺别人 校园暴力受害人如何疏导[①]

2017年2月8日,山东省人民检察院检察长吴鹏飞在山东省第十二届人民代表

---

① 李珍. 上学被欺凌毕业欺别人 校园暴力受害人如何疏导[EB/OL]. 半岛都市报,2017-02-26,http://news.bandao.cn/news_html/201702/20170226/news_20170226_2709348.shtml.

大会第六次会议上所作的工作报告中披露，针对校园暴力问题多发的现状，山东检察机关部署开展"守护校园"安全专项监督，2016年共依法批捕22人、起诉36人。这条新闻再次引起人们对校园暴力的关注。从青岛几起案例中不难看出，不少青少年在犯错时可能都处于一种无知冲动的状态，有不少青少年犯罪的背后都有着更深层次的社会和家庭教育的缺失。因此，对受害人如何教育疏导，是目前青岛检察院未检检察官们正在努力去做的工作。

■案例一 "受害人"成了霸凌者

2016年3月31日中午，时值卞某休息，他来到学校附近转悠。在学校外的一个开放式的居民区里，看到一个女学生独自在路上走着，他想"欺负她、摸她"。于是跟着这个女学生走了一段后，拐到一条小路上时，他突然疾步上前从后面一手捂住女学生的嘴，一手揽住她的腰，强行搂住往旁边的单元门里面拖。在楼道的隐蔽处，卞某把她摁在了墙上，用身体压住她，又亲又摸。

近日，胶州市人民检察院提起公诉的卞某猥亵妇女案，法院依法作出判决，被告人卞某被判处有期徒刑二年零五个月。被告人卞某初中毕业后就从事保安工作，老实木讷的他因长期遭受校园欺凌留下心理阴影。他说，上学的时候成绩不好，家里也不富裕，长得又比较瘦弱，不爱说话，所以成天被别人欺负。办案检察官提审卞某时，问他为什么要猥亵女学生，他说："我就想找个老实人欺负，以前别人欺负我，我不敢吱声，现在也想欺负别人，以前我们班里也有调戏女同学的流氓。"

■案例二 "不合群"被同学群殴

2016年3月份，青岛市某职业高中里也发生了一起校园欺凌案件，被害人是一名女同学，被告人则是同班的5名女同学。据了解，被害人小梅（化名）性格内向，在班里不太合群，因此朋友也不多。2016年3月的一天，小梅同宿舍的一名女生身体不舒服，希望小梅能帮她去打一壶热水回来。小梅一听当场拒绝，并说了句就你事多。这件事被随后回来的同宿舍其他几名女生听到了，感到愤愤不平，再加上她们认为平时小梅总喜欢给老师打小报告，就开始上前"教训"她。第一天打完架以后，第二天小梅又被第一次施暴的5人中的4个人殴打。据了解，对方主要是击打了小梅的胳膊和腿，经过最终司法鉴定，构成轻伤。小梅报警后，5名施暴的女学生被批准逮捕并以故意伤害罪起诉到当地市人民法院。

当地市人民法院少年家事审判庭法官介绍说，这起案件中5名被告人都年满16岁未满18岁，由于这起案件是学生之间的矛盾引起的，再加上被告人都是未成年人，且主观恶性不大，和网上流传的那些有侮辱行为的校园暴力还是有区别的，因此，经过综合考量，5名被告人均被判处缓刑。

■案例三 因琐事把同学打成轻伤

2016年5月，朱某（17岁，高三学生）与同学王某（17岁，高三学生）在某市职业学校宿舍里，因琐事发生争执厮打，朱某用拳击打王某鼻部、头部数拳，致王某右侧上颌骨额突骨折、双侧鼻骨单纯性骨折。经法医鉴定，王某身体损伤属轻伤二级。案发后，学校对朱某做出停课的处理决定，然而此时，距离朱某高考还有不到一年的时间，当地市人民检察院院未检科了解案情后，迅速找到涉案学校教导主任及校领导，协调朱某先返校学习，全力准备高考，同时对双方当事人及法定代理人开展调解工作。最终，为双方达成调解，对朱某作附条件不起诉处理。

未成年人在校生偶发性犯罪应与校园欺凌案件有所区分，既要有重点地打击校园欺凌行为，也要做好未成年人的保护工作。本案中，检察机关针对本案案情，挽救远比打击更具有实际意义。通过努力，使得一个因一时冲动而犯错的未成年人得到了帮助和教育，重拾生活的信心，得以回归社会。

■案例四 发生口角将人捅成重伤

2015年9月，某市某职业学校学生小金（化名，17岁）因与同学有矛盾在校门外发生口角并厮打，在厮打过程中，小金持刀将同学腹部捅伤，致其开放性腹外伤，肝破裂，经法医鉴定构成重伤二级。某市人民检察院在审查起诉过程中，获知小金因恐罪心理严重，且家庭生活并不富裕，需要赔偿被害人大额医疗费，导致小金思想压力巨大，在看守所内不思饮食，经常哭泣。

面对此种情况，当地市人民检察院迅速介入干预，一方面选派有经验的办案人员为小金做耐心细致的思想工作，一方面与法定代理人联系安排亲情会见，小金的法定代理人对其犯罪原因、社会危害性以及后果有一定的认识，并能配合司法机关进行教育，最终打消了小金的思想顾虑，配合完成诉讼程序。鉴于小金家庭经济状况比较困难，没有获得法律援助，检察院及时通知法律援助机构指派律师为其提供辩护。在诉讼过程中，检察机关及时将案件的进展情况告知小金的法定代理人、辩护人，对有关情况予以解释说明，并加强与律师的沟通，认真听取律师的意见，共同做好涉罪未成年人的教育、感化、挽救工作。案件起诉到法院以后，及时与法官沟通案情，配合做好被害人的赔偿安抚工作，后双方达成和解，小金获得从轻处罚。

据了解，进展情况告知和亲情会见是办理未成年人犯罪案件中的非常重要的一个方面。检察机关针对未成年人犯罪嫌疑人畏罪心理重、思想波动大的情况，迅速采取有效措施，做好涉罪未成年人的教育、感化、挽救工作。

阅读上述案例，请回答：什么是校园暴力？校园暴力的成因有哪些？校园暴力对施暴人和受暴力人会产生哪些影响？作为一名学校社会工作者，应该怎样介入校园暴力呢？

【任务要求】

- 了解校园暴力的基本概念与呈现形式。
- 理解校园暴力的成因。
- 掌握校园暴力的介入方法。

【必备知识】

2016年11月1日，教育部等九部委联合印发了《关于防治中小学生欺凌和暴力的指导意见（以下简称《意见》）》。《意见》明确指出：各地要建立中小学生欺凌和暴力事件及时报告制度，一旦发现学生遭受欺凌和暴力，学校和家长要及时相互通知，对严重的欺凌和暴力事件，要向上级教育主管部门报告，并迅速联络公安机关介入处置。对构成违法犯罪的学生，必要时可由政府收容教养，或者给予相应的行政、刑事处罚，特别是对犯罪性质和情节恶劣、手段残忍、后果严重的，必须坚决依法惩处。但该意见在落实主体责任、健全制度措施、实施教育惩戒、形成工作合力等方面还存在薄弱环节，少数地方学生之间欺凌和暴力问题仍时有发生。

《焦点访谈》曾播出的"一名15岁少年，因长期遭受同学殴打致使吞食1.4公斤铁钉自残"的新闻引起了广泛热议，面对校园暴力，孩子没有向老师"告状"，没有向家长"求救"，而是选择了令人错愕而心痛的自残。长期生活在暴力阴影下的受欺凌者，会遭遇严重的心理创伤，而这种伤害如果不能得到及时的心理治疗和干预，可能会影响当事者一生的性格发展和身心健康。同样，施暴者在施暴后没有承担相应的逻辑后果，对其身心健康发展与社会的和谐稳定都会造成一定的不良影响。

要学习如何对校园暴力进行介入，我们有必要事先了解校园暴力的定义与成因。

一、校园暴力的基本概念

校园暴力（也称校园欺凌）是一种发生在校园内外较为普遍的特殊社会现象。作为暴力中的一种类型，因近几年校园暴力案件频发而得到了广泛的关注。校园暴力是一个综合性的问题，它涵盖了社会学、心理学、伦理学、法学等等学科和领域，也正因涉及面较广而没得到一个统一的定义。

1. 校园暴力的定义

根据世界卫生组织（WHO）对暴力的分类，校园暴力则被划分为在特定的社区（学校）中的个人的之间的暴力。国内外对于校园暴力的研究从校园暴力现象的起源和分类来看，大致可以分为"挪威起源说"与"美国起源说"两个流派。[①]

（1）挪威起源说。

"挪威起源说"认为，"校园暴力"研究起源于20世纪70年代校园欺凌研究，校园欺凌是一种较低水平的校园暴力行为，但却是校园暴力最主要的表现形式。其中发生在学生之间的欺凌现象更为普遍，后果也更为严重。挪威卑尔根大学的心理学教授丹·奥尔沃斯根据对上万名学生的调查结果进行数据分析归纳与总结，首次对学生间的暴力行为做出了如下的定义：一个学生如果反复或长期的成为一个或多人的负面行为的攻击对象，这个学生即是暴力或迫害行为的受害者。这一定义普

---

① 反校园暴力手册[EB/OL]. www.nobully.cn.

遍为欧洲国家和其他一些国家所接受，但它未能包含所有的校园暴力行为，对校园暴力的解读也仅限于受害人的视角。

（2）美国起源说。

"美国起源说"对"校园暴力"的解读更加宽泛，美国学者将校园暴力定义为发生在校园内的、在学校学习期间、上学或放学路上的暴力行为，它包括严重的暴力犯罪和不太严重的暴力行为以及非致命性行为，同时可以包括基于性别、种族、信仰、服饰、残疾等与众不同特点的嘲笑行为、性骚扰、恃强凌弱、推搡、辱骂、人身威胁等。

（3）我国专家学者关于校园暴力的定义。

我国研究者给校园暴力的定义与国外差别较大，也尚未形成关于校园暴力的统一定义。

中国政法大学教授徐久生主编的《校园暴力研究》一书中，将校园暴力定义为："行为人针对在校师生的身体和心理的暴力行为，对学校财物或师生财物实施的暴力行为，均可界定为校园暴力。"按照对象来分，可分为生理上的暴力和心理上的暴力。按照参与的对象来分，可分为学生对学生的暴力行为、老师对学生的暴力行为、社会人员对在校学生的暴力行为、老师对学生的暴力行为、学生对财物的暴力行为、学生对社会人士及财物的暴力行为。

中国青年犯罪协会副秘书长、青少年法律援助与研究中心主任佟丽华认为："校园暴力是指发生在校园，有老师、同学、校外人员对学生身体和精神实施的，达到某种严重程度的侵害行为。"他根据行为方式的不同，将校园暴力分为八类：高年级学生殴打低年级学生；校内外高年级学生或社会青年的钱财勒索；同班同学之间的斗殴；教师体罚或变相体罚学生；教师侮辱学生人格；校内外发生的对女学生的性侵害；校外青年殴打在校学生；学生家长殴打在校学生。

综上所述，本书将校园暴力定义为：发生在学校校园内、学生上学或放学途中、学校的教育活动中，由老师、同学或校外人员，蓄意滥用语言、躯体力量、网络、器械等，针对师生的生理、心理、名誉、权利、财产等实施的达到某种程度的侵害行为。

二、校园暴力的呈现形式

校园暴力的呈现形式多种多样，为方便大家学习和理解，本书将校园暴力按照语言暴力、肢体暴力、关系暴力、网络暴力进行分类。

1. 语言暴力

语言暴力就是使用诋毁、谩骂、蔑视、嘲笑等侮辱歧视性的语言，致使他人的精神和心理遭到侵犯和损害，属于精神伤害的范畴。校园暴力中的语言暴力多数情况下源自不平等的相互关系，受害者通常存在某方面的客观不足或缺憾而成为话柄，而又缺乏改变客观现状的能力与自卫的力量。

（1）老师对学生的语言暴力。

语言暴力是"心理惩罚"的一种，是相对"身体惩罚"的一种说法，是指教师对学生采用讽刺、挖苦等带有攻击性的语言对学生不良行为进行说教。虽然多数老师的初衷是希望通过语言的刺激使得学生改正不良行为，但是语言暴力带给学生的伤害绝对不亚于"体罚"。语言暴力一方面摧毁了老师在学生心目中的师者形象，另一方面它也像一把锋利的刀子挫伤了学生的自尊心与学习兴趣，阻碍了学生的大脑发育和思维发展，使得学生产生自卑心理，对学生的学业产生消极的影响，严重的甚至引发厌学、逃学、犯罪、自杀等情况的出现。除直接受害学生本人以外，其他学生也会以老师为"榜样"而习得语言暴力模式，增加了学生日后暴力倾向出现的概率。

例如：某初一同学长期沉迷网络游戏，长期上课睡觉不完成作业。有一天他因上网而上课迟到，老师很生气的当着全班同学的面对他说："像你这样的，长大也不能有什么大出息，能学就学，学不了回家去！"从那以后，该生自暴自弃，辍学在家。

（2）学生之间的语言暴力。

同学之间最常出现的语言暴力以"起绰号"的形式呈现。绰号通常带有贬义，对人的外貌特征、姓氏、个别隐私等充满嘲笑和挖苦。

例如：姓朱的同学或者长得胖的同学被其他同学称作"猪"；长得黑的同学被其他同学称作"黑炭"；带牙套的同学被其他同学称作"钢牙妹"；脸大的同学被称作"大饼"，等等。

虽然起绰号不都是表达憎恶或讽刺，也有部分人认为绰号是关系好的人之间才有的称呼，所以对比也应该区别对待，但是带有侮辱性的绰号很难不对学生的成长造成影响。姓氏、体貌等特征不会轻易改变，具有该特征的学生本来可能也对自己的特征持有一定的偏见，而同学们以绰号相称更会加剧其对自己该特征的错误认知，进而产生消极自卑的心理。

例如：某同学脸上长了一块很大的黑痣，自己已经深感自卑，但还被其他同学称作"阴阳脸"，她无法承受如此大的心理压力，最终选择了辍学在家。

（3）语言暴力的消极影响。

语言暴力对学生人格心理发展所产生的影响是不可估量，是长期存在的。主要表现在以下两种形式：

① 形成"退缩型人格"，即在高压下，往往回避问题与现实，不敢与人正常交流，形成内向、封闭、自卑、多疑等人格特征。

例如：欣欣成绩总是不如别人而被称作"差生"，每次考试欣欣都特别紧张，而越紧张越考不好，成绩就越差，欣欣的"差生"头衔就总是挥之不去。慢慢地欣欣开始自暴自弃，也不和其他同学交流，变得自卑敏感，走路说话都低着头。

② 形成"攻击型人格"，即在承受语言暴力后，性格变得暴躁、易怒，内心充满仇恨、逆反，为了发泄不满甚至会对他人和社会采取过激行为，直接危害他人的安全及社会的稳定。

例如：君君平时比较顽皮，在玩游戏的时候不小心将一个小朋友撞倒，老师没有事先了解清楚情况，直接指责君君："真讨厌！不听话！等会儿游戏活动不许参与了！"或许君君习惯了老师的误解，并没有为自己辩解，只是后续他的攻击行为，由无意变为了有意。当我们追问其打人的原因时，他这样回答："反正老师也不喜欢我，我就是要打！"由此可见老师的消极语言强化了君君的攻击行为。

2. 肢体暴力

肢体暴力是所有暴力中最容易辨认的一种形态，它具有相当具体的表现，通常也会在受害者身上留下明显的伤痕。其表现形式为：推、打、踢、撞、咬、掐捏、扼喉、拳击、抓挠、吐口水、性侵害、拉扯头发等身体攻击与胁迫行为。

肢体暴力是相对于语言暴力而言，其伤害更加直接，致使受害学生身心受到双重伤害，轻者致伤致残、重者失去生命，对受害学生和家庭带来永久性的伤害。有的受害者长期生活在校园暴力的阴影中，对上学和与同学正常交往产生恐惧，性格发生变化，孤僻古怪、沉默寡言、自卑、偏激、逃避人群，甚至有的受害学生无法承受压力而选择自杀。对施暴者而言，是否因其暴力行为而受到合理恰当的处罚与惩戒，直接影响其后续健全人格的养成，处置不当或将导致其反社会人格的形成，最终走上犯罪的不归路。

性侵害是肢体暴力的特殊表现形式，是指施暴者以威胁、权力、金钱、甜言蜜语等引诱胁迫他人与其发生性关系，并对受害人造成身心伤害的行为。只要通过语言或者肢体进行有关性内容的侵犯和暗示，从而给另一方造成心理上的反感、压抑和恐慌的都算是性侵害的范畴。在校园内，性侵害的主要存在形式分为老师、校内管理者等校内职工及校外人员等成年人对学生的性侵害及学生之间的性侵害。

3．关系暴力

关系暴力通常与冷暴力相类似，通常是通过说服同伴排挤他人，使得弱势同伴被排挤在团体之外或借此切断他们的关系连结，让他们觉得被排挤。这一类的暴力往往与语言暴力密不可分，常会牵涉散播不实的谣言或带有威胁和恐吓，使得受害者无助、惊恐、沮丧，人际疏离。

例如：小军虽然学习成绩很好，但是人长得不漂亮，小红每次考试考不过小军都会对其他同学说："他长得那么丑，成绩好一定是作弊得来的。"久而久之，同学们也开始对小军冷嘲热讽。小军抵不住压力，成绩开始下降，甚至出现厌学情绪。

4．网络暴力

互联网作为新时代重要的通讯载体，为人们的生活带来了诸多便利，但是网络上的不文明行为，也会对社会造成严重不良影响。网络暴力是指通过网络发表的具有攻击性、煽动性、侮辱性的言论，这些言论打破了道德底线，使得当事人的名誉受损。

用恶毒的语言在班级群里面攻击某位同学或用 Photoshop 软件恶搞同学头像，甚至出于报复心理恶意人肉搜索，在网站贴吧张贴同学个人信息等，都属于网络暴力的范畴。由于网络的匿名化交往方式,人性的弱点也会被无限放大,网络上个人的措辞及观点更显极端,对受害学生来说,伤害指数有时会远远高于传统意义的语言暴力。

例如:某大二学生因网恋受挫而在网上直播自杀,引来了大量的关注,期间,他有几次想放弃自杀的念头,但竟然有网友留言:"赶紧死!""你到底还死不死!""你必须死!"等,这些充满恶意的留言让他更感绝望,最终下定决心自杀。当天下午警方经多方查找,找到了已经陷入深度昏迷的他,送医后,医治无效死亡。

三、校园暴力的成因

1. 个人原因

(1) 施暴者成因。

① 被合理化的攻击性行为。即施暴者认为攻击性行为是合理的,是处事方式之一,并没有任何不妥。对攻击性行为合理化的认知有的源于社会认知缺失,对人际互动中的信息归因与问题解决策略存在认知缺失或偏差,致使其处事方式僵化,认为只有攻击性行为才能解决所面对的问题;有的源于脑神经功能的失调;有的源于长期慢性疾病的影响。而对于攻击性行为客观存在的事实,我们也可以从早期研究者的研究中得到一些启发:从弗洛伊德1920年出版的《超越快乐原则》一书中的本能决定论可以看出,人的攻击行为是本能的、无意识的,是死亡本能的必然产物。著名的奥地利习性学家、1973年诺贝尔生理学奖获得者洛伦兹《论攻击》(1966)一书中我们也可以得知动物的习性导致了其本身的攻击性,这是与生俱来为保存生命而不可缺少的一部分,它的释放具有生物学的价值。另据生理学的观点,人类的攻击行为部分还受激素影响,遗传基因也影响攻击行为。

② 身心发展尚未成熟,处事易冲动,控制力差,法律意识淡薄。在青春期,学生的身体与世界观、人生观、价值观都处在不稳定时期,加上成长过程中各种激素的分泌,使得学生们充满活力的同时也更易冲动,对危险与否的判断也存在偏差。甚至有的学生认为自己已经是成年人了,很多事情可以做了,而他们在做出暴力行为之前,根本没有对暴力行为后果的足够认知。

③ 自信心不足，人际封闭，缺乏支持而易走极端。从心理学的角度来看，与外界交流，发泄自己的情绪，有利于人的身心自我调节。而过于内向的同学不与其他人分享自己的快乐与忧愁，长此以往，很容易形成无形的巨大压力，致使其做出极端的决定与行为。

④ 缺乏成就感，以暴力行为赢得关注，以欺凌别人来弥补缺失的成就感。此类学生或是学业成绩差，或无出众才华很难受到同学、老师及家长的广泛关注。而其内心对关注的渴求使其"另辟蹊径"，希望通过暴力行为来战胜其他同学以表现自己的成就与优越感。

（2）受害者成因。

相对于施暴者而言，除部分受害者遭受校园暴力纯属意外以外，部分受害者之所以成为受害者，也与其自身的特质有着紧密的关联。

① 各方面表现突出，防范意识不足。该类学生学习成绩优异、家境殷实、外貌出众、多才多艺，这类学生一般人生顺利，未遇挫折，经常受到老师、家长及同学们的关注。出于嫉妒心理，部分有心理落差或者人格缺陷的同学会因其优秀而对其施暴。而各方面表现突出的学生或因其"优秀"的标签被校园暴力打破而产生严重的心理落差感而做出自残、自杀极端行为；或是为了维护其"优秀"的形象而忍气吞声，不对暴力行为采取合理的应对而自身背负巨大的压力，这也从侧面助长了施暴者暴力行为的再次发生。

② 缺乏人际交往技巧，盲目狂妄自大，不受大众欢迎。部分同学在人际交往中的神态、动作与语言，处处展现出狂妄自大的一面或让对方觉得不舒服和受到侮辱与蔑视，这类学生性格不具备包容性，易于与其他同学产生冲突。

③ 自卑，懦弱，讨好型人格，无原则。此类学生缺乏自信，或是由于长期学业成绩差或者长相不佳等无法轻易改变的原因而在交往中逐渐处于弱势而形成自卑心理。其自认无能的性格刚好迎合了部分施暴者"恃强凌弱"的心态，更易于成为施暴的对象。

④ 独来独往，形单影只，势力单薄。同样出于"恃强凌弱"的心态，施暴者更愿意寻找独来独往缺乏其他同伴支持的人实施暴力。

⑤ 忍气吞声者。此类学生在受到暴力后，出于家长缺位、求助无门等各方面原

因,不愿意积极想办法解决问题,而是经常选择忍气吞声,极易成为施暴者长期施暴的对象。

2. 家庭原因

(1) 父母管教方式不当。

① 对施暴者而言,过于溺爱、放任和过于严苛的管教方式都有其弊端:过于溺爱使得部分学生缺乏对于处事原则、规则、后果的正确认知,认为任何后果都可以不由自己承担,进而铸成大错而不自知。过于严苛的管教方式使得部分学生从内心形成逆反心理,甚至以"明知故犯"的方式来"惩罚"家长。也有部分学生从家长严苛的管教方式中习得了暴力的处事方式,有样学样,致使暴力发生。

② 对于受害者而言,过于严苛的管教方式会使得他们不敢将自己的遭遇告知父母以获得帮助。而过于溺爱的管教方式则会使得受害者在受到暴力之后,由于长期依赖父母,缺乏面对问题和解决问题的能力,其心理落差感高于平均水平而易造成更为严重的创伤体验。

(2) 家庭暴力。

家庭是孩子的第一任老师,家庭暴力对孩子的身心发展都会造成严重的影响。在家庭暴力环境下长大的孩子都不免存在自卑、以暴制暴、厌学、自闭、自残等心理与行为。施暴者施暴可能是对于施暴家庭成员的模仿,而受害者忍气吞声,则可能是对面对暴力忍气吞声的家庭成员行为的模仿。

(3) 单亲、孤儿等特殊家庭形式。

科学研究表明,自幼失去父亲或者母亲会使得家庭教育功能存在缺失,造成缺乏性别认同与人格发展上的困境。部分校园暴力的施暴者因其缺乏家庭关爱和保护而变得用暴力行为自卫,而部分校园暴力的受害者则因为缺乏家庭的关爱和支持而变得更加孤独、无助及懦弱。

(4) 家长的"以暴制暴"思想。

部分家长没办法接受自己的孩子受到委屈,当孩子向自己诉说自己被同学欺负时,家长"鼓励"孩子"以暴制暴""以牙还牙",也助长了校园暴力发生。

3. 学校原因

（1）重智育而轻德育。

受到应试教育的影响，学校对于学生的教育以知识和应试为主，而忽略了对学生正确价值观养成的引导，也并未意识到校园暴力的严重性。甚至老师在管教学生的过程中无意识地采取了暴力的手段，无形中对学生产生了消极的影响。

（2）隐藏在教师权威与光环下的暴力行为使得学生无意识、甚至无奈无助。

由于疏于监管，有的教职员工也是校园暴力的施暴人，而自古以来，中国有着尊师重道的传统，认为"师者为尊"，这样相对不平等的关系，使得部分遭受校园暴力的学生认为"应该"被老师欺负，部分受害学生明知受到侵害而又迫于等级观念求助无门，加之这中间不乏教职工之间的包庇现象，也使得这一类的校园暴力屡禁不止。

4. 社会原因

（1）校园暴力法律法规的不健全导致的对校园暴力的姑息。

校园暴力的施暴者部分属于未成年人，出于对未成年人的保护，部分施暴者并没有受到应有的惩罚与教育疏导，从另外一个方面看，这也放任了该行为的发生。

（2）不良社会风气的影响。

深受"享乐主义""不劳而获"思想的影响，部分学生以暴力换取物质享受。而受到部分社会不良分子的教唆或者诱惑，出于对"大哥"的崇拜与向往，而对其他学生施暴的现象也时有发生。

（3）不良影视作品的影响。

充满暴力的影视作品使得学生们认为暴力是解决问题的最佳方式，进而有样学样，现在很多校园暴力案件都可以在影视作品中找到相似的场景，即可见不良影视作品的消极影响。

四、校园暴力的干预手段

在了解了校园暴力的成因之后，我们从预防、发展、补救三个维度来学习社会工作介入校园暴力的手段与方法。

1. 有效识别校园暴力，认清校园暴力危害

为了实现预防校园暴力的目标，让师生和家长了解校园暴力的基本概念、呈现形式与成因是至关重要的。下面将从预防的视角列举一些驻校社工可以考虑开展的服务：

（1）定期举办全校范围内的科普类宣传活动。

① 媒体宣传。制作并发放反校园暴力宣传册，播放相关校园广播及教育视频，以生动形象的方式使得大家获取相关校园暴力的知识。

② 学生活动。利用活动课时间、大课间时间等全校师生统一休息的时间举办大型宣传活动，包括知识宣讲、摊位游戏、有奖问答等，寓教于乐，在增加趣味性的同时帮助大家学到相关校园暴力的知识。

③ 家长活动。充分利用"家委会"平台及召开家长会的机会，向家长宣传相关校园暴力知识，帮助家长尽早识别自己的孩子是否存在施暴或者受暴力的危险。

家长篇
辨识校园暴力的小知识

如果您的孩子有如下表现，可能和校园暴力有关：

（1）害怕上学，千方百计推迟上学时间，或者去上学时故意去走某些隐蔽的、环形的道路；一到上学时间就以肚子痛、头痛为由拒绝上学。

（2）表现出焦虑，如尿床、做恶梦。

（3）身上有伤痕、淤青。

（4）书本、衣服、文具、书包等用品被人为撕坏、破损。

（5）个人财产丢失。

（6）接到神秘的、令人不安的电话。

（7）注意力分散，经常发呆，唤其名字，反应迟钝，目光呆滞。

（8）脾气暴躁，对父母或兄弟姐妹发脾气。

（9）沮丧、悲伤甚至威胁或试图自杀。

（10）不能集中精力做作业，学习成绩下降。

（11）拒绝谈论学校里的事情或与同学之间的关系，或闪烁其词。

（12）携带或试图携带"防身工具"（棍子、刀等）去学校，并表现出"受害者"的肢体语言，如拒绝眼神交流、弯腰驼背做畏缩状等。

（13）千方百计逃学。

④ 教职工活动。利用教职工集体会议的时间，组织全校教职工共同学习预防校园暴力的相关知识；就当前学校的现状展开讨论，有特殊事件则可针对特殊事件展开如何预防和处理校园暴力的讨论。

教师篇
辨识校园暴力的小知识

如果您的学生有如下表现，可能和校园暴力有关：

（1）当某个学生正遭遇大量的负面关注并被人取笑时。

（2）"独行侠"：独自吃饭，没人一起玩耍，也没有同学主动关注他形单影只的状态。

（3）从未被选中参与班级集体活动。

（4）不主动举手发言，或原来主动发言现在变得不主动发言，被要求回答问题时缺乏自信，同时也会引发其他同学的讽刺性言语。

（5）长期有某种可能由情绪引发的表现或疾病甚至病情加重，如胸闷、头痛、口吃等。

（6）学习表现不佳：课堂表现不佳、作业质量下降、考试成绩下降。

（7）情绪低落：忧伤、不开心、有退缩行为。

（8）"三天打鱼，两天晒网"，不规律的参加某项活动或经常性的缺席某项活动。

(2)构建文明校园大型主题活动。

①校园文明使者选拔活动。依据社会学习理论，榜样可以引导人向着榜样学习，从而改变自身的行为。开展校园文明使者的选拔活动，表彰文明学生，为全校学生树立榜样，形成讲文明懂礼貌的良好校园环境。

②校园文明演讲比赛。引导学生以校园生活取材，讲述校园文明对自身的影响及对反对校园暴力发出倡议，在诵读和演讲的过程中，将"文明"内化与传播。

③校园文明故事会。选取校园文明人物或事件的典型案例，进行艺术加工，使得文明故事更加具备感染力和传播性，以此形成良好的校园文化，远离校园暴力。

2. 因地制宜，因时制宜，根据所在学校的具体情况，有针对性地开展相关服务

(1)反校园暴力系列专题宣传活动。

相对于宽泛的反校园暴力系列活动，专题讲座则侧重结合校园现阶段存在的问题、不良风气等来开展有针对性的宣传活动。

(2)校园文明辩论赛。

针对校园内的不文明现象，组织学生以辩论赛的形式来辩证思考校园暴力危害。可适用主题有"同学之间到底应不应该起绰号""被同学欺负了该不该'以牙还牙'"等。

(3)文明礼仪小组。

以兴趣小组的形式传递文明礼仪知识，可以从基本礼仪（仪容仪表、言谈、仪态举止）、见面礼仪（握手礼、鞠躬礼、致意）、公共礼仪（公共场所、乘车礼仪、旅游观光礼仪）等几个维度，结合学生兴趣及年龄特点设计小组活动内容。

(4)轻微偏差行为矫正小组。

以认知行为疗法、系统脱敏疗法为主要介入方法，将有类似偏差行为的学生组织在一个小组内部，学习情绪管理、行为控制、文明礼仪等知识，并借助小组动力带动他们改正偏差行为。

(5)自我保护小组。

鼓励感兴趣的同学，或经过社工的观察与评估存在被欺负可能性的同学，参与小组活动，共同学习自我保护的相关知识和技巧，提升防范意识。

(6) 正面管教家长工作坊。

引导家长采用"非暴力"的方式正面引导孩子，用"和善而坚定"的方式来对孩子进行管教。学习如何制定家庭规则、召开家庭会议、如何与孩子沟通等知识，共同讨论在养育子女过程中遇到的困境与解决方式，形成互助学习的氛围。

3. 面对已经发生的校园暴力，对施暴者和受害人给予同样的关注，关注校园形势与舆论走向

（1）情绪疏导个案服务。

① 及时处理，积极倾听，建立关系。由于校园暴力的意外性强、造成的危害性大，需要社工及时接案、及时处理，尽可能将危害降到最低。服务对象的情绪在起初通常是非常不稳定的，表现出紧张、不安、迷茫、无助和沮丧等，要及时关注和处理。

② 聚焦问题，共同协商，限定目标。针对较严重的校园暴力事件，危机的调试与以治疗为中心可降低事件造成的危害，避免不良影响的扩大，把经历集中在有限的最需要处理的问题上，可以让服务对象与社工共同协商和处理面临的危机。

③ 输入希望。当校园暴力事件发生后，服务对象通常处于迷茫、无助、失去希望的状态中，所以，为其输入希望让其产生改变现状的愿望，是做出改变前的第一步。

④ 提供支持。在帮助服务对象面对由校园暴力带来的危机的时候，社工要充分利用服务对象身边的资源为服务对象提供必要的支持，帮助服务对象构建支持网络，以逐渐恢复服务对象的自主能力。

⑤ 恢复自尊。校园暴力的发生通常使得服务对象失去自尊，或者自尊感下降，社工需要了解服务对象对自己的看法，帮助服务对象恢复自信。

⑥ 培养自主能力。校园暴力带来的危机是否能够解决最终取决于服务对象是否能够增强自主能力。在和服务对象一起面对由校园暴力带来的危机的时候，社工要鼓励服务对象依靠自己的力量逐渐走出困境，培养服务对象的自主能力是其克服危机走出困境的必经之路。

（2）偏差行为矫正个案服务。

针对有偏差行为的施暴学生，应该帮助其积极改正偏差行为，承担由自己的冲

动和暴力行为产生的逻辑后果。

①了解事情原委，倾听内心声音。学校社工应和施暴者主动接触，和其建立专业关系，倾听施暴者讲述在他实施暴力的原因，也借此寻找偏差行为的成因，了解施暴学生是否存在错误认知，了解其是蓄谋已久还是冲动过失伤人。学校社工建立关系并取得施暴学生的信任有可能会是一个漫长的过程，但是在此过程中，学校社工不能轻易放弃也不能以有色眼镜看待施暴者，对其要客观公正相待，才有可能真正取得施暴者的信任。

②鼓励形成改变动机，共同制订改变计划。鼓励服务对象认识到偏差行为是可以得到改变的。可以通过认知行为疗法、理性情绪疗法、系统脱敏法等方法和服务对象一起制订改变计划，为改变而努力。

③构建支持网络，坚定改变动机。让有偏差行为的服务对象改变固有习惯不是容易的事情，学校社工应在服务对象下定决心改变后，鼓励其他同学尊重和接纳他的改变，让服务对象的改变动机更加强烈并能坚持按计划努力。

④评估改变效果，考虑结案持续跟进。在服务对象偏差行为出现频率减少直至消失后，可考虑和服务对象商讨结案，但学校社工一定要按时跟进，以保证结案后服务对象的行为不会出现倒退或偏差行为重复出现。

（3）应急班会及家长会。

校园暴力事件一旦发生，各方的舆论压力即将袭来，为积极引导学生和家长应对，可以采取应急班会及应急家长会的形式，公开讨论事情的产生原因与危害，让同学们和家长引以为戒。

【实务操作】

在以往处理校园暴力的过程中，我们往往多关注施暴者是否受到应有的惩罚，对受害者除了关注其外伤外，对其心理问题的关注程度远远不足。回到"任务情境"，文章选取了由校园暴力的"受害者"变为校园暴力的"施暴者"的典型案例，由此我们应该反思传统校园暴力介入手段与介入思路的弊端，树立学校社工介入校园暴力的新手段与新思路。

实施主体	具体做法
施暴者	◇ 偏差行为的辅导：使用认知行为疗法，避免偏差行为的再次出现。 ◇ 合理承担行为后果：让施暴者承受偏差行为的逻辑后果，心甘情愿接受惩罚，建立法律意识
受害人	◇ 心理辅导与支持：合理疗愈暴力带来的创伤，帮助其释放因遭受暴力而承受的心理压力。 ◇ 鼓励其积极接受治疗：如有身体创伤，鼓励其配合医生治疗，早日康复。 ◇ 积极引导，长期跟进：创伤的恢复无法一蹴而就，积极引导和长期的关注会帮助受害人逐渐走出阴影，以健康的心态对待他人和面对人生。避免"以暴制暴"及"报复社会"等不良心态的形成
家　长	◇ 正面管教：拒绝暴力的管教方式，和孩子做朋友，多与孩子沟通交流。与孩子讨论法律的严肃性，帮助孩子树立法律意识。 ◇ 履行亲职：关注孩子真实需求，给予必要的心理疏导和亲情的抚慰，帮助孩子顺利度过人生观与世界观的形成时期
学　校	◇ 校园文化建设，拒绝戾气弥漫校园。 ◇ 建立心理测评机制，对症下药，防患于未然。 ◇ 关注"问题学生"，奖罚分明，惩前毖后、治病救人
社　会	◇ 净化文化市场，还青少年一个健康的成长环境。 ◇ 成立青少年自我保护救助中心，凡是受过欺负的学生都可以到这里来寻求专家的帮助，以解决实际问题。 ◇ 在法律和制度层面进一步完善与提升，建立校园欺凌的预防、处理制度及应急处置预案，及时将涉嫌违法犯罪的送交公安部门

任务二　药物滥用与介入策略

【任务情境】

孤独让我与"毒"为友

小张今年 19 岁，高高瘦瘦，长得挺清秀。母亲李女士是一名厨师，父亲张先生是一名建筑工人，小张曾经处在一个幸福的三口之家中。但在小张读初中的时候，他的父亲得了慢性肺炎，无法继续工作，因此一直在家休息，李女士成了家里的主要经济来源，强势的李女士掌管了家中的大权，而张先生在家的地位越来越可有可无。

李女士与张先生之间关系越来越淡漠，但是李女士对小张又特别溺爱，家庭氛围总体来说很不和谐。小张很依赖李女士，但是不喜欢待在家里，也不愿意与家人交心。小张本身成绩一般，在家庭发生变故后更是一落千丈，初中毕业后去了中专，在那里跟着一群混混"朋友"学会了吸毒。

请问，上述案例中，小张面临的问题和困境有哪些？学校社会工作者如何联合各方资源帮助小张走出困境呢？

【任务要求】

- 了解药物滥用的基本概念及常见种类。
- 理解药物滥用的成因。
- 掌握药物滥用的介入方法。

【必备知识】

国家食品药品监督管理总局、国家禁毒委员会办公室曾经联合发布《国家药物滥用监测年度报告（2014年）》对2014年度我国药物滥用监测总体情况进行了分析，重点描述海洛因、合成毒品、医疗用药品以及新发生药物滥用人群监测的情况，并通过纵向比较2010—2014年的监测数据，显示了我国药物滥用现状、特征以及流行趋势。2014年全国药物滥用监测网络共采集药物滥用监测报告表24.5万份，男性占87.5%，35岁及以下年龄占51.7%，初中及以下文化占83.4%，无业人员占68.0%，药物滥用者仍以35岁以下、无业、低学历、男性为主，但已扩散到不同年龄段、不同文化程度和不同职业；报告滥用物质69种，主要滥用物质为海洛因、冰毒、麻谷丸、K粉和安定，占报告总数的比例分别为56.1%、36.8%、8.1%、3.2%和1.3%。药物滥用者中新发生药物滥用的2.6万例，占报告数量的10.7%，与2010年相比上升5.3个百分点；其中滥用海洛因、冰毒和安定的比例分别为13.7%、70.5%、0.2%，与2010年相比海洛因滥用比例下降29个百分点，冰毒滥用比例增长26.1个百分点，安定滥用比例下降1个百分点；其中有8 257例进行HIV检查，阳性率为1.4%。统计分析显示，2014年毒品滥用形势总体呈现出以海洛因为代表的传统毒品快速蔓延势头得到进一步遏制，以冰毒为主的合成毒品滥用人员增长迅速，以安定为代表的医疗用药品滥用仍处于较低水平，吸毒人员低龄化、多元化，毒品种类多样化等特点。受国际毒潮持续泛滥和国内多种因素影响，我国毒品形势依然不容乐观。[①]

药物滥用的低龄化趋势持续存在于 2012 年与 2014 年的《国家药物滥用监测年度报告》中，药物滥用也正在侵蚀学生群体，这也使得学校社会工作不得不对预防和控制药物滥用在学生之间的发生做出一定的努力。要知道如何处理学生滥用药物的问题，我们要先来了解药物滥用的基本概念和常见种类。

一、药物滥用的基本概念及常见种类

药物滥用，是指反复、大量地使用具有依赖性特性或依赖性潜力的药物，药物作用于中枢神经系统，产生兴奋和抑制作用，产生一种欣快、满足、松弛感，减缓中枢神经系统的忧郁、机体疼痛和情感痛苦，这种用药与公认的医疗需要无关，属于非医疗目的用药。滥用的药物有非医药制剂和医药制剂，其中包括禁止医疗使用的违禁物质和列入管制的药品。药物滥用可导致药物成瘾以及其他行为障碍，引发严重的公共卫生和社会问题。[②]

滥用药物在全世界范围内非常普遍，相信有人曾经看过一则尼泊尔流浪青少年通过吸食胶水产生的有毒气体来减轻饥寒交迫带给身体的不适感的新闻，这从一个侧面也反映出了青少年滥用药物问题也是相当严重的。药物滥用具有隐蔽性的特点，短时间内很难被发现，容易导致上瘾的药物种类繁多，获取渠道也不少，这使得药物滥用问题变得十分棘手。

按照国际上的标准（《麻醉品单一公约》和《精神药物公约》）可以将具有依赖性的药物（或物质）分为两大类：一类是麻醉药品，如海洛因、大麻和大麻脂、阿片和吗啡制剂、可待因等；另一类是精神药物，如各种致幻剂和四氢大麻酚、中枢兴奋剂、巴比妥类药物、苯二氮䓬类药物等。此外，还有一些物质如烟草、酒精、挥发性有机溶剂等，也具有依赖性特征。青少年身体正处于生长发育的重要阶段，

---

① 2014 年国家药物滥用监测年度报告发布[EB/OL]. http://www.sda.gov.cn/WS01/CL0051/128740.html.
② 郑国裕. 青少年药物滥用的社区康复及防治项目策划——以深圳市某区为例[D]. 武汉：华中师范大学，2012.

药物滥用和依赖反应必然会对青少年的身心健康产生很大的负面影响。为了更好地介入药物滥用问题，我们必须先了解一些可能被滥用的药物的外观、毒性反应及滥用方式，以达到早识别、早预防的目的。

	海洛因（中枢神经抑制剂）	古柯碱（中枢神经兴奋剂）	甲基安非他命（中枢神经兴奋剂）	MDMA（中枢神经兴奋剂）	大麻（中枢神经迷幻剂）
俗称	白粉、四号、细仔	可卡因、快克	冰毒、冰、安公子、冰糖、炮仔、盐	摇头丸、忘我、狂喜、快乐丸、绿蝴蝶	草、麻仔、老鼠尾
药物外观	纯海洛应为白色结晶，一般以盐酸盐形态存在则呈白色粉末，如受潮则呈白泽夹杂淡黄色粉末，有时有黑色霉菌斑点出现	无色,呈白色结晶粉末,微溶于水	白色透明结晶，类似冰糖	白色、粉红色或其他颜色的药片、胶囊、粉末	叶掌状全裂，裂片披针形或线状披针形，特指雌性植物经干燥的花和毛状体
毒性反应	情绪不稳定、产生幻觉、注意力分散、兴奋、语言障碍、视力减退、易成瘾、戒除困难	产生不安、幻觉、消化障碍、痉挛、昏迷虚脱、神经呆滞、易怒	多话、食欲降低、情绪亢奋、失眠、反复性动作、幻觉、脸部潮红、产生被害妄想、猜忌、急性肾衰竭	自我控制能力减弱、幻觉、体温升高、心悸、急性肾衰竭	微醉、体温下降、平衡感失衡、尿频、注意力不集中、思考错乱
滥用方式	口服、吸食、静脉注射	鼻吸或加热后吸入烟雾	吸食为主	口服	吸食、口服
等级	第一级毒品	第一级毒品	第二级毒品	第二级毒品	第二级毒品

	GHB（中枢神经抑制剂）	潘他唑新（中枢神经抑制剂）	LSD（中枢神经迷幻剂）	巴比妥类制品（中枢神经抑制剂）
俗称	液态快乐丸	速赐康、孙悟空、猴	摇脚丸、加州阳光、白色闪光、一粒沙	红中、白板、青发
药物外观	固态（粉末）、液态（结晶溶于水、无色无味）	针剂、药片（较少看到）	白色结晶、可做成胶囊、药片、液体等形态，无色无味	白色带苦味粉末、做成胶囊或注射液（较少见）
毒性反应	致命沉睡、抽筋、对于疼痛无反应、瞳孔呆滞、与酒精并用会危险性加倍。在美国与K他命、FM2并列为"三大约会强暴药"	嗜睡、恶心、瞳孔缩小、对肝肾及中枢神经造成伤害	焦虑、头痛、妄想、肌肉僵直、发抖、精神无法集中、呼吸系统衰竭	头痛、虚弱、颤抖痉挛、运动失调、眩晕、健忘
滥用方式	口服	注射、口服	口服	口服、注射
等级	第二级毒品	第二级毒品	第二级毒品	白板为二级毒品；红中、青发为三级毒品

	FM2（中枢神经抑制剂）	K他命 Ketamine（中枢神经抑制剂）	强力胶（中枢神经抑制剂）	含磷酸可待因复方口服溶液
俗称	十字架、约会强暴丸、615、815	K粉、卡门、克特立、K	打火机油、油漆、汽油	"咳嗽水"

药物外观	药片（常印有十字架、FM2字样）、液态注射剂	药片、液态注射剂	市面上贩卖的各种形式的罐装、管装强力胶	瓶装止咳水。产品中含有的可待因（又名甲基吗啡）、麻黄碱（又名麻黄素）、樟脑酊成分属于精神药品（毒品），大量服用可刺激大脑产生兴奋感
毒性反应	嗜睡、注意力不集中、步履不稳、记忆力及判断力减退	恶心、呕吐、视觉模糊扭曲、暂发性失忆症、平衡感失调、呼吸系统失调、致死	注意力不集中、视觉模糊、步履失调、口齿不清、贫血、智力减退、肌肉萎缩、呼吸困难	药物依赖、成瘾，会造成饮用者心理行为异常、人格异化，全身多脏器和系统功能紊乱
滥用方式	口服、注射	口服、注射、鼻吸（取出粉末）、香烟（掺入吸食）	置于空塑胶袋揉搓、吸食其释放出来的有机溶剂	不遵医嘱大剂量长期食用
等级	第三级毒品	第三级毒品	未列	未列

二、药物滥用的成因

校园中的青少年本应该远离滥用药物而健康成长，然而一些生理心理特点及社会文化与亚文化的熏陶都使得青少年成为极易沾染药物滥用的高危人群。

1. 心理发展不成熟

有研究表明，青少年药物滥用的主要原因是好奇、追求新鲜事物和寻求刺激。而有着以自我为中心、自觉孤独、抑郁、敌意、易冲动和情绪起伏大等人格的青少年发生药物滥用的可能性更大。

青少年的身心发育尚未成熟，缺乏深入分析问题的能力，自我控制能力相对较弱，但又对自身的控制能力过于自信，出于好奇、追求时髦、满足虚荣心或盲目的从众心理，易发生药物滥用行为。也有学习、待业、失业及紧张的家庭关系、师生关系和同学关系等产生的压力会使许多心理承受力不足的青少年试图用成瘾性物质来麻醉自己,以缓解心理压力。①

2. 对药物滥用的认知存在不足与偏差

由于缺乏相关的知识普及,新型毒品与被滥用的药物层出不穷,青少年对处方药品与非处方药品的非医疗使用的风险性认知不足,对可能存在依赖性的药物成分的危险性认知不足。青少年的防毒意识并不强,更有甚者把药物滥用看成一种时髦,或误认为该种药物可以减肥或者提升性能力,甚至对自己自身的控制力过于自信,认为自己可以凭借自己的意志力对抗药物与毒品的依赖性,甚至出现为证明自己意志力很强而去吸食毒品而染上毒瘾难以戒除的令人惋惜的案例。

3. 朋辈不良影响的危机

由埃里克森的人生八阶段理论可知,青少年时期的人们是非常需要得到同伴的认同的。朋辈不仅仅是指同性或者异性朋友,更是年龄相仿的伙伴。青少年一同外出玩耍,大都是结伴同行,为避免被排挤而出现不被同伴认同的朋辈危机,为获得同伴的认同,通常新加入的青少年对环境不熟悉而更愿意选择模仿同伴的行为来获得其他人的认同,所以不少青少年在关于滥药的问题上会受到朋辈的唆使。

朋辈不良影响的危机更易于出现在异性朋友之间,他们认为滥用药物后更加大胆,更易于与异性结交朋友,更加放松与放纵。部分青少年缺乏独立明辨是非的能力,他们有着强烈的从众心理,使得他们极易被同学和同伴影响,一旦同学或同伴中出现滥用药物的行为,他们很容易就会进行模仿,也使得滥用药物的行为在同学们之间飞速传播开来。

4. 社会不良风气的影响

每一个人都是社会关系的总和,不可能脱离社会而存在。社会的价值偏好,惩戒犯罪的法律与控制力度,社会自身的公平公正程度,影视传媒的错误宣传与不良影响,都会对青少年对滥用药物的看法与行为产生影响。网吧、酒吧、KTV等娱乐

---

① 李兰,王乃博,余超,吴磊. 青少年药物滥用现状及影响因素分析[J]. 中国学校卫生,2017(38).

场所的兴起也为青少年药物滥用提供了场所。

5．家庭因素的影响

家庭对一个人成长的影响是直接而深刻的，不良的家庭结构、家庭关系、家庭成员的不良行为习惯、父母的文化程度与管教方式都是影响青少年是否会滥用药物的重要因素。

（1）家庭成员不良行为的消极影响。

根据社会学习的相关理论，不良行为也可以通过观察和模仿而习得。父母和其他家人中存在滥用药物行为者的家庭或者家族历史中曾经有过滥用药物家庭成员存在的家庭中的青少年，较其他家庭中的青少年更易于出现滥用药物的现象。

（2）特殊家庭结构的潜在风险。

单亲家庭、离异家庭、继父母家庭、隔代教养家庭等特殊家庭的青少年更易于出现滥用药物的问题。特殊家庭结构使得青少年的健康成长存在很多不稳定与不确定因素，家庭关系的失调使得青少年无法享受来自父母的关爱，也无法及时接受父母的管教，更易于出现自卑、压抑等情绪问题及不良行为问题。这些青少年情绪得不到合理的宣泄，更易于寄希望于可依赖的药物，或向同学同伴寻求支持，可向朋友求助时，一旦交友不慎也会导致滥用药物的行为，且出现这些问题，因特殊家庭结构的原因，难以及时得到家人的教育和引导。

（3）父母文化程度的相关性影响。

通常来说，父母接受教育程度越高，会对药物滥用的危害有一定程度的认识，也会对青少年进行相对正确的引导，青少年出现滥用药物问题的几率相对就越低。

（4）不良家庭教育方式的负面影响

有研究表明，有药物滥用行为的青少年其父母的教养方式多为溺爱、过度保护过分干涉或严厉惩罚，且青少年与父母间缺乏沟通交流。放任式的管教方式使得孩子享受了过度保护与溺爱，使得青少年规避了更多成长中的挫折，甚至没有为自己的不良行为付出应有的代价，使得他们的心理承受能力远远不足，易形成孤僻、任性、脆弱、自我为中心的性格。这类型孩子有的会因为承受不住一些压力和挫折而选择依赖药物；另外一些则有可能因为赌气任性等原因而形成药物依赖性而无法轻易戒除。过于严苛的管教方式会使得青少年不敢与父母沟通，遇到困难因缺乏支持而不知所措，往往会形成胆小怕事的性格或者以暴制暴专横跋扈的性格，家长对孩子的过度惩罚会导致孩子抑郁、敌对、内向、孤僻等一系列的心理问题，缺乏家庭温暖的青少年更易于在其他领域寻找自豪感与存在感，通过药物滥用来抵抗家庭管教，或是排解内心压力，甚至在同伴中获得认同感。

6. 原有不良行为叠加效应

有研究显示，有或者曾经有过吸烟、饮酒等经历的青少年更易出现药物滥用问题。①原有的不良行为增大了青少年沾染其他不良习气的概率，也使得他们更容易把原有的不良行为和新习得的不良行为叠加起来而对身体造成更严重的伤害。一些以吸食为主要使用方式的毒品及药品很容易被有吸烟习惯的青少年放入香烟中吸食，而药物成分对感官刺激的效果也因香烟成分与毒品、药品成分的叠加而更加强烈。在外观特征上，加入毒品、药品的香烟与普通香烟看起来并没有什么特别大的区别，这也使得青少年放松了警惕而沾染毒品。

三、滥用药物的介入方法

了解了药物滥用的基本概念以及经常容易被滥用的几种药物的基本特征，分析了青少年滥用药物的成因，接下来我们要学习一下针对药物滥用的介入方法。

1. 知识普及，提升意识

此类活动以宣传知识，预防问题为主，在可能的情况下，此类活动也应该邀请家长参与，以提升家长对于药物滥用的认知水平，进而更好的预防学生药物滥用问题的出现。

（1）链接资源，举办科普讲座、工作坊。

禁止药物滥用宣传讲座是以预防为出发点的活动设计，希望通过向青少年普及药物滥用的危害来增加青少年对可能被滥用的药品的了解，尤其是增加其对新型毒品从名称、形状、吸食后果等的认知，从而树立防毒意识，自发的远离毒品，并以

---

① 李兰，王乃博，余超，吴磊. 青少年药物滥用现状及影响因素分析[J]. 中国学校卫生，2017（38）.

身作则劝导同龄人远离毒品，不因为任何原因而做出危险的尝试。学校社工应提前邀请专业人士参加，并和专业人士商定讲座的主题，针对学生的身心特点适当地设计一些互动环节以丰富讲座的形式，使得讲座更加具有吸引力。学校社工可以利用学生集体的空闲时间，班会时间等策划此类活动。以下为一个成功举办的禁毒专题工作坊的例子：

时间	环节	内容	物资
1小时	场地布置	悬挂横幅，调试多媒体，播放音乐，摆放宣传折页	横幅、PPT、宣传折页、电脑、音响、麦克风
5分钟	开场白	学校社工做自我介绍，阐明来意和活动的内容	
10分钟	观看动画	学生观看禁毒动画《小破孩之我是牛人》，学校社工针对动画的内容对学生进行有奖问答	动画片、题目、小奖品
30分钟	专题讲解	主讲新型毒品的名称、种类、危害和拒绝毒品的技巧，在中间穿插有奖问答	PPT讲稿、小奖品
20分钟	情景模拟	情景一：好友邀请你吸毒，你如何拒绝？ 情景二：发现同学吸毒，你该如何帮助他？	
10分钟	总结评估	指导学生填写活动反馈表，对活动进行总结评估	活动反馈表
20分钟	清理场地	摘下横幅，收好活动反馈表和小礼品，清扫现场垃圾	

（2）举办大型主题校园活动，促进同学广泛参与以形成对药物滥用正确的认识。

相对于讲座而言，大型主题活动的形式会更加丰富，不局限于讲座与工作坊。可以是禁毒故事汇、主题绘画、主题展览，等等。具体的形式要结合相应学校的实际情况及学生的兴趣爱好来综合考虑。以下为相应示例，以供大家参考。

"远离毒品，画我心声"——禁毒漫画征集活动			
时间	环节	内容	物资
半个月	作品征集	1. 发出作品征集通知。 2. 张贴宣传海报及悬挂横幅。 3. 陆续收集学生作品。 4. 统一装裱	横幅、海报

续表

		"远离毒品，画我心声"——禁毒漫画征集活动	
一周	作品展览	将作品进行展览	装裱后的作品
3天	作品评奖	组织学生评出心中最喜爱的作品	选票
1天	闭幕撤展	1. 公布获奖作品。 2. 对获奖学生进行表彰	PPT讲稿、小奖品
3天	评估	1. 发放调查问卷。 2. 回收调查问卷。 3. 分析问卷，评估活动效果	调查问卷

2. 焦点小组，聚焦危机，防范于未然

宣传讲座和主题活动主要是针对一般学生开展的滥用药物预防工作，可以说是初级预防，但对于一些特殊学生，尤其是面对各种逆境时承受力不足、常处于高危情境中的学生，他们需要接受一些特殊的训练，来增强他们抵抗外界诱惑，抵抗如毒品的能力等。焦点小组是指将对某一个问题感兴趣的人聚集起来依靠小组动力共同面对和解决问题的形式。针对校园在滥用药物领域存在的潜在风险，根据青少年滥用药物的成因，分析找出部分可能存在潜在药物滥用风险的学生，有针对性地开展小组服务。以下为可供大家参考的示例。

	"珍爱自己，健康相伴"——预防药物滥用成长小组	
节数	主题	目标
第一节	"嗨，交个朋友吧！"	明确小组目标；组员之间、组员与社工之间相互熟悉；制定小组规则
第二节	"药品亦毒品？"	学会识别可能被滥用的几种常见药物与毒品
第三节	"勇敢地对危险说不！"	学会拒绝滥用药品的诱惑的几种技巧与方法
第四节	"益友与损友；爱好与癖好"。	学会结交品行端正、思想积极向上的好朋友；学会养成良好的兴趣，拒绝有害身心的癖好
第五节	"我和情绪做朋友"。	学会控制和宣泄不良情绪的几种方法和技巧；学会倾听和合理表达自己的观点
第六节	"朋友，再见！"	回顾整个小组过程；处理离别情绪

3. 个案管理，重塑认知，改变行为

吸毒或复吸、药物滥用等行为的发生的原因十分复杂，不同的服务对象所面临的问题或危机更是因人而异。如果只是采用单一的介入模式则会存在诸多的局限性。

而个案管理模式能够整合各种资源,针对服务对象的差异提供不同的服务,是开展药物滥用防治的有效方法。

【实务操作】

"任务情境"中的案例呈现了吸毒青少年小张的基本情况,那么我们就来分析一下他的处境,并结合学校社会工作的一些方法技巧来帮助他解决现在面临的困境。

在与小张及其家庭成员进行深入访谈后,我们得知了一些关于他们家庭更加详细的一些情况:

家庭成员	互动关系的呈现
父亲和儿子	父亲原本是个温厚善良的人,但不善于表达,随着儿子的长大,两人交流变少;加之母亲比较宠儿子,母亲对父亲的无视行为也影响了儿子对待父亲的态度,使得儿子与父亲的关系算不上亲密。另外,父亲由于生病而不能工作的事实也让儿子感到难堪
母亲和儿子	母亲一直很溺爱孩子,她始终把小张当成是小孩子,在生活上给予了他无微不至的照顾。小张对母亲有很大的依赖,并且认为父亲的病情使他的母亲受苦了,在家庭中不自主地和母亲站了队;但同时,他也感受到母亲对自己的控制欲太强
父亲和母亲	父亲和母亲之间的夫妻关系非常僵化。母亲怨恨父亲生病后家里的重担都落到她一人身上,她主导了家中一切事物的主导权,且不愿意让父亲插手,包括对孩子吸毒这件事情的管教上。父亲失去了经济来源,也在家中失去了地位,不善言辞的他在几经发声无用后选择沉默

在与小张的老师和同学们访谈后,我们得知如下信息:

人物	评价
老师	小张平时沉默寡言,经常旷课,上课注意力不集中,很萎靡,学习成绩不好,存在不能毕业的风险
同学	基本上在课堂上看不到小张,集体活动小张也不常参加,曾经看到过小张和一群不良青年在校门口吸烟
曾经的朋友	小张的初中同学,以前经常一起上下学,与小张关系不错,指出小张家庭的变故对小张造成了很大的影响,也曾经劝过小张,但是觉得并没有多大的用处,后来因为升学分开,联系也就更少了。得知小张吸毒成瘾后,更是为小张感到惋惜和不值得

根据上述补充资料，我们可以对小张及其问题进行如下分析：

存在问题	◇ 小张的吸毒成瘾的问题 ◇ 小张家庭关系不佳的问题。 　由上述资料可知，小张的家庭存在的三角关系：李女士在丈夫失业后渐渐地开始对丈夫感到不满，她对待丈夫属于责备型人格；但她对儿子十分疼爱，虽然有着很强的占有欲，但也存在着讨好型人格；张先生在家中只能用沉默来讨好李女士，讨好儿子；儿子小张喜欢母亲，但他心中一直在回避父亲，回避整个家庭，所以小张属于打岔型人格 ◇ 小张的学业成绩较差的问题。 　小张上课注意力不集中，经常旷课，自然导致学习成绩较差 ◇ 小张缺乏社会支持网络。 　小张的朋友仅限于一起吸毒玩耍的朋友，老师和同学以及其他朋友对他的支持就显得很不足
服务目标	◇ 链接资源帮助小张顺利戒毒 ◇ 打破旧的家庭结构，构建健康的家庭关系，为小张戒毒提供坚强的后盾。 ◇ 构建社会支持网络，坚定小张的戒毒信心。 ◇ 帮助小张养成良好的学习习惯，提升学习成绩。
介入策略	◇ 建立专业关系，取得小张信任。 ◇ 链接资源，帮助小张进入戒毒所戒毒。 ◇ 开展家庭治疗，改善小张的家庭关系。 ◇ 为小张构建社会支持网络。 ◇ 和小张共同制定改变计划，提升学习成绩。

任务三　网络成瘾与介入策略

【任务情境】

放不下的 IPAD

小均，男，小学五年级学生，身体健康，发育良好。小均的爸爸和妈妈平时工作很忙，很少有时间来照顾小均，爸爸对小均的要求比较严，爷爷奶奶则对小均非常疼爱。

小均性格内向，但言语表达清楚，喜欢玩电脑游戏，看见了电脑眼睛就直发光，操作电脑不管是游戏还是平常上网都灵活自如，只要玩起来就一发不可收拾，为此小均的父母和爷爷奶奶都非常担心。

一次家长会，小均的父母和其他同学的父母就家中子女的网络游戏依赖问题展开了讨论，发现在小均的班上，和小均有类似情况的同学居然有很多个。他们放学回家后很少出门，经常手捧IPAD，讨论的话题也是这个游戏该如何通关，父母在家时可以控制他们使用IPAD时间，而当他们自己在家或者和爷爷奶奶在一起的时候，根本没有办法控制得住自己的行为。

请问，上述案例中，小均和他的同学们的表现是网络成瘾吗？如果是，如何帮助小均他们戒除网瘾呢？

【任务要求】

- 了解网络成瘾的基本概念及一般表现。
- 理解网络成瘾的成因。
- 掌握网络成瘾的介入方法。

【必备知识】

网瘾是指长时间地和习惯性地沉浸在网络时空当中，对互联网产生强烈的依赖，以至于难以自我解脱的行为状态和心理状态。网瘾可以使人自闭、自卑、脾气暴躁、自控能力差，甚至出现自伤、自残，对他人施暴等行为，严重者甚至精神失常或者出现休克、死亡。

早在2010年，专业调查显示，我国城市青少年网民中网瘾青少年约占14.1%，人数约为2 400万。网瘾可以分为四种情况：网络游戏成瘾，网络色情成瘾，网络聊天成瘾和网络强迫性信息搜集成瘾。调查表明，网瘾青少年主要是"网络游戏成瘾"，其次是"网络关系成瘾"。[①]要学习如何介入学生的网络成瘾问题，我们应该先了解

---

① 网易新闻. 谁来救救青少年网瘾之痛[EB/OL].2014-09-24：http：//news.163.com/14/0924/09/A6T876FT00014AEE.html.

网络成瘾的概念与成因。

一、网络成瘾的基本概念

"网络成瘾"的概念是由纽约市的精神医师格登博格首先提出的。匹兹堡大学的金伯利·扬博士对美国心理学家格登博格提出的网络成瘾的概念又进行了发展和完善,金伯利·扬的观点认为上网成瘾者主要有以下特征:

（1）耐受性增强,即上瘾者要不断增加上网的时间才能获得和以往一样的满足。

（2）出现戒断症状,如果一段时间从几小时到几天不等不上网,就会变得焦躁不安,不可抑制地想上网,时刻担心自己错过什么。

（3）上网频率总是比事先计划的要高,上网时间总是比事先计划的要长。

（4）企图缩短上网时间的努力总是以失败而告终。

（5）花费大量时间在与互联网有关的活动上,比如安装新软件、整理和编辑下载大量的文件等。

（6）上网使其社交、学习、工作等社会功能受到严重影响。

（7）虽然能意识到上网带来的严重问题,仍然继续花大量时间上网。

阿姆斯壮对网络成瘾做了较为全面的描述,认为网络成瘾是一个很广泛的概念,成瘾者在行为和冲动控制上有如下的问题和表现:

（1）网络色情成瘾。其是指沉迷于成人话题的聊天室和网络色情网站,或沉迷于网上虚拟性爱等活动。上网者沉溺于网络上的色情内容,包括色情文字、音乐、图片、影像、网络性爱等而不能自拔。网络的易介入性和直观性,使得网上色情的信息随处可见,无论是有关聊天的网站,还是成人电影网站都可以看到有关色情的话题、图片与信息。

（2）网络关系成瘾。其是指沉溺于通过网上聊天或色情网站结识朋友。上网者每天花费大量的时间,利用各种聊天软件以及网站的聊天室进行人际交流,过分迷恋通过网络上的人际交往建立彼此的友谊和爱情,并用这些关系取代现实生活中真实的人际关系,使网上朋友逐渐变得比现实生活中的家庭成员、朋友或同学更为重要。

（3）网络交易成瘾。其是指以一种难以抵抗的冲动,着迷于在线赌博,网上交易。网络交易成瘾通常指以一种难以抵抗的冲动，沉迷于在线赌博、拍卖、购物、参与网上讨论等而不能自拔。网络发展最快的是它的商业用途，网上商场、电子书店等占据了一定的位置。网上购物时因为便宜、方便、省时、新潮而备受关注。网络成瘾者中有很多人习惯在网上购物，并容易成瘾，超过了平时日常所需购物的极限，造成不必要的财物浪费。

（4）网络信息成瘾。其是指强迫性地浏览网页以查找和收集信息。这类人习惯强迫性地浏览网页以查找和收集对自身学习、生活并无实际意义的各类信息，并实施强迫、偏执性的"快餐式"阅读。

（5）网络游戏成瘾。其是指强迫性地沉溺于电脑游戏。网络游戏成瘾的人，通常喜欢沉溺于不同的网络游戏，体验刺激、惊险的过程，获取成就感及自我价值感。

对于网络成瘾的概念，本教材主要参照世界卫生组织的定义，它是指由于过度使用网络而导致的一种慢性或周期性的着迷状态，并产生难以抗拒再度使用的欲望。同时还会产生想要增加使用时间的张力与耐受性、克制、退瘾等现象，对于上网所带来的快感会一直有心理与生理上的依赖。

二、网络成瘾的成因

青少年网络成瘾的成因是来自多方面的，下面我们将从多个视角来分析青少年网络成瘾的原因，以便为后续介入方法的提出打下坚实的基础。

1. 青少年的身心特点——青春期心理发展的冲突

生理心理学认为，青春期往往指 12~20 岁左右长达 10 年之久的生命阶段，是从幼童向成熟个体过渡的阶段，也是人格心理与行为模式形成并定型的关键时期。在这个阶段中，孩子在心理和生理上都发生了巨大而独特的变化。他们体内的激素、心境、思维方式、学业、朋友、家庭关系以及情感都处于不断变化之中，但心里成熟往往滞后于生理成熟。处在"第二断乳期"的孩子，好奇心重、叛逆心重、喜好冒险刺激、情绪不定、情感脆弱、自制力欠缺、认知局限、自我保护意识淡薄、渴望理解、认同和支持，常常处在自我需求与社会环境不平衡的矛盾之中。而网络的包罗万象刚好迎合了学生们在青春期时期的心理特点，使得他们更愿意接触网络，并且又因为自制力差而对网络产生依赖而形成网瘾。

2. 家长的失范与不良的沟通管教方式

国内外许多专家学者总结出网络成瘾青少年家长家庭教养方式，多偏重于溺爱或过于严厉、学业上的高期盼和生活上的放任自流。父母应该说是孩子最好的老师，青少年在建立人生观、世界观的关键时期尤其需要来自父母的正确指导。很多父母习惯于那种"家长命令式"的教育方法，忽视了青少年的叛逆心理，造成了青少年偏要和父母对着干的局面。糟糕的家庭环境同样也是导致青少年网络成瘾的一个原因，如家庭关系不和或单亲家庭、父母忙于事业缺少和孩子的沟通、教育方法不当等。

3. 学校教育的缺失

青少年自我同一性的获得、自我系统的发展都依靠于社会的比较。但由于升学压力的存在，和家庭一样，学校的评价标准过于单一，都过分集中于学业方面。在这种状态下，那些学习成绩暂时得不到肯定，但实际也很聪明的孩子认同感无法得到满足，而网络世界及网络游戏所带来的学业之外的成就感则给他们提供了有效的补偿。部分学生纪律观念淡漠，经常受到老师批评指责和同学的孤立，基础差，学习成绩不理想也难以提高，就"破罐破摔"，干脆逃离现实生活而投身于虚拟的网络，有调查反映出这样的现象：学习成绩较差的学生上网习惯也不尽如人意，网络成瘾现象明显。①

4. 朋辈群体的相互影响

青少年在自我和社会性发展进程之中，很重要的一条认识自我的途径就是通过与同辈群体的参照和比较，他们会在与自己各方面情况差不多的同辈群体当中寻找到"我是谁"的感觉，并决定下一步的行动计划。因此，对于青少年来说，这一阶段的同辈群体的影响作用是相当巨大的。而且对于网络使用者而言，他们的同伴同时存在于现实和网络这两个世界之中，影响的作用更加错综复杂。

5. 网络本身的"魅力"

美国心理学家格林菲尔德（Greenfield）曾说："网络之所以有让这么多人上瘾

---

① 曹书楠. 青少年网络成瘾问题的社会工作干预研究[D]. 兰州：西北师范大学，2014.

的强大力量，是因为它能让使用者产生亲密感、无时空感和无压抑感，而这种力量是其他任何事物都不曾有过的。"互联网的传输速度随着科学技术的发展正在不断提升，网速可满足大部分人的需要，并且电脑及其配件的价格降低更易于被大众消费，拥有电脑和连接网络也日渐普及。这些因素使得可供上网的场所增多，上网的人群也日益庞大，网络内容日渐丰富，下载速度越来越快，网上交流便利，这些"便利"很容易造成"即时满足性"。而"即时满足"非常容易造成心理依赖，会逐渐改变人的生活习惯，长此以往极易成瘾。

网上的交往过程往往缺乏强制性，网络的个人化特征使得青年得到更多的选择自由。网络空间是既隐蔽又流动的非面对面的人际交往情境，使青年网民不用过于顾忌社会规范的压力以及现实社会中的交往障碍。现实社会中各种组织对成员的社会地位、生活方式以及身份、职业的要求都不复存在，青少年作为个体的身体属性、阶级属性、社会属性、地域属性等都不复成为造成交往沟壑的因素。网络空间的这种交往为青少年寻求与有感情、有个性、关系亲密、缺乏强制性而易于产生较高的心理认同感的朋辈群体互动提供了绝好的虚拟场所。

6. 社会因素

文化市场管理部门对一些网吧的监管不到位，尽管有关部门制定了许多禁止未成年人进入网吧的条例，网吧也会在门口悬挂"禁止未成年人入内"的标语牌，但是为了获取更高的经济利益，许多网吧无视那些法规，甚至诱导青少年进入，对他们通宵上网不管不问，也不制止，而青少年的自制力不足，更容易陷入网络中无法自拔。网络游戏的设计、开发也没有得到合理的控制。相关管理部门对危害青少年学生身心健康的游戏控制力度不够，过度宣传，使他们沉迷于此，无法自拔。未成年人作为一个特殊的群体，没有形成正确的人生观、价值观，容易受到不良网络游戏宣传信息的诱导，沉迷于游戏无法自拔。

三、网络成瘾的介入方法

在了解了网络成瘾的概念，分析了网络成瘾的原因之后，我们来看看，社工该如何开展相关服务。

1. 基础性预防及教育工作

（1）青少年教育讲座。引导学生学习均衡、自控、健康及安全使用互联网。

（2）家长教育讲座。帮助家长剖析青少年沉迷上网现象，协助家长处理子女使用互联网的问题。

（3）热线电话。家长及学生可致电"关心一线"，询问有关健康使用网络的方法。

（4）联校教师培训讲座。协助教师掌握处理青少年沉迷上网的技巧及治疗策略。

2. 发展性介入——互动工作坊

主要针对有沉迷上网潜在危机的学生。开展如下服务：

（1）"网络轨迹"互动体验工作坊。以体验学习法，制造虚拟现实游戏的情境，让青少年正视和反思沉溺上网背后的动机和需要。

（2）"网络兵团"服务。成立义工队，学生以小导师身份，向大众推广健康使用网络的知识及分享自身体验。

（3）"沉溺上网"甄别计划。学校协助填写甄别问卷，以制定本地化的青少年沉溺网络行为甄别工具。

3. 深层介入——个案辅导及小组治疗

青少年网络成瘾有其共同的根源，这些问题需由团体治疗来挖掘和矫治，但每个青少年之所以网络成瘾又有其个性化的诱惑，而这又需要个体治疗才能对症下药，彰显成效。针对受上网行为严重影响生活、学习的学生，我们可以开展如下服务：

（1）个案评估及辅导。老师或家长转介相关学生向学校社工寻求接受评估及辅导。常见的介入方法与思路如下：

① 认知行为疗法。逐渐改变网络成瘾学生的认知，使其意识到网络成瘾的危害，逐渐由认知的改变促进行为的改变。

② 行为疗法。在认知有所改变之后，学校社工则可和网瘾学生一起，共同制定行为量表，限制上网时间，达成任务则可获得除增加上网时长以外的奖励，通过正向的强化逐渐减少上网时间，最终达到合理上网的目的。

③ 代替疗法。使得网络成瘾学生在现实生活中获得充实的精神生活和娱乐，与其一起寻找其他爱好替代网络，比如游泳、打球、登山、旅游等户外运动。

（2）治疗小组工作。协助学生面对沉迷上网行为背后的真正需要，并学习重整生活，自控上网。

【实务操作】

由"任务情景"中的案例可知，小均和他的同学们存在一定程度的网络游戏依赖，在没有发展到更为严重程度的网络成瘾之前，作为学校社工，应该采取一些措施，帮助他们意识到网络成瘾的危害，帮助他们合理控制上网时间。

首先，学校社工在班上借助主题班会的形式和同学们探讨了课余生活与网络使用的问题，通过问卷的方式帮助小均和班上其他同学进行了"网瘾"测试，选取了已经有"网瘾"和潜在"网瘾"的同学作为小组成员，也鼓励其他同学自愿参与。

你有"网瘾"吗？——网络成瘾自查标准

美国心理学家杨格提出诊断网络成瘾的10条标准有：

1. 上网时全神贯注，下网后念念不忘"网事"。
2. 总嫌上网时间太少而不满足。
3. 无法控制自己的上网行为。
4. 一旦减少上网时间就会烦躁不安。
5. 一上网就能消除种种不愉快情绪，精神亢奋。
6. 为了上网而荒废学业和事业。
7. 因上网放弃重要的人际交往、工作等。
8. 不惜支付巨额上网费用。
9. 对亲友掩盖自己频频上网的行为。
10. 有孤寂失落感。

杨格认为上述10种情况，在1年间只要有过4种以上，便可诊断为网络成瘾综合症。

为了帮助同学们很好的远离"网络成瘾",学会科学的使用网络,学校社工可结合同学们的认知特点与现实困境,策划"走向'网'外的精彩人生——远离'网络成瘾'成长小组"。

走向"网"外的精彩人生——远离"网络成瘾"成长小组

节数	主题	目标
第一节	"我们都是好朋友!"	明确小组目标;组员之间、组员与社工之间相互熟悉;制订小组规则
小组环节设计		
1. 社工开场白,介绍自己及小组目标、环节设计。 2. 热身游戏——"朋友洋葱圈":同学们站成一列并进行"一、二"报数,报到"一"的站成一个圆圈,报到"二"的站成一个圆圈,两个圆圈站成同心圆,里圈的同学和外圈的同学面面相对,一同念口号:"朋友洋葱圈,转转转转转",然后内圈和外圈面对面的同学相互之间进行自我介绍。在大家相互熟悉之后,结束游戏。 3. 制定小组规则:社工带领大家共同制定小组规则并签名,鼓励大家共同遵守。 4. 总结与分享:你认识了哪些新朋友?本小组的规则是怎样的? 5. 预告下节活动主题。 6. 家庭作业:思考网络为大家的生活带来了哪些便利?又制造了哪些麻烦?		
第二节	"与网结缘"	1. 辩证的看待网络为生活带来的便利与危机。 2. 知晓网络成瘾的危害。
小组环节设计		
1. 上节内容回顾。 2. 热身游戏——"击鼓传花":通过击鼓传花的形式,让组员们分享上节小组活动的思考题目。社工也借此机会了解同学们对于网络的更多真实想法和看法。 3. 观看视频与案例,并做如下分享:为什么会出现网络成瘾现象?网络成瘾之后,他们的生活发生了哪些变化?这些变化是我们希望看到的吗?如何避免类似事件的再次出现呢? 4. 总结与分享:你现在对网络存在依赖吗?如果有,该怎么办呢? 在社工的引导下,制作改变小量表,检测自己每日用于上网的时间,并对上网时间进行缩短与控制。 5. 预告下节活动主题。 6. 家庭作业:坚持填写自己制定的小量表,加强对自己上网行为的管理与控制;向同龄人了解大家使用网络的状况,了解怎样使用网络才是合理的呢?		

续表

节数	主题	目标
第三节	"网外世界"	发掘自己除了上网之外的其他兴趣爱好。
小组环节设计		

1. 上节内容回顾。

2. 热身游戏——"穿越火线":小组成员分为两人一队,一位需要蒙上眼睛,扮演盲人,听从同组人员的指挥;另一个则在终点的位置提示队友向前走,两人之间相互帮助一起穿过设计好的有障碍物的场地,耗时时间最短的一方获胜。蒙上眼睛的人员由工作人员搀扶,到达起点的位置,听从同队队员的指挥,向前平移或者是跨越。在这个过程中间,不可以帮助蒙上眼睛的人。一人完成穿越之后,就和另外一个交换角色,亲身体会。

游戏分享:你成功过关了吗?成功的原因是什么?不成功的原因又是什么?生活中当你很迷茫或者无助的时候,你会怎么办呢?是听从别人的建议还是遵从自己的判断呢?对于上网这件事,你是如何看待自己的行为的呢?

3. 团队游戏——"坦克履带":小组成员分为两人一队,用胶带与牛皮纸制成坦克履带,把队员从起点运送到终点,速度最快的小组获胜。

游戏分享:你们组胜出的原因是什么?你们组失败的原因是什么?下次该怎么办呢?

4. 总结与分享:传统游戏与网络游戏有哪些区别与联系呢?是否觉得大家真实的在一起,在户外呼吸新鲜空气,做团队活动会比网络更有趣呢?在接触网络之前,你是不是有其他的兴趣爱好呢?

5. 预告下节活动主题。

6. 家庭作业:除了网络之外,找到另外一个有益身心的兴趣爱好。

第四节	"真实的你我"	学习真实世界的人际交往技巧。
小组环节设计		

1. 上节内容回顾。

2. 热身游戏——"你画我猜":找到十个成语,将组员分成两队,分别进行比赛,一队表演一队来猜成语,猜出最多成语的队获胜。

游戏分享:当肢体语言和语言本身,哪个更加直接呢?在人际交往当中,哪种语言更重要呢?

3. 人际交往能力提升——"交个好朋友"。

情景一:第一次见面的交谈技巧。

情景二:发生争执如何解决。

情景三:犯了错误如何道歉。

情景四:如何帮助遇到困难的同学。

4. 总结与分享:今天有什么收获?让你印象最深刻的是什么?

5. 预告下节活动主题。

6. 家庭作业:结识一个新朋友,了解对方的兴趣爱好,下次来的时候给大家介绍。

续表

节数	主题	目标
第五节	"我爱我家"	解除与父母的隔阂,促进亲子间的良性互动。
小组环节设计		

1. 上节内容回顾。

2. 亲子互动——"制作小时钟":提供手工材料,鼓励学生和家长共同完成小时钟的制作,在分工合作的过程中,社工注意观察家长和孩子的互动方式,并及时指出沟通中存在的问题,并通过引导和鼓励的方式,促使良性亲子互动沟通的形成。

3. 角色互换:引导家长和孩子进行角色互换,互相体会对方的不易。

情景一:考试发挥失常回到家,家长该如何对孩子进行正确引导。

情景二:在学校和同学发生了冲突,家长该如何安抚孩子的情绪。

4. 总结与分享:今天有什么收获?让你印象最深刻的是什么?

5. 预告下节活动主题。

6. 家庭作业:和家长一起策划并实施一次全家人共同参与的一日游,并分享感受。

第六节	"朋友,再见!"	回顾整个小组过程;处理离别情绪。
小组环节设计		

1. 上节内容回顾。

2. 观看小组过程剪影,回顾整个小组历程,分享小组参与感受:

本小组让我印象最深刻的环节是什么?经过本次小组,我有哪些改变?

3. 我的愿望树:将自己的心愿与对别人的祝福分别写在心形的小卡片上。将对自己成长的期待挂在愿望树上,将对别人的祝福送给对方,共同努力,合理控制上网时间。

4. 小组成效评估:填写评估问卷,评估小组活动效果。

5. 结束小组活动。

经过本次小组活动,小均和他的同学们学会了控制自己上网时间的方法,增进了友谊,培养了很多良性的兴趣爱好,和父母的关系也更加融洽。

【课堂练习】

一、单项选择题(每题的备选项中,只有1个最符合题意)

1. 丽丽嫉妒欣欣考试成绩比她好,在同学面前到处说欣欣的坏话,并拉拢其他同学们不和欣欣一起玩耍，被孤立的欣欣很是受挫。请问丽丽的行为属于校园暴力中的（　　）暴力。

  A．语言

  B．关系

  C．肢体

  D．网络

2．以下哪个同学最有可能遭受了校园暴力？（　　）。

  A．上课认真听讲，但是不主动发言

  B．学习成绩突然下降

  C．独来独往，朋友不多

  D．拒绝上学，拒绝谈论学校的生活并且情绪激动或神情涣散

3．以下不属于青少年药物滥用的成因的是（　　）。

  A．青少年心理特点：好奇心重，叛逆心强

  B．学校教育从未提及药物滥用的相关预防知识

  C．学校没有心理咨询老师

  D．家长有过吸毒行为

4．网络成瘾的主要表现不包括（　　）。

  A．户外活动次数减少：喜欢"宅"在家里面，不出门

  B．出现戒断症状：如果一段时间从几小时到几天不等不上网，就会变得焦躁不安，不可抑制地想上网，时刻担心自己错过什么

  C．上网频率总是比事先计划的要高，上网时间总是比事先计划的要长

  D．耐受性增强：即上瘾者要不断增加上网的时间才能获得和以往一样的满足

5．以下需要采用个案管理方法开展介入服务的是（　　）。

  A．小美曾经是一个品学兼优的好学生，偶然发现自己的好友小雪总是偷偷地喝一种有一股药味的褐色液体，她忍不住好奇，询问好友小雪那是什么东西，小雪支支吾吾，认为小美发现了自己的秘密，从此不再跟小美来往，小美为此很受伤，找到社工求助。

  B．小新以前在课堂上表现很活跃，最近却突然表现得很反常，经常在课堂

上走神,学习成绩也一落千丈,好像变了一个人,社工与小新交谈后发现,小新被班上另外一个同学表白了,一时间不知所措。

  C. 慧慧是个聪慧的姑娘,心灵手巧,家境良好,父母对其疼爱有加,这段时间却经同学介绍迷上了"我的世界",在虚拟的方块世界里"喂马劈柴",学习成绩一落千丈,自尊心很强的慧慧受不了这个打击,几天不上学,不吃饭。慧慧的父母很是着急,找到社工寻求帮助。

  D. 君君原本有个幸福的家庭,偶然间,他目睹了爸爸带了陌生阿姨回家,君君将这个事情告诉了妈妈,然后就是父母之间无休止的争吵,最终父母选择了离婚,君君伤心难过,为了排解忧伤,在"好朋友"的怂恿下,君君第一次尝试了"K粉",那感觉让君君暂时忘记了烦恼,当君君意识到不对劲时,他已经染上了毒瘾不能自拔,凭借自己的力量已经很难戒除。万般无奈之下,他找到了驻校社工小张。

  参考答案:1~5　BDCAD

参考文献

[1] 李珍. 上学被欺凌毕业欺负别人　校园暴力受害人如何疏导[EB/OL]. 半岛都市报, http: //news.bandao.cn/news_html/201702/20170226/news_20170226_2709348.shtml, 2017-02-26.

[2] 反校园暴力手册[EB/OL]. www.nobully.cn.

[3] 2014年国家药物滥用监测年度报告发布[EB/OL]. http://www.sda.gov.cn/WS01/CL0051/128740. html.

[4] 郑国裕. 青少年药物滥用的社区康复及防治项目策划——以深圳市某区为例[D]. 武汉:华中师范大学,2012.

[5] 李兰,王乃博,余超,吴磊. 青少年药物滥用现状及影响因素分析[J]. 中国学校卫生,2017(38).

[6] 网易新闻. 谁来救救青少年网瘾之痛[EB/OL]. http://news.163.com/14/0924/09/A6T876FT00014AEE. html, 2014-09-24.

[7] 曹书楠.青少年网络成瘾问题的社会工作干预研究[D].兰州:西北师范大学,2014.

[8] 王丹.青少年网络成瘾行为矫正的小组社会工作介入效果的研究[D].杨凌:西北农林科技大学,2015.

[9] 赵赏.青少年网络成瘾的原因分析及干预初探[D].上海:复旦大学,2010.

项目五　其他问题的学校社会工作介入

【项目导学】

学校社会工作服务以协助学生开发潜能和健康成长,并协助学生解决阻碍他们健康成长的问题为主要目的。具体而言,学校社会工作者为在学业、社交和情绪发展等方面有困难的学生提供专业社会工作服务,帮助他们解决问题,提升他们的学习动机和能力,发展他们的潜能,为其成长、成才打下基础的同时,帮助其克服障碍、发掘其潜在的聪明才智和创造能力。然而,随着社会经济、科技的快速发展,社会环境的日益复杂,学校学生的问题也更加多样化,学生所面临的学习和成长困境中变得更加复杂和严峻。因而,本项目通过学校适应问题、学生自我评价问题和自杀危机三个方面的案例分析,并结合学校社会工作的具体介入方法,为学校社会工作者提供更丰富的学校社会工作实务知识和经验,帮助学校社会工作者更有效地协助学生健康成长。

【学习目标】

- 理解新生学校适应问题、学生自我评价问题和自杀危机分别所涉及的理论知识。
- 掌握学校社会工作介入相关案例的策略和方法。

任务一　新生学校适应问题与介入策略

【任务情境】

自由与孤单——大一新生适应问题

张老师是广州一所大学统计专业的班主任老师,最近他正为统计(1)班的 16

级新生情况焦头烂额。16级统计（1）班一共36人，其中男生24人，女生12人，广东省学生20人，外省学生16人。作为班级班主任，张老师在开学头一个星期安排了2次班级会议：一方面为了认识新生，一方面准备选出班级干部方便班级管理。然而，这两次班级会议的情况却不尽如人意。第一次班级会议时，张老师兴致勃勃走到教室门口，发现教室里面格外安静，走进教室一看，大部分的学生都在低头玩手机，甚至没有人注意到张老师走进教室。会议上，张老师按例安排了自我介绍、分组讨论等环节，结果学生的反应并不积极：自我介绍的时候，几乎都只说了自己的名字便草草结束；小组自由讨论时，广东的学生扎堆分成几个小组，互相用粤语沟通，外省的学生则自成一组用普通话交流。第一次班级会议在尴尬的气氛中结束。第二次班级会议，张老师将时间安排在周六，计划自掏腰包带学生广州一日游，以增进自己和学生以及学生间的交流。谁料当日上午，张老师在原定地点等了半个小时，只有23人出席。其中部分广州本地学生发信息请假告知有事不能参加，有学生甚至表示自己一直生活在广州，对这里非常熟悉，没有兴趣参加一日游。清点完到场学生和请假学生的人数后，张老师发现有4位学生既没有到场也没有请假。张老师问在场学生，"没到的同学是哪几位？"，却无人知晓。无奈，张老师只好一一点名，发现同一宿舍的4位男生没有出现。张老师逐一打电话询问情况，岂料4位同学的电话都打不通，不是关机便是无人接听。张老师只能安排到场学生原地等候，自己前去学生宿舍查看情况。到了学生宿舍，敲开4位同学的宿舍房门，发现4个人竟都在寝室。学生告诉张老师，他们昨晚一直联机打游戏到现在，太过专注所以忘记了今早还有班级活动。此时时间已临近中午，原本的一日游计划也无法进行，张老师只好决定活动取消。两次不成功的会议后，张老师一直在思考反省，一方面检讨是否自己的活动组织安排有问题，一方面为班级学生间冷漠疏离的关系以及较差的自我管理和时间管理等情况感到担忧。左思右想后，张老师决定邀请学校王社工协助解决统计（1）班学生的问题。

阅读上述案例，请思考：案例中所描述的问题有哪些？张老师的活动设计安排是否恰当？如果运用社会工作的理念和方法，我们可以在哪些方面改进张老师的活动安排？学校王社工可以用到哪些专业方法帮助解决案例中描述的问题呢？

【任务要求】

- 了解新生学校适应问题的理论知识。
- 掌握学校社会工作介入新生学校适应问题的策略和方法。

【必备知识】

一、适应性的概念

"适应"一词源于生物学，从生物学来看，适应是指"生物体随外界环境条件变化而改变自身的特性或生活方式的能力"[1]。随着学科研究的不断发展，"适应"一词也逐渐为心理学、社会学和教育学等研究所借鉴和运用。例如，心理学将适应界定为"个体在社会组织系统、群体或文化经济因素的变化中，为其生存、发展和目标的实现而相应的变化的能力"[2]。而在教育学看来，适应是教育主体根据预期的目标，主动进行调整以符合外部条件变化的要求。[3]也有学者将"适应"的界定具体化，认为适应即是有机体对环境变化的反应，是个体对外界变化环境保持的和谐发展的能力。[4]从各学者所界定的适应概念，由此可概括，适应是主体对所处环境的适应，具体而言，即主体能够与所处环境相融合，而不存在排异。且在主体和环境的适应过程中，是主体适应环境，主体随着环境的变化不断调整自己的状态实现与环境的相融。

二、学校适应问题的概念

学校适应（school adjustment）这一研究课题最初是由国外学者和 Birch S. H. 和 Ladd G. W. 于20世纪80年代提出。[5]国外学者对学校适应的研究主要集中在概念界

---

[1] 陈时见. 学校教育变革和教师适应性研究[M]. 北京：商务印书馆，2006.
[2] 车文博. 心理咨询大百科全书. 杭州：浙江科学技术出版社，2001.
[3] 陈时见. 学校教育变革和教师适应性研究[M]. 北京：商务印书馆，2006.
[4] 陶沙. 从生命全程发展观论入学生入学适应. 北京师范大学学报人文社会科学学报，2002（2）：82.
[5] Birch S.H., Ladd G.W. The Teancher-child Relationship and Children's Early School Adjustment[J]. Journal of School Psychology, 1997(35): 1846-1851.

定、学校适应的内容、影响因素以及测量工具等几个方面。国外学者从不同的角度对学校适应的概念进行了界定，如 Birch 认为"学校适应不仅指学生的学校表现，而且包括学生对学校的情感或态度及其参与学校活动的程度"。Ladd 认为"学校适应就是在学校背景下愉快地参与学校活动并获得学业成功的状况"[1]。对于学校适应的内容，Birch 和 Ladd 认为热爱学校，能够积极地参与班级活动以及有良好的学业行为是学校适应良好的主要表现；国外学者 Kathryn R. W. 主要从是否亲社会以及学业表现两个方面来确定学生是否适应学校。[2]对于学校适应的影响因素，大部分学者认为除了学生自身的因素外，学校、家庭以及社会环境对学生的学校适应也会产生影响。

我国关于新生入学适应方面的研究起步较晚，发展较缓慢。目前，国内的文献对新生适应的研究大多是心理学与教育学。近几年对学校适应问题的研究也主要集中在以下五个方面：一是通过问卷或者量表对学生的学校适应状况进行调查，分析学生的学校适应现状；二是对学生学校适应的影响因素进行分析，其中影响因素涉及自我同一性、入学准备的类型、师生关系、同伴关系、家庭环境等各个方面；三是对学校适应不良问题的对策研究；四是对特殊人群如脑瘫学生、上网成瘾学生、流动儿童、农村学生的学校适应问题进行研究；五是对学校适应的其他方面进行研究。[3]然而从对文献的研究总结发现，目前国内对学校适应的研究大多停留在对学校适应状况及影响因素的研究上，在适应不良问题的对策研究上缺乏创新性，没能跳出学校已有的管理体制探索新的对策和方法。

三、学校社会工作介入新生学校适应问题

在学校社会工作介入新生学校适应问题的实践方面，很多其他国家的学校社会工作的工作内容中都明确规定了对新生学校适应问题的工作方法，例如美国从 20 世纪 90 年代开始加强学前教育，为新生可以更好地适应学校生活做好准备；加拿大也

---

[1] Ladd G W, Kochenderfer B J, Coleman C C. Classroom Peer Acceptance, Friendship, and Victimization: Distinct Relational Systems That Contribute Uniquely to Children's school Adjustment [J]. Chid Development, 1997, 68(6): 1181-1197.
[2] Kathryn R W, Carrolyn M B, Kathryn A C. Friendships in Middle School: Influences on Motivation and school Adjustment [J]. Journal of Educational Psychology. 2004, 96(2): 195.
[3] 许文洁. 学校社会工作介入初中新生学校适应问题的探究[D]. 西安：西北大学，2012.

明确规定了学校社会工作的主要任务之一是"为适应环境有困难的新生提供服务"[①]，以确保他们能够适应新的学校生活。我国对于学校适应问题，尤其是以学校社会工作视角介入新生学校适应问题的实践工作相较欧美发达国家，还落后很多。

目前我国学校解决新生适应问题主要是依靠新生入学教育，但是现在学校开展的新生入学教育从内容到形式都存在很多问题：第一，新生入学教育内容太过理论化。学校开展的新生入学教育通常是通过全体新生大会的形式，由领导和教师对学校的校史校情以及学生规范进行主题教育，很少涉及对学生具体学习方法和实际生活的指导。第二，新生入学教育时间太短暂。学校的新生入学教育基本上是集中在新生开学的前两周，但此时学生们还没有真正地融入到新集体中，很多问题还没有弄清楚也没有得到解决，入学教育阶段就已经结束。第三，新生入学教育方式缺少互动性。一般学校的新生入学教育并不是在了解了新生的需求以及问题后开展的，而是根据以前的经验对新生进行"填鸭式"的教育，新生们只是被动接受教育的内容。第四，新生入学教育的形式单一。新生入学教育的形式主要有全体学生大会和班会两种，对于这样的形式学生缺乏相应兴趣，而且学校的相应教育内容也缺乏针对性。这样的新生入学教育虽然对新生适应新的学校环境也起到了一定的作用，但是不能从根本上解决新生入学适应问题，所以学校需要改变新生入学教育的内容、方法以及形式，使新生入学教育能够发挥其应有的效果，帮助新生更好地适应新学校的生活。

值得欣慰的是，因社会的复杂性，新生适应问题的严重性，使学校社会工作介入新生入学适应问题越来越受到学校的重视。具体而言，学校社会工作介入新生学校适应问题具有以下优势：第一，服务的可接受性。学校社工虽然是为新生提供服务的专业人员，但学校社工与服务对象的地位是平等的，平等与尊重的专业关系更容易被学生所接受。而且秉承"助人自助"的理念，学校社工的任务不仅仅帮助学生解决眼前的问题，还要帮助学生寻找社会支持系统并挖掘学生自身的潜能，提升其解决问题、适应生活的能力，当他们之后再次遇到类似或者新的问题时，能够自

---

① 壬伟. 加拿大的学校社会工作[J]. 社会工作上半月（实务），2008（1）：20.

已解决问题。学校社工通过自己的专业理念所设计的丰富多彩的活动，能让新生们在活动中获得成长，且趣味性和互动性的增加，更容易引起新生们的兴趣，从而被他们所接受。第二，服务的针对性。传统的学校学生工作往往采取统一、强硬的方法管理学生，通常采取千篇一律的方法对待不同学生的不同问题，忽视了学生的个性差异和问题的特殊性。而学校社工相信每个人都是独特的，需要区别对待每一个服务对象。因而，学校社工在进行服务之前，会详细了解学生所遇到的问题，并根据所了解到的情况设计服务内容和介入计划，在服务活动开展时也会因为情况的变化而适时地调整介入策略。学校社会工作的方法多样，可以根据不同情况和不同的服务对象灵活选择，使所提供的服务更有针对性，从而能更好地解决新生的学校适应问题。

【实务操作】

回到"任务情境"中的案例，学校王社工在与张老师沟通并实际了解班级的状况后，就统计（1）班的情况设计了如下介入方案：

步骤一：新生学校适应问题排查：社工在班级里发放大学生适应性量表，测量学生入学适应水平，将适应水平非常低的学生作为重点关注对象，并给予个案服务，通过个别面谈处理学生适应问题。

步骤二：学校小组工作（团队工作）：通过社工的设计、参与、组织以及团体成员之间的互动互助，促使参与团体的学生个体获得情感上的支持、行为方式的改变、社会功能的恢复和能力建设的提升，并在此过程中达成团体的目标，促进个人和整个班级的成长。

步骤三：朋辈导师关怀计划：朋辈导师是维系着学生与学校的重要网络，导师作为学校的代表被期待连接学生和学校，以建立关系。同时，导师亦需分享他们的宝贵经验，培养和推动学生的个人成长，学生在此可获得导师的关怀和指导，加快对学校生活、教育模式的适应。

具体小组活动方案设计如下：

我的青春　我的大学

基本情况：
- 小组名称："我的青春，我的大学"成长小组
- 小组对象：2016级统计（1）班学生
- 参与人数：12人（测试适应水平较低的同学）
- 小组节数：5节
- 社会工作者：王社工

小组目标：
- 帮助组员尽快熟悉大学生活环境，认识大学的生活模式。
- 帮助组员熟悉组内、班级同学，增加组员人际交往能力，拓展小组成员的交友圈。
- 提高组员独立生活能力，例如学会有效的时间管理。
- 帮助组员完善学校生活支持网络。

理论背景：

大学生活正是从单纯走向繁杂，从依赖走向独立的裂变时期。大学阶段是一个人的生理和心理都新生发展的阶段。每一名新步入大学校园的学生，都曾有过一系列关于大学生活美好的向往，然而，由于理想与现实的距离，生活环境、人际关系等因素的骤变，使许多新生感到迷茫、困难。

根据马斯洛的需求理论，在生理需求和安全需求都得以满足后，人开始产生对归属和爱的需求。同时，埃里克森的人格发展八阶段理论也告诉我们，在18～25岁的成年早期，人面对亲密感对孤独的冲突，如果这一阶段的危机成功地得到解决，就会形成爱的美德，而更顺利地进入人生的下一阶段。因此，大一新生需求通过健康的人际关系来获得爱（朋友之爱、伴侣之爱、环境之爱）和对环境的归属感。同时，根据社会学习理论，人的行为是可以通过学习和再学习改变和增强的。可以透过正强化使个人学习到新的行为。大一新生由于知识和经验的不足以及能力和技巧的欠缺，会使他们在适应环境、满足需求、解决人生危机中遇到挫折和困难，而小组活动的方法能够使组员得以学习和成长，以帮助组员提高环境适应能力，使其需求得以满足，冲突得以解决，从而顺利开启快乐美好的大学生活。

活动内容及形式		
小组节数	小组主题\目的	主要内容安排
第一节	"你好同学" ◆ 小组成员了解小组工作。 ◆ 小组成员认识到此次小组活动的目标。 ◆ 与组内成员初步认识。 ◆ 制订小组契约。	◆ 社工介绍自己，说明小组方式及目标。 ◆ 进行"一元五角""棒打薄情郎"破冰游戏。 ◆ 通过"快快快"游戏互相认识。 ◆ "我希望"环节，分享自己对小组的期待。 ◆ 头脑风暴制订小组契约。 ◆ 社工总结。

续表

第二节	"走近你我他" ◆ 巩固、增进组员之间的熟悉感。 ◆ 增加小组凝聚力。	◆ 进行"人有千千结"破冰游戏。 ◆ "我的家乡吐槽大会"。 ◆ "信任行"环节,感受组员的支持。 ◆ 小结。
第三节	"滴答滴答" ◆ 提高组员规划和利用时间的能力,增强他们完成学习任务、适应大学学习生活的自信心。	◆ 进行"大逃杀"游戏感受时间的珍贵。 ◆ 通过"我很忙"环节,体验时间安排。 ◆ 通过"大家来找茬"环节,进行组员对时间管理的分享及讨论。 ◆ 小结。
第四节	"请听我说" ◆ 协助组员掌握沟通的语言技巧和非语言技巧。 ◆ 增加人际交往的沟通能力。	◆ 进行"我来比划你来猜"游戏,引入沟通主题。 ◆ 沟通技巧的分享和讲解。 ◆ 进行"action"情景模拟,组员抽取情景卡,讨论并表演。 ◆ 小结。
第五节	"我们是你的导师" ◆ 承接朋辈导师计划,与朋辈导师认识、了解。	◆ 介绍朋辈导师关怀计划及组员的朋辈导师。 ◆ 通过"追忆似水年华",导师和学长/姐分享大学生活趣事。 ◆ 进行"请问……"环节,组员向导师提问。 ◆ 小结。
第六节	"很高兴遇见你" ◆ 巩固小组成果。 ◆ 结束小组活动。	◆ 介绍本次活动内容,告知组员进入最后一节。 ◆ "回首来时路"环节,组员回顾小组历程,引导组员分享。 ◆ 告别:填写反馈表。

朋辈导师关怀计划[①]

[①] 香港浸会大学联合国际学院导师关怀计划[OL].http：//uic.edu.hk/cn/educational-philosophy/ mentor-caring-programme,2017-03-15.

朋辈导师关怀计划	
朋辈导师关怀计划目的	◆ 促进学校与学生之间的沟通。 ◆ 为学生提供关怀、照顾、指导、建议及支持，从而促进学生个人成长及发展。 ◆ 透过导师与组员间的有效沟通，明白学生的困难及需要，从而提供帮助。 ◆ 建立温馨关爱的校园气氛，从而提升学生对学校的归属感。
导师角色	◆ 观察者：了解组员日常生活及学习情况，确认学生是否有任何困难需要协助。 ◆ 照顾者：跟组员建立互信和有效的沟通关系，同时促进组员间的关系。希望透过小组内互信和支持的气氛，鼓励组员在有需要时主动求助。 ◆ 中介者：作为学生与学校之间的桥梁。 ◆ 资源提供者：提供适用的资料，促进组员适应大学生活。
导师任务	所有2016级统计（1）班学生都参加此计划，新生们分成 3 组，每组由统计专业的教学老师担任导师的角色。导师透过个别面谈、电话联系接触和电邮等方式与新生保持联系，了解他们的校园生活状况，给予他们帮助和支持。同时每个关怀小组另外有 2~3 名的学长/学姐担任"朋辈导师"的角色，协助导师与组员联系，并且协助举办多彩多姿的活动。具体任务如下： ◆ 主动联络并回应学生，同时确保学生有清晰明确的方法与你联络。 ◆ 组织多元化的活动或是为学生提供有助组织活动的资源，以培育学生个人成长为目标。 ◆ 推动或安排学生参与导师关顾计划的活动。 ◆ 识别学生的困难和需要，并给予实时及适切的帮助，如有需要，为学生做出适当的转介。 ◆ 掌握并运用一些基本的面谈技巧。

经过针对 2016 级统计（1）班个别的个案辅导和团队工作，该班同学发生了非常大的变化：36 个学生均认识、并熟悉自己的同学和老师；班级讨论不再以性别、地域分组，每个同学都能积极投入到班级事务的讨论中；常常组织班级聚餐；第一学年校运动会获得团体 2 等奖。同时，王社工设计的朋辈导师关怀计划，得到学校

的认可，学校准备将其推广至全校所有专业，并给予朋辈导师关怀计划大力支持，以帮助往后每届新生更好地适应学校生活，健康成长。

任务二　自我评价问题与介入策略

【任务情境】

这是一个看脸的社会——自我评价问题[①]

　　13岁的露露（化名）是一名初一的女学生。她身材娇小瘦弱，平时走路习惯性地驼背。从外貌而言，露露的长相虽谈不上出众，但是也算清秀。其长相上些许的不足，就是牙床和牙齿有凸出的现象（俗称"龅牙"）。

　　小学毕业后，露露跟随父母从安徽老家来到上海，进入一间本地学校读书。到了学校后，平时与其他同学的交往不多，她不擅于主动和别人打交道，经常独来独往，很少看到和她结伴而行的朋友。平时露露与同学、老师说话总是怯生生的，声音很小。

　　露露的同桌是一名叫阿辉的男同学，平时活泼好动，爱讲话，是个开朗又调皮的学生。一天早上，阿辉一到学校就和周围的同学聊开了，"你们有没有《哆啦A梦》的最新剧场版，特别精彩！我觉得我们班上的小胖特别像里面的胖虎，然后莹莹像静香，露露像小夫，因为他们都是龅牙，哈哈……"这时候，露露刚好走到座位，几个围在一起讨论的同学看到露露，又想起阿辉刚刚说得"小夫和露露都是龅牙"，彼此交换了眼神，偷偷地笑着交头接耳。而露露听到他们窃窃私语，红着脸低下了头。

　　来到上海的学校，英语是露露学习上最大的障碍，由于以前在安徽上学时英语课上得很少，也从来没有学过音标，发音和单词成为露露的软肋。而英语课陈老师总是喜欢抽同学朗读，每次英语课，露露都很紧张。一次英语课上，陈老师请同学上台朗读书上的对话，抽到了露露和另外三名同学。其实每天晚上，露露都会反复

[①] 该案例为笔者加工处理后的二手资料，原案例来源于：文军. 学校社会工作——案例评析[M]. 上海：华东理工大学出版社，2010.

阅读英文课本，防止课上被抽起来朗读的时候出丑。露露在忐忑不安中完成了对话，陈老师发现露露的发音有很大的问题，于是耐心地说道："露露，发"M"这个音的时候，要把嘴唇抿起来，用鼻子，仿佛像牛叫那样发声……"这时候，阿辉在底下突然说道："龅牙合不拢嘴，哈哈哈哈……"班上同学开始哄堂大笑，这些笑声如同把把利剑一样刺到露露心里，露露的眼里挤满了泪水。虽然，陈老师制止了同学的玩笑，但此后的英语课陈老师发现露露有了很大的变化，露露上课除了死死地盯着黑板，不会和老师有任何的眼神交流，而只要陈老师提问到她，她就会站起来一言不发，直到老师无奈地叫她坐下。陈老师将露露的情况与班级的其他任课老师沟通后发现，露露在其他课上的表现也是这样的沉默不语，但因为露露每课的作业都认真完成，考试成绩属于中等，所以部分老师并没有觉得有问题，只是认为露露特别害羞。后来老师们找来班上同学了解露露情况，愕然发现班上的同学竟然一学期都没有和露露说过话，有同学还反应，露露一放学就会摸出包里的口罩戴上后急匆匆地往家跑。了解情况后，老师们觉得露露的问题比想象中严重，于是报告给学校社工，希望社工能帮助到露露。

阅读上述案例，请思考：案例中露露的问题有哪些？学校王社工可以用到哪些专业方法帮助露露走出困境？你对自己有怎样的评价呢？

【任务要求】

- 理解自我评价问题的理论知识。
- 掌握学校社会工作介入自我评价问题的策略和方法。

【必备知识】

一、自我评价的含义

自我评价是自我意识的一种重要形式，是主体对自己思想、愿望、行为和个性特点的判断和评价，是对自身状况所做的肯定与否定的判断。[①]同时，自我评价是与

---

① 朱智贤. 心理学大词典[M]. 北京：北京师范大学出版社，1989.

主体认识能力发展相关的一种自我意识的表现，是一种包含社会行为准则的知识和主观经验的复杂的心理行为，它包括个体对自身的思想、能力、水平等方面的评价，是自我调节机制的主要成分。①任何一个具有自我意识的人，都需要在明确评价和确认了自己的确切状况之后，才能判断怎样对待所处环境中的他人及其他客体，即让自己的行为有明确的定向，而没有明确行为定向的人，则难以摆脱内心的不安定感和焦虑。所以，自我评价常常发生在我们希望准确地、客观地描述自我的时候。

二、自我评价的实现途径

自我评价总是依据一定的参考标准并通过一定的途径实现的，相关研究将自我评价的实现途径概括为社会比较、他人评价和自我估价。②

1. 社会比较

社会比较是指通过将自己与他人比较以获得有关自我的重要信息的过程。1954年，Festinger 第一次提出了社会比较的概念和理论，被称为经典的社会比较理论。该理论认为，当个体为了准确地对自己进行认知评价时，往往同社会上与自己地位、职业和年龄等相类似的人进行对比。③后来的研究者发展了社会比较理论，认为个体为了获得有关自我认知的信息时，不仅仅只与自己相似的人进行比较，还会与比自己强或差的个体比较，从而完整地提出了社会比较的三种类型平行比较、上行比较和下行比较。④经典的社会比较理论是一种典型的平行比较。Wheeler 等人首次提出上行比较的观点，认为为了与他人寻找差距，达到自我进步的目的，个体喜欢和比自己等级高的他人进行比较，Collins 在此基础认为，上行比较更有助于个体的自我评价，不同的是认为个体的预期会对上行比较的效果产生影响性的作用：如果预期自己会和上行比较目标不同，就会有一种对比效果，使个体萌生一种自卑感，产生更为消极的自我评价；如果个体预期自己会和上行比较目标状态相同，就会有一种

---

① 林崇德. 发展心理学[M]. 2版. 北京：人民教育出版社，1995.
② 任艳. 中学生的自我评价及其与心理健康的相关研究[D]. 郑州：郑州大学，2006.
③ R. A. 巴伦，D. 伯恩. 社会心理学[M]. 10版. 黄敏儿，王飞雪，等，译. 上海：华东师范大学出版社，2004.
④ Collins R L. For better or worse: The impace of upward social comparisons on self-evaluations[J]. Psychology Bulletin, 1996, 119: 51-69.

同化效果，从而其自我价值感得到提升。与此同时，Hakmiller 于 1962 年提出了下行比较的观点，认为当个体的自尊受到威胁时，会倾向于和比自己差的人进行比较。①Wills 前人研究的基础上，提出了全面系统的下行比较理论（简称"DC 理论"），该理论认为当个体遭受失败、丧失等任何消极生活事件时，个体的自尊心理健康水平就会下降，这时个体倾向于和比自己处境差的人比较，以此来维护其自尊和主观幸福感。②下行比较通过降低个体自我评价的参照体系，以维持积极的自我评价，是压力事件和心理健康的一种应对机制，具有很好地适应功能。

2. 他人评价

社会是由众多不同的个体所组成的，每个生活在其中的个体都会受到他人的影响和评价。他人评价是来自于他人的某种判断的过程，它是个体自我评价的一个重要依据。个体对自己生理、心理等方面的评价不可能都做到恰如其分，常常需要通过他人评价来加以判断。所以，人总是从别人对自己的态度和评价中了解自己，同时在自我体验、自我总结中认识自己。Cooley, C. H. 在其"镜中我"的理论中提出别人对自己的态度是自我评价的一面镜子，即一个人处在一定的社会关系中，通过与他人相处，从他们对自己的评价中看到了自己的形象，为自我评价提供基础，在人际互动中，人们相互之间会对对方进行各种各样的评价，个体同时也或多或少地感知到周围他人对自己所做的评价。Kinch 受镜像自我理论的影响，提出了一个反射性评价模型来说明人们是如何获得自我认识的。反射性评价模型有三个成分：他人对于我们的真实想法是什么（他人的真实评价）；我们对这些评价的知觉（我们知觉到的评价）；我们关于我们自己的想法（我们的自我评价）。反射性评价模型认为他人对我们的看法（他人的真实评价）经过我们对这些看法的感应（我们知觉到的评价）间接地影响了我们关于我们自己的想法（我们的自我评价）。其中他人这面"镜子"，并不是指某个人的一次评价，而主要是指对自己有影响的关系较为密切的人，

---

① 邢淑芬,俞国良. 社会比较研究的现状与发展趋势[J]. 心理科学进展，2005（13）:78-84.
② Gibbons F X, Bergan M R, Blanton H. Comparison-Level Preferences After Performance: Is Downward Comparison Theory Still Useful? [J]. Journal of personality and social psychology, 2002(83): 865-880.

从一系列的评价中概括出来的某些经常的、稳固的评价。[①]

3. 自我估价

虽然个体常根据社会比较或他人对自己的评价来进行自我评价,但这并不排除个体对自己的心理活动及行为表现进行主观分析,有时个体就是通过这种自己对自己的分析、观察来进行自我评价的。自我估价指通过完成能提供有关自己能力或品质的准确信息的任务以检验自己的自我观念的过程。例如,通过自学以检验自己对自己学习能力的看法,通过实际的操作工具以检验自己对操作技能的掌握程度。当人们对自己的能力或品质没有把握时,常常趋向于通过完成一特定任务对自己进行检验性评价:如果个体顺利地完成了该任务,便可从中获得了该任务所代表的肯定性评价;如果个体不能完成该任务或在完成过程中,存在较大的困难和挫折,就可能对自己形成否定性评价。这是一种通过主动寻找和完成验证自我信息的相关任务以达到个体对自我能力或特征客观认知与评价的心理过程。

三、自我评价问题

当一个人的自我评价正确、适当时,就会使主体感到心态平稳,身心愉悦,并能将自己的力量与具有不同程度困难的任务及周围人的要求加以恰当的比较。而一旦一个人的自我评价不正确、不适当,就会使之过高或过低地评价自己,产生不正常的心理状态,如嫉妒心理(不适当评价自己)、优越心理(过高评价自己)、自卑心理(过低评价自己)等心理障碍,影响主体的身心正常发展。[②]

1. 嫉妒心理

所谓嫉妒心理是指当个体所期望得到的别人的评价低于自我评价,而别人对他人的评价又高于自我评价时所产生的一种不健康的心理。一般来说,嫉妒者自感别人的某些方面,诸如外貌、衣着、学习成绩、能力等高于自己,觉得"他怎么能超过我",便患得患失,感到不公平和愤怒。嫉妒心理可导致两种不同的动机和行为:或横下一条心,通过自己发奋努力,用事实说话,胜过对方,使自己的心理宽慰;

---

① 乔纳森·布朗. 自我[M]. 陈浩莺,等,译. 北京:人民邮电出版社,2004.
② 杨丹阳,崔静萍. 学生自我评价障碍及其调试[J]. 教育探索,1996(2):34-35.

或运用限制的措施，冷嘲热讽，贬低别人，甚至造谣生事，诬告陷害。嫉妒心理在各类学生中均不同程度的有所存在。嫉妒心的危害性很大，主要表现在损害自身健康、破坏人际关系、抑制个体成长三个方面。

2. 优越心理

优越心理是指个体期望别人对自己的评价高于自我评价，而当别人的评价低于自我评价时所产生的一种不正常的心理状态。此时个体的个人自我感觉过好，因此产生强烈的优越感，觉得自己处处高于别人，别人事事不如自己。

在学校，优越心理一般在学习成绩优秀的学生中比较常见，因为这些学生学习好、能力强，颇得老师和父母的偏爱和欢心，围绕着他们几乎都是赞扬声，即使他们在某方面并不出色或存在这样或那样的缺点和不足，也都由于学习好、有能力而被披上了光彩。因此，这些生活在赞扬中的学生往往感到发自内心的优越感。而这种长期的优越感并不利于他们更进一步的成长和发展：一方面，优越心理会在一定程度上阻碍学生努力、拼搏和成长，造成学生原地踏步，没有进一步的成长；另一方面，具有优越心理的学生由于经历过多的一帆风顺，容易使其在日后的生活中一旦遇到批评和挫折，或一经跌倒就爬不起来，抗压能力和受挫能力较差。

3. 自卑心理

自卑是一种消极的自我评价或自我意识，个体期望从他人那里得到的评价低于自我评价，而个体对别人的评价高于自我评价时产生的一种心理状态。同时，自卑也是自我评价偏低带来的，以惭愧、羞怯、不安、内疚、灰心、悲观、失望等消极评价表现为主的情绪体验。自卑现象在人群中具有一定的普遍性，并能以相类似的心理与行为表现出来，主要包括：心中缺乏平静与安全感；自信心低；社交上表现畏缩；批评或嫉妒别人；人际冲突；自我排斥，厌恶甚至憎恨自己；沮丧；拼命想获得权力与优越感，进而能控制别人；爱抱怨，争辩，偏执，过于敏感，不愿意原谅他人；不能接受别人的称赞或爱的表达；不善于做个好听众；容易屈服，依赖，并且情感容易受到伤害；感到自己软弱而无法克服自己的缺陷，缺乏动力，无法超越自己等。中小学生中自卑感比较常见。有人对628名中学生的自卑感进行调查发现，女生的自卑感比男生强烈；高中生对外表的自卑感比初中生强烈；影响在中学生群体自卑感的因素既有主观的也有客观的，社交信心、学业能力、外表、体能和性别是影响中学生自卑的主观因素。①

【实务操作】

回到"任务情境"中的案例，学校社工通过与露露的几次正面接触，以及对露露身边熟悉者的访谈，社工对露露各方面的行为做了初步分析，并针对露露的情况设计了以下个案工作方案，以帮助露露走出目前的困境。

个案工作计划

案主姓名	露露	年龄	13	性别	女	班级	初一3班
问题呈现	1. 拒绝和除家庭成员外的人沟通，案主自述，到目前为止只和班里2~3个同学说过不超过10句话。 2. 觉得自己外貌丑陋，尤其是牙齿嘴型难看，在外面害怕以真面目示人。 3. 存在轻微的发音问题						
问题分析	案主的问题是典型的自卑情绪，是因为长相不佳引发的自我评价问题，其具体表现为自卑。案主认为自己相貌不佳，不愿接受自己的外形，因而时常戴口罩遮住自己的面容。案主认为自己长相丑陋，说话不清楚，所以没人愿意和自己接近，自己也没有信心和他人亲近、沟通，于是在内心里不断回避与他人的交往。同时，案主非常注重别人对自己的评价，每次听到别人窃窃私语，总是认为他人是在议论自己的长相，内心觉得受到伤害且越来越缺乏信心。在案主心里，长相是评价一个人的标准，因为自己长得丑，做事时常提心吊胆，害怕被他人耻笑						
案主曾经做出的努力及现有资源	1. 案主在学习方面非常刻苦用功，认真完成作业，考试成绩属于班上中等水平。 2. 案主家庭关系和睦，且案主的父母非常重视案主的学习情况，特地把案主接到上海读书，也是希望给案主提供更好的学习环境						
目标制订	针对以上分析的结果，设定了如下工作开展的目标： 纠正案主因为外表上的不足而导致的自我评价误区，减轻其自卑情绪的长期负面影响，提高其自我认同度和自信心。同时，培养案主的人际沟通能力，推动她与周围社会系统的有效互动，让她主动融入集体，建立起良好的社会互动关系						

---

① 黄曼娜. 中学生自卑感的特点及其克服[J]. 心理发展与教育，1999（4）：40-44.

续表

目标制订	具体目的： 1. 引导案主将自我认同从外部转移到自身，更加关注自身的优势和进步，树立正确的自我价值观，减少自卑情绪。 2. 鼓励她与他人交流，并创造条件促进其参加同辈群体的集体活动，学会与群体互动交流。 3. 链接资源帮助案主进行牙齿矫正，改善其发音问题，进而提高案主的自信心
个案策略	1. 创造自由、信任的专业氛围。 对于有自卑障碍且自我认同度低的案主，一个安全、信任和自由的沟通氛围对案主以及个案的持续开展非常重要。社工发现，案主对外界的评价过分关注和敏感，非常在意外界评价，因而在与案主的辅导过程中，社工要传达出对案主的尊重和无条件地接纳，让案主明白，这是一个她可以自由表达且不会担心被嘲笑的环境，让案主体会到环境带给她的信任感和安全感，从而使案主能够完全释放压力，取消种种束缚，在与社工的互动氛围中发现自我价值。 2. 通过注重案主自身的能力建设，纠正案主自我认识的错误认知。 案主的自我认识中有很多错误的认知，比如过分概况化，因为一个同学阿辉的玩笑，便得出认为所有人都在意她的外貌的错误结论，因嫌弃她的外貌这个错误认知，导致了其自我封闭；在沟通中，案主总是夸大外貌对一个人的评价，觉得长得好看的人什么都好，自己不好看所以一无是处。社工在与案主的沟通中，应引导她将评价的标准从外表转为内在，说明"长得好"并不是"有价值""受欢迎"的唯一条件，更强调案主的内在品质的培训和自我进步，从而树立案主对自己更为客观的认识标准。具体而言，可以和案主一起讨论其优势，例如，案主学习态度认真，没有不良嗜好，心地善良，能为别人着想，并有针对性地加以强化。 3. 从案主的社会支持系统入手，协助案主建立信心。 分析露露目前的状况，要提高露露自我认同的程度，还应该从她现有的社会支持系统入手

续表

个案策略	
	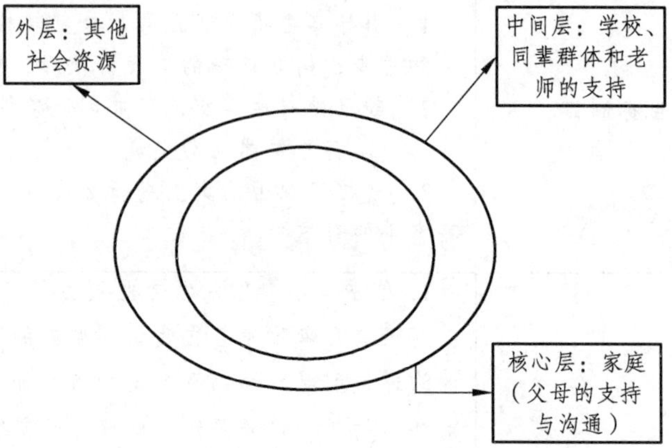 （1）核心层方面：社工计划家访，通过同露露家长的沟通，让露露能够在家庭里获得更多的支持和理解。 （2）中间层：同学校老师沟通，组织相关班级集体活动，让露露能够感受到集体的快乐，从而愿意主动融入群体；同时设计一场"这是一个看脸的社会吗？"辩论赛，让更多的学生参与对自我评价的讨论中，树立正确的自我评价认识。 （3）外层：考虑到露露的牙齿发展情况已经影响到发音，需要进行适当的牙齿矫正，社工联系与学校长期合作的医院，争取获得医院的支持，提供给露露家庭经济可以承受的牙齿矫正治疗

经过一个学期的辅导治疗，露露的情况较之前有了很大的改善。现在，她和班里比较谈得来的同伴成为朋友，特别是露露的同桌阿辉，特地传纸条就自己之前的行为向露露道歉，这让露露非常开心。露露也丢掉了自己包里的口罩，尽管因为接受牙齿矫正治疗需要戴牙套，但露露已经不害怕别人的眼光，在她脸上已经能看到灿烂的笑容。社工决定露露的个案辅导可以结案，同时社工也向露露表示，会一直关注她的成长和进步，如果露露在以后的生活中遇到其他问题，仍然可以向社工寻求帮助。

任务三　青少年自杀未遂与干预

【任务情境】

她比烟花寂寞——自杀危机与干预

　　救护车刺耳的鸣叫，打破了学校格外宁静的夜晚。宿舍的学生都四处张望，七嘴八舌地讨论着出了什么事情。宿管阿姨从一楼开始一层一层的招呼学生回房间睡觉，大约过了半个钟头，宿舍楼又重新恢复往常的平静。躺在救护车上的是该校的女学生小丽（化名），今年15岁，读初三。此刻，她正因吞下大量安眠药痛苦地蜷缩在车内病床上。旁边坐着的班主任陈老师紧紧握着小丽的手，面色沉重，这已经是小丽本学年第三次实施自我伤害的行为。第一次注意到小丽，是因为其他老师反映小丽有一段时间上课不专心，喜欢课堂睡觉。陈老师照例约小丽单独谈话，却发现小丽面色苍白毫无血色，双目无神，精神涣散。觉得情况不对的陈老师将小丽带到学校医务室，校医室医生初步诊断为营养不良造成的贫血和低血糖症状。在得知原因后，陈老师最初怀疑是否因为家庭经济原因或者女生减肥导致过度节食发生营养不良。然而，和小丽沟通后，陈老师发现小丽似乎没有减肥倾向；从随后到学校的小丽母亲那里得知，小丽家境殷实，不会有吃不上饭的经济困难；陈老师也验证了小丽的校园卡上有大量余额，排除了乱花钱导致没钱吃饭的情况。最后，陈老师在适当教育了小丽后，让小丽母亲带小丽回家调养，身体恢复后再返校上课。小丽第二次出事是在2个月后晚自习下课的时候，小丽的室友哭着打电话给陈老师说小丽出事了。陈老师急忙从办公室赶到小丽宿舍。一到房间门口，陈老师就闻到浓浓的酒味，红酒瓶、白酒瓶和啤酒瓶散落在房间各个角落，而小丽躺在地上，神志不清地呕吐着。室友向陈老师反应，今天晚上小丽没有去上晚自习，她下课后回宿舍就看到小丽在宿舍摇摇晃晃地喝着酒，然后突然倒在地上。陈老师赶紧抱着小丽去校医室并打电话给小丽母亲。校医室医生表示小丽只是喝醉了，没有生命危险后，陈老师才长吁一口气，等待小丽母亲来学校接小丽回家休养。事后陈老师找小丽谈话，小丽告诉陈老师酒是自己偷偷从家里拿的，喝酒是因为好奇和心情不好。陈老师适当教育小丽后，就让其继续回班级上课了。

到达医院的小丽被推入病房安排洗胃。陈老师坐在医院走廊为刚刚发生的事情惊魂未定：办公室备课的自己，突然接到同学电话，说小丽出事了。打电话的是小丽的室友，她说自己晚上刚睡没多久听到小丽很痛苦地呻吟，起床用手电看到小丽很痛苦地蜷缩在床上，地上有一个药瓶和一些散落的药片……陈老师紧锁着眉头，是自己的失职吗？为什么没有留意到小丽有自杀倾向？之后又该怎么办呢？思考着，小丽的妈妈和一个没见过的女士焦急地进来，这时小丽也从手术室被推出来，医生告知已脱离生命危险，住院观察一段时间便可出院回家休养。小丽妈妈立刻去办住院手续。这时那位陌生的女士走到陈老师旁边说道："你好，陈老师，我是这学期进驻我们学校的李社工，之后我将跟进小丽的情况，为了更好地帮助小丽，还需要向你请教一些关于小丽的信息……"陈老师听完，如释重负地回答："太好了，都说你们是专业的。帮帮小丽吧，孩子才15岁……"

阅读上述案例，请思考：案例中所描述的小丽的问题有哪些？你认为青少年自杀率居高不下的原因有哪些？遇到有自杀倾向或者自杀未遂的人时，你会怎么帮助他？学校社会工作者应该如何介入自杀未遂的个案？

【任务要求】

- 了解青少年自杀的相关知识。
- 掌握学校社会工作介入青少年自杀未遂的干预策略和方法。

【必备知识】

一、青少年自杀的影响因素

自杀并不是一个新颖的话题，实际上它是一个与生俱来的古老现象。法国社会学家迪尔凯姆是第一位真正把自杀作为一种社会现象来研究的学者，他认为自杀"主要取决于支配着个人行为的外在原因即外部环境及带某些共性的既成社会思潮和道德标准"①。目前国内外对于青少年自杀的相关研究主要集中在青少年自杀的风险因素、基本现状、自杀模式、自杀防治模式等四个方面。Stan Kutcher 和 Sonia Chehil 指出青少年的自杀风险因素主要包含精神障碍因素（心境障碍和破坏性行为障碍）、负面自我评价和自责的认知模式、来自家庭和文化环境僵化或不现实的压力和期望等。②

中国学者也指出来自社会家庭和心理的多方面因素是青少年自杀风险的主要因素。依据 2002—2009 年《中国卫生统计年鉴》的统计分析得出结论，中国的自杀意念率普遍较高，就 2009 年深圳和杭州有关青少年自杀意念的调查显示，深圳和杭州的中学生自杀意念率分别为 34.8% 和 20%。③ 而最近的一项调查表明，上海有 24.39% 的中小学生曾有一闪而过的"结束自己生命"的想法，认真考虑过该想法的也占到 15.23%，更有 5.85% 的孩子曾计划自杀，并有 1.71% 的中小学生自杀未遂。另外一项调查发现将近 1/3 的在校大学生曾有过自杀念头，北京大学生自杀率在 9-24/10 万之间，即自杀死亡已占至大学生非正常死亡 61.38%。④ 针对青少年自杀的原因，教育和心理方面的专家普遍认为主要有四大因素：① 个人心理因素。教育学家和心理学家认为自杀的人一般具有自卑、依赖性强、情绪不稳、固执、敏感多疑、心理闭锁、缺乏责任感和以自我为中心等性格特征。这种偏执性人格是使他们容易产生轻生念头并最终自杀的原因之一。② 学校因素。学校常常成为造成孩子们失意、抑郁甚至痛苦的来源。应试教育压力下教育方式的过于单一化，对学生心理缺乏足够的认识与关怀，甚至某些教师在语言和行为上对学生人格的不尊重，都会给学生带来巨大的精神压力。③ 家庭因素。家庭关系变故，如亲子关系不良、家庭生存基础崩溃等，或者家长过分严苛或溺爱，都会让青少年意志消沉、郁郁寡欢或长期处于消极、紧张和焦虑的环境中，产生轻生的念头。④ 社会因素。青少年正处于人生观、

---

① 埃米尔·迪尔凯姆. 自杀论[M]. 冯韵文, 译. 北京：商务印书馆, 2008.
② Stan Kutcher, Sonia Chehil. 自杀风险管理手册[M]. 西英俊, 译. 北京：人民卫生出版社, 2011.
③ 黄雄英, 邓希泉. 中国青少年自杀现象的宏观态势与辩证分析——基于 2002—2009 年中国青少年统计数据的研究[J]. 中国青年研究, 2011（11）：4-10.
④ 环球军事. 中国青少年自杀率居全球第一[OL]. 环球军事网, 2016.10（2017.3）. http://www.huanqiumil.com/ news/63597.html.

价值观形成的关键时期,这时他们接受到的各种信息都有可能对他们的观念造成影响,周围的人对他们的评价、周围不良环境的影响都将给他们带来心理上的冲击和刺激,使其产生轻生的念头。①

二、青少年自杀未遂的行为表现

自杀未遂(自杀企图)指的是有自杀行为,却未因为该次自杀行为而死亡的现象。未死亡的原因可能是因为他人发现而加以救助,或者是因为其自杀的方式并不足以毁灭其生命。②

据相关研究总结,自杀未遂青少年大都有以下行为表征,而了解这些表征对帮助自杀未遂青少年有非常重要的现实意义③:相关研究显示约有 50%~70%的自杀者生前曾以各种方式,向周遭的亲友或重要他人表示自己轻生的念头④,言谈举止或生活环境的变化都会显现青少年自杀的警示讯息。美国 Kalafa 提出"自杀警告信号量表",分为情绪感受、行动或事件、改变以及预兆等四方面的警讯,具体表现为⑤:① 情绪感受,包括无望感、无助感、无价值感,无法抵抗的罪恶感、羞耻、自我怨恨,充满悲伤以及持续性焦虑或愤怒。② 行动或事件,包括药物或酒精滥用,在谈话或书写资料中出现死亡或毁灭的字眼,经常梦魇,最近经历家人死亡或者父母离婚等消极事件。③ 改变,包括退缩、冷淡、无法集中注意力于学业上、过多睡眠、失眠、早醒、突然失去食欲或吃得过多,失掉对朋友、嗜好、个人修饰或以前所喜好活动的兴趣,一段时间的消沉或退缩后突然改善。④ 预兆,比如突然表达"流血至死需要多少时间",突然表现出"我不会再回到这里了""我不用再忍受这些苦了"之类的言语前兆,突然有"放弃喜欢的东西、归还别人的财物"的行为,或者有服药过量或割腕的企图等。此外,沉默者变得多话、活泼者转为安静、突然将积蓄花

---

① 兰小云. 生命教育:从青少年自杀现象谈起[J]. 江西教育科研,2003(8):14-15.
② 欧素汝. 生命不能承受之重:青少年自杀意念发展之探讨[D]. 台北:台湾大学,1996.
③ 刘斌志. 自杀未遂青少年的社会工作介入:基于生态系统理论的分析[J]. 青年与社会,2009(6):61-66.
④ 秦超民. 自杀问题之了解与因应[J]. 中等教育,1999(50):101-103.
⑤ 李启泽,李孟智. 谈青少年自杀[J]. 健康世界,1998(150):67-79.

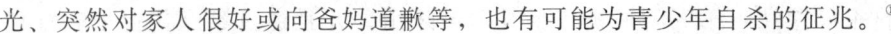

光、突然对家人很好或向爸妈道歉等,也有可能为青少年自杀的征兆。①

三、学校社会工作的介入策略

据国外的研究经验发现,通过社会工作者专业辅导以及教师的协助,学校能够在短时间内找到许多高危险的有自杀企图以及自杀未遂的青少年来接受个案会谈,也可以迅速地针对高危险群体开展评估诊断、危机介入和辅导工作。另外,青少年比较愿意接受学校里提供的辅导服务,而不愿意到医院(特别是精神科医院)去看门诊。在学校社会工作介入自杀未遂的策略中,可以采取心理卫教模式、个案筛选模式以及预防或治疗模式三种防治模式②:①青少年自杀防治的心理卫教模式,主要是协助一般青少年、高自杀危险青少年以及自杀未遂青少年周边的人,能够清楚地了解和及时发现自杀前驱的行为以及各种征兆,并鼓励青少年在自杀之前就接受协助。"守门员训练"是心理卫教模式中经常采用的一种方法,其主要是通过演讲以及培训等方式,增加青少年对生活困境的觉察,教导学校工作人员、家长以及学生如何分辨出自杀青少年出现的高危险行为,然后将他们转介到适当的专业机构接受协助。②青少年自杀防治的个案筛选模式,主要是找出高危险但未主动求助的学生。运用该模式开展青少年自杀防治最有名的首推 Schaffer 等人 1996 年针对纽约大都会地区高中生所做的研究。该研究纯粹通过筛选模式来评估青少年自杀防治效果,直接筛选经过三个阶段:第一阶段是学生先填一份简短的高度敏感度问卷,当分数超过一定的标准,就进入第二阶段,也就是学生在电脑上面完成自我诊断问卷。第三个阶段则是根据第二阶段评估的结果,由临床人员决定学生是否需要转介到精神医疗单位接受治疗。个案管理人员在学生治疗结束后要继续做后续效果的长期追踪。③青少年自杀防治的预防或治疗模式主要针对高自杀危险的青少年开展辅导。该模式的操作主要分为三个阶段:第一阶段以教育的方式协助青少年了解情绪困扰的本质,以及思考导致其心理困扰的原因到底是什么;第二阶段则主要是教导他们学会压力应对技巧,包括正向的自我对话、同理心的训练、求助的行为、训练他们如何

---

① 雅惠. 生死一线牵,一线生机[J]. 人本教育札记,1998(112):37-41.
② 唐子俊. 校园青少年自杀防治模式比较研究[D]. 台北:台湾师范大学,2006.

找出同辈的自杀危险性;第三阶段则包括复习与运用,并且通过家庭作业来教育青少年将学会的技巧运用在日常生活里面,最终减少自杀的危险性。

【实务操作】

回到"任务情境"中的案例,李社工准备用个案工作的形式,并结合危机干预理论展开对小丽的介入工作。

社工介入过程:

介入过程	主要内容
1. 接案:建立关系	小丽脱离生命危险后,便出院回家休养,其母亲也请假回家时刻守在家里陪伴小丽。李社工在第一时间来到小丽家中探访。李社工来到小丽家中时,小丽正坐在卧室的飘窗上,望着窗外发呆。李社工敲门进去,小丽也只是看几眼便继续望着窗外,或把头埋在双腿间。李社工感觉到小丽强烈的抵触情绪,但如果持续这样的抵触情绪,那么对小丽进行自杀危机干预可能就非常困难。李老师决定找到一个突破口,打破沉默。 在见小丽之前,李社工前去小丽的宿舍同其室友了解情况,留意到小丽的桌上和床上都有很多"哆啦A梦"的公仔玩具,李社工猜想小丽或许很喜欢这个卡通形象,于是李社工拿了小丽床上的公仔。到小丽家后,李社工靠近小丽,并在其旁边坐下,说道:"小丽你好,我叫李xx,今天我带了一个你的好朋友来看望你。"说完从纸袋里拿出了公仔。没想到小丽看到公仔,拿了过去抱着公仔痛哭起来,李社工静静地在旁边陪着小丽。感觉小丽停止哭泣后,李社工围绕着"哆啦A梦"分享了自己小时候的一些趣事,而小丽也慢慢加入这个话题的讨论中。李社工安静而专注地听着小丽的分享。时间很快过去,李社工询问下周是否可以继续同小丽聊天,小丽表示同意。 迅速与案主建立友善且信任的治疗关系,是自杀介入的关键。完全接纳案主的技巧可以帮助社工尽快达到此目的。完全接纳案主要求社工要做到:(1)理解案主的情绪和行为,不因为案主长时间的沉默或者一定程度的情绪发泄而采用连珠炮式的提问和无休止的说教打断案主,有时候陪伴和倾听比说话更有用,它向案主传达"我知道你现在经历的痛苦难以用言语表达,我理解你,我在你身边随时帮助你",帮助案主放心戒备抵触的心理,接受社工的帮助。(2)尊重案主的个人观念和境遇,不评判、不评价,使案主感到自己受尊重,被接纳,获得自我价值感。(3)通过对案主的关注,掌握案主未明确表达出的信息,使案主主动进入治疗关系中,在本案例中,李社工便是在接案前去小丽宿舍了解情况,借用小丽感兴趣的事物搭建两人的关系

续表

介入过程	主要内容
2. 预估：收集资料	李社工在接案的过程中，在信任关系未建立起来的时候，坚持不触及敏感问题的原则，初步获得接案的成功。李社工从小丽所在班级老师、同学和室友方面收集信息，得知小丽的变化从上初三开始，初三前的小丽是一个非常聪明懂事的女生，性格乐观大方，成绩中等偏上，与同学老师也相处融洽，大家也都奇怪为什么上了初三后的小丽变化那么大。排除学校的学业压力原因后，人际交往问题等也是容易引起自杀的因素，李社工初步判断小丽从自残到自杀的原因不在学校，而有很大可能在其家庭内部，于是李社工向小丽母亲收集信息，在此过程中李社工询问："学校的老师同学都反映小丽初三以前是一个很优秀的学生……初二到初三放假期间是有发生什么特别的事情吗？"在同小丽母亲沟通后，李社工得知，小丽的母亲在本地一家公司工作，因为工作能力强去年升级为公司部门领导，小丽的父亲是一位商人，近几年生意做得不错，小丽家的经济状况很好。虽然小丽父母的工作比较忙，特别是小丽父亲经常出差处理生意，但父母并没有忽视小丽的感受，小丽父亲每次出差回家都会准备礼物给小丽。不久前，小丽母亲发现其丈夫曾隐瞒自己婚内出轨的事情，这让她非常生气及无法忍受，虽然小丽父亲多次表示愧疚并强调出轨关系已经结束，但并没有获得小丽母亲的原谅。两人频繁冷战、争吵后，小丽母亲将丈夫赶出家里。而这些事情正好发生在小丽初二升初三的假期。小丽母亲表示：她和小丽父亲吵架这件事情他们并没向小丽讲，他们也没有当着小丽面吵架，她也用"爸爸出差"向小丽解释父亲不在家的原因；只是向小丽提及，小丽成绩和家里条件都不错，计划初三毕业后把小丽送去美国读书。 李社工将收集到的关于小丽的所有信息进行汇总、整理评估后，大体上推断出：15岁且聪明的小丽早已察觉父母关系的变化，这种变化给原本一直生活在和谐家庭气氛里的小丽带来了巨大的心理冲击，而父母处理问题时的遮遮掩掩留给小丽更多的不安地猜忌、想象如"爸爸妈妈是要离婚了吗？爸爸已经不要我了，这个家要散了我该怎么活？妈妈也嫌我多余所以才把我送出国吧……"于是，小丽在自己想象出来的恐惧中越走越深，越走越绝望，最终发现自己无法应对自己设想的这些情节，而走上自杀的道路
3. 计划：目标规划	根据前期的谈话和收集的资料进行评估，李社工知道小丽自杀的原因主要是家庭关系问题带来的自身认知结构误区。在和小丽的几次对话中，李社工察觉到小丽有很严重的灾难化思维（夸大事件的消极后果，对未来持过分消极的预期），灾难化思考后的结果是将小丽一步步推向绝望的深渊。而事实上，在和小丽父母沟通后，父母均表示隐瞒夫妻问题和吵架，是因为觉得小丽还小，想把对小丽的伤害降到最低；而送小丽出国，其实两人早有打算，希望给小丽提供更好的教育选择。了解到这些后，李社工决定设计以下目标实施干预计划：

续表

介入过程	主要内容
3. 计划：目标规划	目标1：帮助小丽认识到她在关于家庭关系问题上的认知结构中存在的问题，采用认知疗法，帮助小丽思维中的去灾难化，让小丽能够理性看待父母关系的问题。 目标2：从评估结果看，父母处理问题的方式是让小丽逐渐产生灾难化思维的主要原因。小丽的父母没有正视小丽的成长，他们对小丽的关心和爱护只停留在把小丽当作少不更事的儿童，实质这是一种权威型的家庭关系。15岁的小丽有能力作为家庭成员参与其中去表达自己的想法和意见，而家长也应该平等地与小丽沟通、交流，多倾听小丽的想法。所以促进小丽家庭内部沟通，获得父母情感支持也是介入计划的目的之一
4. 实施：危机干预	危机处理被看作是自杀未遂青少年的首选策略，其重点在于自杀症状的改善及危机的解决，其目标在于解决立即的危机、减少自杀的可能性、给予希望感并减缓症状。其具体步骤及注意事项包括[①][②]：(1) 彻底的生物、心理、社会评估和危机评估：①评估再度自杀的危险性，各国对于自杀未遂的病人的紧急评估都有成熟的经验，一般都必须经过生理检查及急救，接着被问及有关自杀行为的记录并开展精神评估，最后必须完成自杀危险因子的评估表，最终决定病人是否需要被强制住院或者只需要看门诊。②精神评估，一般包括心智状态评估、诊断上的评估以及生活环境的评估三个方面，如果以上指标评定结果属于危险就必须让当事人强制住院，即使可能破坏双方的专业关系都必须强制执行。③考虑药物治疗，在上述评估中，如果有涉及相关的心理疾病，例如情感性疾患，应能对症下药。(2) 迅速建立治疗关系和讨论不自杀契约。通过与自杀未遂者订立"不自杀契约"，让当事人保证短期内不自杀，保证若有自杀意念或计划能够告诉家人或找社会工作者协助，以防止自杀未遂者再度自杀的发生。(3) 识别问题，社工通过开放性的问题让案主用自己的语言解释和描述其所遇到的困境，便于社工了解问题的真相。(4) 用积极的倾听技巧来处理案主的感情和情绪问题，例如反应出隐含在案主话语中的情感。(5) 通过识别案主的能动性和以前成功的应对机制，探索可供选择的方法。增加会谈的次数及时间长度，并定期主动与当事人保持电话联络。运用当事人现有资源来支持和帮助当事人发展有效处理压力情境的策略，以提升当事人对于环境及生活的控制力。(6) 重新评估治疗计划。随时掌握当事人的各种身心状态，以决定下一步的处理策略。(7) 提供24小时的危机处理服务，具体包括三个方面：积极与家庭合作以防止自杀，建立校园支援网络，建立社区的危机支持系统。

---

① 洪雅凰，罗皓诚. 自杀尾随学生的危机介入处遇策略[J]. 辅导季刊，2006，42(2)：13-24.
② Roberts A. Assessment, Crisis Intervention, and Tramua Treatment: The Integrative ACT Intervention Model [J]. Brief Treatment and Crisis Intervention, 2002(2): 1.

续表

介入过程	主要内容
4. 实施：危机干预	实施干预是整个介入过程中的核心阶段，在对小丽进行全面评估，并实现专业关系的建立和"不自杀契约"的讨论后，李社工要同小丽共同商讨解决问题的方案。具体而言，李社工要帮助小丽舒缓和宣泄情绪，帮助小丽认识到自己认知中的灾难化思维，从而正确理解父母关系，并且和小丽一起学习新的应对危机的方式
5. 结案	经过一段时间的干预，小丽的情绪危机得到很大程度的缓解，在完成相关评估后，李社工决定中断治疗，准备结案，以减少小丽对社工的依赖。在结束阶段，李社工强化小丽学会的新的应对技巧，鼓励和支持小丽在今后面临逆境或重大危机的时候，应用新的应对技巧处理问题。同时，李社工也表示，小丽在之后遇到问题无法应对时，都是可以来找社工寻求帮助

小丽的事情给其学校带来深刻的反思：学校的班级老师想对众多学生的情况进行深入了解，常常是有心无力；即便是发现学生有特殊情况，也因为专业能力受限而无法为学生给予及时有效的帮助。学校、社工及家长代表经过开会讨论后，决定制定校园危机个案服务流程，对有服务需求的学生，做到早发现、早干预，帮助学生顺利度过危机，平安健康成长。具体流程见图1、图2。

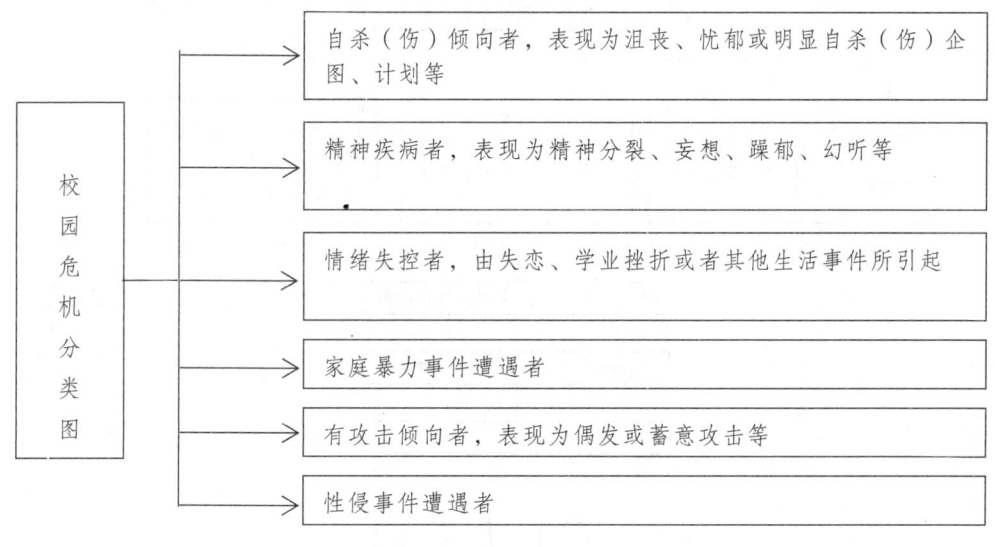

图 1　校园危机分类①

---

① 香港社会服务发展中心.学校社会工作手册[M].广州：中山大学出版社，2013.

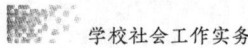

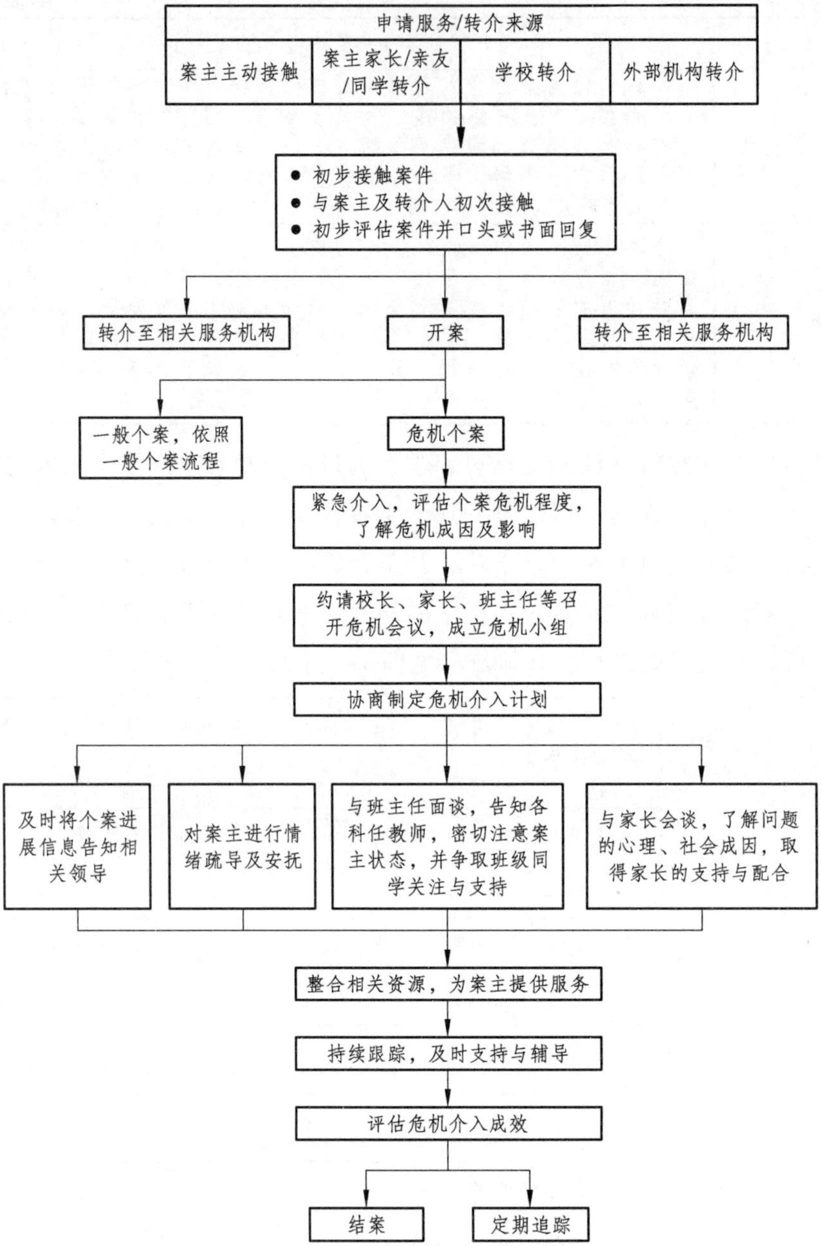

图 2 校园危机个案工作流程[①]

---

① 香港社会服务发展中心. 学校社会工作手册[M]. 广州：中山大学出版社，2013.

【课堂练习】

一、单项选择题（每题的备选项中，只有1个最符合题意）

1. 下面哪个选项属于学校社会工作介入新生学校适应问题的优势？（　　）。

　　A. 服务更具理论性

　　B. 服务时间更短暂

　　C. 服务更具针对性

　　D. 服务形式更单一

2. 为了与他人寻找差距，达到自我进步的目的，个体喜欢和比自己等级高的他人进行比较，符合该描述的是（　　）。

　　A. 下行比较　　　　B. 上行比较　　　C. 他人评价　　　D. 自我估价

3. （　　）是当个体所期望得到的别人的评价低于自我评价，而别人对他人的评价又高于自我评价时所产生的一种不健康的心理。

　　A. 自信心　　　　　B. 优越感　　　　C. 自卑心理　　　D. 嫉妒心理

4. 根据"自杀警告信号量表"，其具体表现不包括（　　）。

　　A. 情绪感受

　　B. 积极运动

　　C. 行动或事件

　　D. 改变以及预兆

5. 以下关于学校社会工作介入自杀未遂的策略，阐述不正确的是（　　）。

　　A. 青少年比较愿意接受学校里提供的辅导服务，而不愿到医院（特别是精神科医院）去看门诊

　　B. 危机处理被看作是自杀未遂青少年的首选策略，其重点在于自杀症状的改善及危机的解决

　　C. 青少年自杀防治的预防或治疗模式主要针对高自杀危险的青少年的家长开展辅导

　　D. 在学校社会工作介入自杀未遂的策略中，可以采取心理卫教模式、个案筛选模式以及预防或治疗模式三种防治模式

参考答案：1~5　CBDBC

参考文献

[1] 陈时见.学校教育变革和教师适应性研究[M].北京：商务印书馆，2006.

[2] 车文博.心理咨询大百科全书[M].杭州：浙江科学技术出版社，2001.

[3] 陈时见.学校教育变革和教师适应性研究[M].北京：商务印书馆，2006.

[4] 陶沙.从生命全程发展观论人学生入学适应[J].北京师范大学学报，2002（2）.

[5] 许文洁.学校社会工作介入初中新生学校适应问题的探究[D].西安：西北大学，2012.

[6] 壬伟.加拿大的学校社会工作[J].社会工作上半月（实务），2008（1）.

[7] 文军.学校社会工作——案例评析[M].上海：华东理工大学出版社，2017.

[8] 朱智贤.心理学大词典[M].北京：北京师范大学出版社，1989.

[9] 林崇德.发展心理学[M].北京：人民教育出版社，1995.

[10] 任艳.中学生的自我评价及其与心理健康的相关研究[D].郑州：郑州大学，2006.

[11] 邢淑芬，俞国良.社会比较研究的现状与发展趋势[J].心理科学进展，2005（13）.

[12] R.A 巴伦，D.伯恩.社会心理学[M].10版.黄敏儿，王飞雪，等，译.上海：华东师范大学出版社，2004.

[13] 乔纳森.布朗.自我[M].陈浩莺，等，译.北京：人民邮电出版社，2004.

[14] 杨丹阳，崔静萍.学生自我评价障碍及其调试[J].教育探索，1996（2）.

[15] 黄曼娜.中学生自卑感的特点及其克服[J].心理发展与教育，1999（4）.

[16] 埃米尔.迪尔凯姆.自杀论[M].冯韵文，译.北京：商务印书馆，2008.

[17] Stan Kutcher & Sonia Chehil.自杀风险管理手册[M].西英俊，译.北京：人民卫生出版社，2011.

[18] 黄雄英，邓希泉.中国青少年自杀现象的宏观态势与辩证分析——基于2002—2009年中国青少年统计数据的研究[J].中国青年研究，2011（11）.

[19] 兰小云.生命教育：从青少年自杀现象谈起[J].江西教育科研，2003（8）.

[20] 欧素汝.生命不能承受之重：青少年自杀意念发展之探讨[D].台北：台湾大学，1996.

[21] 刘斌志.自杀未遂青少年的社会工作介入：基于生态系统理论的分析[J].青年与社会，2009（6）.

[22] 秦超民.自杀问题之了解与因应[J].中等教育，1999（50）.

[23] 李启泽，李孟智.谈青少年自杀[J].健康世界，1998（150）.

[24] 雅惠.生死一线牵，一线生机[J].人本教育札记，1998（112）.

[25] 唐子俊.校园青少年自杀防治模式比较研究[D].台北：台湾师范大学，2006.

[26] 洪雅凰，罗皓诚.自杀尾随学生的危机介入处遇策略[J].辅导季刊，2006，42（2）.

[27] 香港社会服务发展中心.学校社会工作手册[M].广州：中山大学出版社，2013.

[26] Birch S H, Ladd G W. The Teancher-child Relationship and Children's Early School Adjustment[J]. Journal of School Psychology,1997(35): 1846-1851.

[27] Ladd G W, Kochenderfer B J, Coleman C C. Classroom Peer Acceptance, Friendship, and Victimization: Distinct Relational Systems That Contribute Uniquely to Children's school Adjustment [J]. Chid Development, 1997, 68(6): 1181-1197.

[28] Kathryn R W, Carrolyn M B, Kathryn A C. Friendships in Middle School: Influences on Motivation and school Adjustment [J]. Journal of Educational Psychology. 2004,v96(2): 195.

[29] Collins R L. For better or worse: The impace of upward social comparisons on self-evaluations[J]. Psychology Bulletin,1996,119:51-69.

[30] Gibbons F X, Bergan M R, Blanton H. Comparison-Level Preferences After Performance: Is Downward Comparison Theory Still Useful? [J]. Journal of personality and social psychology, 2002(83): 865-880.

项目六 学校社会工作在未来社区教育中的运用

【项目导学】

众所周知,社区教育是社区建设的重要组成部分,是发挥社区服务功能的一项重要手段,也是教育面向现代化的重要内容,它对建立和形成学习化社区,提高社区人口整体素质,促进社区精神文明和物质文明建设,有着重要的意义和作用。[①]用大教育观来审视,社区教育是全面育人、全员育人、全方位育人的重要环节。青少年作为生活于社区中的重要成员,作为未来社会的中坚力量,想要使其得到全面发展,成为合格的社会成员,尤其需要引进社区教育力量。然而,由于社区教育的非正规性和非专业性,使得在为社区青少年提供服务时,支持功能发挥有限。而学校社会工作作为社会工作在教育领域中的一种专业服务,在理念与方法上对社区教育是一个极大的补充和提升,是实现社区教育理念与方法、技术的变革,推动当前我国社区教育发展的一条重要途径。因此,本章试图从学校社会视角去研究社区教育,以探索新时期社区教育的发展方向及途径。

【项目目标】

- 理解学校社会工作对社区教育发展的导向意义。
- 掌握学校社会工作嵌入社区教育的必要性与可行性。
- 学会运用学校社会工作方法与技巧组织开展青少年社区教育服务。

---

① 吴磊,杨琳,汤锦春.社区教育与学校教育协同发展策略探析[J].江西社会科学,2007(5):211.

任务一 学校社会工作对社区教育的导向意义

【任务情境】

武汉:"义务网吧巡逻队'催生'四点半学校"①

2004年10月,武汉市某社区辖区一居民的孩子已有几天未回家,家长心中焦急万分,泪流满面地哀求社区居委会干部们:"求求你们,帮帮我吧!救救我的孩子。"居委会干部们马上与他一起在周边网吧寻找,直到次日凌晨,才在一网吧中找到了他的孩子。看到孩子饥饿战栗的神态,孩子的父母哭了。受此触动,该社区10名老党员开始自发组建义务网吧巡视队,专门查访网吧中的青少年。然而,从网吧中请出孩子,如不开展丰富的活动来吸引他们,他们极易重返网吧。为此,该社区腾出社区活动室办起了"四点半学校",根据社区"五老"(老干部、老专家、老教师、老模范、老战士)的专长和学生的兴趣、爱好,排出每月活动计划,内容有爱国主义、思想道德、环保卫生等教育,乒乓球、篮球、唱歌、舞蹈等文体活动。同时,他们还将小学生组织起来,成立社区护绿护卫小分队、宣传队,参与文明创建活动。通过这些丰富多彩的活动,从网吧内领出的孩子无一重返网吧。

阅读上述材料,请回答武汉市该社区是怎样利用社区资源实施社区教育的?实施的社区教育活动给网瘾青少年带来了怎样的改变?学校社会工作能否嵌入社区教育?对社区教育的发展又有何参考意义?

【任务要求】

- 描述学校社会工作与社区教育的关系。
- 描述学校社会工作何以可能嵌入社区教育。

---

① 任晓秋,周纯义. 社会工作嵌入社区"四点半学校"初探[J]. 现代教育科学·普教研究,2011(5):3.

【必备知识】

社区教育是指在政府的领导下,依靠社区力量,利用社区资源,对社区全体成员实施各类各级教育服务,以提高社区成员的整体素质和生活质量,促进社区发展与进步的社会教育活动和过程。①社区教育的发展是近代社会生产、文明进步的产物,是教育与社会走向结合的必由之路。学校社会工作是将社会工作专业的价值观、理论、方法与技术应用于学校中,对正规或非正规教育体系中全体学生提供的专业服务和方法。学校社会工作与社区教育二者关系密切,互相影响。从终身教育思想来看,学校社会工作与社区教育同属于社会教育,均是横跨教育学与社会学的交叉学科;二者在理念、性质与管理体制的演变规律上有着较高的一致性。②总的来说,二者是在彼此影响、互需互动中产生并获得了快速发展,而学校社会工作对社区教育的借鉴意义则尤为明显和重要。

一、学校社会工作对社区教育的发展具有导向意义

1. 学校社会工作的性质对社区教育的导向意义

在发达国家和地区,学校社会工作被看成是以专业化的原则与方法从事非正规教育活动的一门学科,一项社会化的教育事业。非正规教育与专业化的统一,是学校社会工作的基本理念,也是其开展工作的基本原则和方法。它作为一项专门化的社会事业,与学校教育和家庭教育有所不同,具体表现在:第一,学校社会工作研究、解决学生问题的基本方法,与学校教育不同:它不是在学校体制内,而是在学校体制外;不是在教学活动中,而是在教学活动外,不是采用班级教育的方式,而主要采用其他方式来研究与解决服务对象的问题。第二,学校社会工作与生活化的家庭教育也有所不同。它以专业化的形式,依据国家的法律、法规,运用系统的专业化的学校社会工作理论、方法和技术,来探究学生问题产生的原因,提出具体解决方案并予以实施,也恰恰是这种专业化特征使学校社会工作能够有效地发挥作用。学校社会工作学科与事业的发展,表达了这样一种教育理念,即非正规的社会教育

---

① 房列曙,陈恩虎,柴文杰.社区工作[M].合肥:合肥工业大学出版社,2005.
② 宣兆凯.学校社会工作学[M].北京:北京师范大学出版社,2000.

要走上现代之路,适应现代社会对教育的需要,必须走专业化道路。就是说,非正规教育更需要专业化,通过专业化,改变自身的随意性、松散性和不确定性,从而获得发展的源泉和动力。从学校社会工作发展过程,可发现非正规教育与专业化关系的动态规律性:当非正规教育发展到一定阶段,必然会提出专业化要求,表现出向专业化方向发展的趋势。①如此,对于同属非正规教育的社区教育来说,若要成为一门独立的学科、一项专门的教育事业,就必须要实现其专业化,而这也是社区教育未来发展的必然趋势。

2. 学校社会工作的理念对社区教育的导向意义

以人们社会生活最基本单位——社区为依托的社区教育,是构筑以人的不断完善、发展为目的,将各种教育因素整合在一起的终身教育体系的基本形式。而学校教育则是实现终身教育目标的社区教育体系中的基本组成部分、主要形式。如何将各种教育形式,按照实现人的不断完善、发展这一终身教育目标,以社区环境、社区生活为依托,组织、协调为一个有机联系的教育体系?必须借助于一定的工具、手段。学校社会工作理念及方法、技术就是一种重要的工具、手段。

按照学校社会工作理念,解决学生学习生活困难问题的最根本办法,就是沟通学校与社区的关系。为了解决学生学习生活中的困难,学校社会工作者运用专业化的方法、技术手段,在学校与社区之间开展多方面的沟通、协调工作,拉近学校与社区的距离,使它们融为一体。学校社会工作理念还强调,实现人人都有机会和条件接受良好的教育,还必须推倒社区中学校教育与其他教育形式之间的壁垒,使它们成为社区终身教育体系中的有机组成部分。学校社会工作在社区与学校之间的沟通、协调,打开了学校面向社区、社区教育的大门,推动了学校正规教育与社区中各级正规的成人教育、各种形式的非正规教育之间的融合、协调,将它们整合为分工合作,实现终身教育目标的体系。显然,学校社会工作的这种将学校与社区、与社区生活融为一体,使学校教育与社区其他正规教育、非正规育形式通融共生,相互配合,成为社区终身教育体系中的有机组成部分的理念,必将成为21世纪世界各

---

① 宣兆凯. 学校社会工作理念与 21 世纪中国社区教育发展[J]. 北京师范大学学报,2001(2):56-58.

国教育发展的趋势。

3. 学校社会工作的管理体制对社区教育的导向意义

学校社会工作最早出现于19世纪末、20世纪初的美国，促使学校社会工作产生的决定因素是社区的发展带来的对社区教育的需要，由此发展而来的学校社会工作，是社区发展、社区建设的一部分，可以称之为"社区-社会型"。

而我国的学校社会工作活动是由学校推动开展起来的，是学校积极争取社会各方面的关心、支持，共同对学生实施的校外教育。其间，政府行政部门的指导、协调、支持，是学校社会工作得以正常进行的保证。这种类型的学校社会工作可以称之为"学校-行政型"。学校社会工作的"学校-行政型"与"社区-社会型"不但反映了这项事业在社会化、专业化、系统性、独立性、体制化程度上的两个发展阶段、两种发展水平，而且也体现出学校社会工作发展的两种不同的指导思想，但不管怎样，随着社会的进步与发展，从"学校-行政型"向"社区-社会型"转变，是学校社会工作的发展规律。

在我国，社区教育的出现，缘于学校青少年的德育需要社会支持，以及教育经费短缺，需要通过多渠道筹集。就是说，我国社区教育并非社区生活、社区发展的产物，而是原有教育体制发展的一种延伸。如此，我国的社区教育就免不了带有非专业化的"学校-行政型"特征，即需要政府行政部门的指导、协调和支持，这不仅难以面向社区居民的需求，而且会与其他教育机构相互重叠甚至重复建设，使社区教育脱离社区建设的轨道。但由学校社会工作发展历程我们可预知，21世纪我国社区教育的发展，必定会在理念上实现由"学校-行政型"向"社区-社会型"转变。即以提高社区教育的社会化、专业化、系统性、独立性、体制化的水平为方向和目标，从社区生活、社区发展出发，以社区生活、社区发展中提出的社区教育问题为研究内容，以专业化的方法、技术以及组织体系为手段，独立自主地开展各种活动。

4. 学校社会工作的目标对社区教育的导向意义

目标是行动的指引。在学习化社会的背景下，不管是学校社会工作抑或社区教育，都需要有一定的发展目标。一般来说，学校社会工作有一套系统的目标体系，认为教育服务应立足现实、服务社会，并强调家庭、学校、社区资源的整合利用。

例如：为学校中学习和生活适应失调的学生提供服务；为少数因经济、社会、心理等因素不能参与教育或不能充分获得教育机会的学生提供生活与学习的帮助；促进家庭、学校和社区的协调，以配合学校的需要和增强教育的功能；挖掘潜能，促进学生全面发展，协助学生获得适应今日与未来的生活能力，等等。不过，从社区教育的角度看，学校社会工作的目标应该是：保证社区青少年接受良好的教育、得到全面发展的机会和适宜的条件；提高社区青少年适应学习生活的能力；创造良好的校外教育环境，促进校外教育功能的实现等。学校社会工作这种立足现实、服务社会、整合资源的目标特点对于社区教育发展目标的确定具有重要的参考意义。如此，我们认为，社区教育的发展目标主要有：统筹各类教育资源，建立覆盖各类人群的多渠道、全方位的社区学习服务体系；调动社区资源和力量创造良好的社区学习环境；促进社区成员素质的整体提高，生活质量的明显改善；开展社区教育活动，推动社区健康发展等。

总之，在未来的学习化社会中，社区教育与学校社会工作追求的目标都应该是学习的社会化，只是目标的层次不同而已。其中，社区教育追求的是区域的学习社会化；学校社会工作的目标则是从方法、手段上保证学习社会化的实现。[①] 而且，随着学习化社会进程的不断推进，社区教育的对象与内容也将进一步扩大，学校社会工作只有从社区的实际情况出发，运用专业理念与技术来为不同层次的社区教育服务，才能实现为全体社区成员提供社区教育的目标，才能助力社区教育不断发展，从而成为21世纪终身教育体系中的重要组成部分。

二、学校社会工作嵌入社区教育的必要性与可行性

如前所述，社区教育和学校社会工作的目标都是实现学习的社会化，促进人的全面发展和提高教育的有效性。从目前实际情况来看，社区教育的全员性问题以及内容上的广泛性特征，为学校社会工作的嵌入提供了可能，其优势在于在服务内容、服务方式和工作方法上的专业性。它对促进学习的社会化和社区教育的可持续发展具有深远的应用前景。

---

① 李晓凤. 学校社会工作[M]. 北京：中国社会出版社，2010.

1. 学校社会工作嵌入社区教育的必要性

(1) 理论上的必要性。

当前我国正处于社会转型的关键时期，人们的价值观念、思想信仰、行为方式的冲突，给青少年社会化带来了许多新的问题。单靠学校教育和家庭教育，无法保证青少年的健康社会化，因此作为非正规教育的社区教育越来越受到社会的普遍重视。研究并通过学校社会工作视角充分发掘青少年的社区教育资源，有利于总结青少年社区教育问题、困难、不足和需求，亦有助于从学校社会工作专业视角提出具有可操作性和有效性的合理化建议。

(2) 实践上的必要性。

① 社区教育的非专业性呼唤学校社会工作的嵌入。社区教育是依靠社区力量，利用社区资源来对社区成员实施各类各级教育服务的非专业教育活动。非专业性很大程度上减弱了社区教育的服务功能，因此，将学校社会工作专业方法引入青少年社区教育，在一定程度上有助于规范青少年社区教育工作，建立起完整的一套的标准和服务体系。学校社会工作的参与能够使青少年社区教育工作有专业的服务方法和服务工作者，让青少年在参与中了解学校社会工作的目的与作用、事实与过程，并学会运用学校社会工作价值观、理念、方法、技巧去分析自己行为的现实价值，修正自己的偏差行为和重塑自己的人生观、价值观。①

② 现有的社区教育支持体系功能的有限性需要学校社会工作的嵌入。针对社区青少年成长过程中遇到的诸多问题，学校、家庭这两大传统支持模式普遍缺位。就学校一方而言，传授者受"老师"这一传统角色的限制，在处理一些问题时囿于传统的师生关系，而不能建立专业的辅导关系，无法保证辅导的效果。就家庭一方而言，家长的重视程度还不够，并且大部分家长对孩子的教育方式有待改进。而社区教育这一教育新力量，对社区青少年健康成长的支持功能微弱又有限，鉴于上述支持体系功能的不足，社区青少年的教育问题亟须其他支持源——学校社会工作的嵌入。

③ 社区教育的主体多元化要求需要学校社会工作嵌入。社区教育在普及社会知识、宣扬公共道德、改善家庭生活等方面发挥了其他教育难以替代的作用，与学校

---

① 詹栋樑. 社会教育学[M]. 台北：五南图书出版有限公司，1983.

教育一起构筑了国民接受教育的较为多元的体系和渠道。①目前我国社区教育的主要推动力量仍是各级政府，特别是地方政府。未来，政府作为社区教育发展的推动力量，仍然不可或缺。但是，社区教育推动主体的多元化是社区教育的发展趋势，只有各种社会力量都参与到社区教育的发展中，社区教育才会具有勃勃生机。学校社会工作既是一种社会服务工作，又是从事这类服务的一种专门职业，它可以充分利用好现有的资源，并尽可能寻找到更多的社会资源，以帮助青少年实现更好的发展。另外，我们认为，学校社会工作嵌入社区教育，会极大地改善青少年社区教育课程开发的落后情形，进而有利于满足青少年社区教育的主体多元化需求。

2. 学校社会工作嵌入社区教育的可行性

（1）理论基础：生态系统理论。

生态系统理论认为：人生来就有与环境和其他人互动的能力，人与环境的关系是互惠的，并且个人能够与环境形成良好的相互调和度；个体能否与生态子系统之间形成正向的互动关系，就直接决定了其生活状态。如果个体不能有效的利用生活环境中已有的资源，或者其环境中不存在其所需的资源，则个体就与生活环境之间不能建立起正向的互动关系。与此相关，系统及子系统之间也存在积极的互动关系，系统主动地进行调试和适应，而不是消极地接受和顺应。在系统不断维持平衡的动态变化过程中，其内部各子系统之间也存在着多元互动或互为因果的循环关系。生态系统理论认为，通过改变系统以及系统与个体之间的互动关系可以实现个体需求的满足。

在生态系统理论的视角下，学校社会工作嵌入社区教育的可行性表现在以下三个方面：②

① 生态系统理论的视角将宏观环境与日常生活辩证地统一起来思考，有助于我们整体地、有机地、动态地认识复杂的社会问题和人的整体性需求，从而整合地思

---

① 李勇，郝文忠. 社区教育发展与社会工作介入[J]. 中共石家庄市委党校学报. 2014，16（5）：42.

② 左敏. 青少年社区教育服务模式探讨——社会工作服务机构的嵌入[J]. 北京青年工作研究，2015（6）：53-55.

考青少年社区教育，更好地探索学校社会工作嵌入的途径和机制。

② 在生态系统理论的视角下，学校社会工作的嵌入将有助于挣破教育学理论的禁锢，同时突破社会工作三大方法的限制，有助于我们创造性地发展出多样性的嵌入策略，更好地体现以人为本的专业精神，并充分挖掘社区教育的潜力和优势。

③ 在生态系统理论的视角下，学校社会工作的嵌入能更好地顺应社会的发展，更好地整合社会资源，融合社会教育、学校教育和家庭教育三方的力量，形成一个良性的社会、学校、家庭的互动系统，把封闭式教育变为开放式教育，并形成全方位的教育网络。

（2）学校社会工作嵌入社区教育的优势。

① 从服务方式来看，传统的青少年社区教育机构往往是作为学校之外的课业教学机构，即社区学校的形式存在，服务方式十分单一，通常以辅导课业为主。显然，随着青少年主体性需求的多元化，社会对于社区教育要求的增加，此种单一的服务方式已难以满足青少年的需求，也无法满足社区居民对于服务机构的期望。而引入学校社工的专业服务，运用个案、小组和社区等专业方法和技巧，倡导青少年自助、互助和自决精神，从不同的层面介入，有目的、有步骤、有针对性地向青少年提供服务，便能较好地弥补社区教育的不足，从而提升社区青少年的自我意识，实现青少年的自立自决和全面发展。

② 从服务内容来看，现有的青少年社区教育机构专注于照看由于父母外出而无人看管的儿童，或者偏向于辅导课业。显然，由于这些定位多以教育为主，所以尚不能够满足社区青少年的所有需求，比如：情感的支持、社区归属感的培育以及成长过程中的伴生需求。随着时代的发展，青少年社区教育的理念从传统的以教育为主，渐渐转向了以教育与服务并重，甚至更加注重服务；青少年社区教育的服务内容从传统的单一服务转为多层次、立体化需求的服务。由于学校社会工作者都接受过个案咨询、团体咨询、社会统计学、社会学概论、社会政策、人类行为与社会环境等的课程教授或者专业培训，他们能够较好胜任一对一的个案、一对多的团体和以社区为核心开展的青少年社区教育工作，也可以在心理、社会、预防、康复和护理等方面发挥自己的专业优势。因此，由学校社工嵌入青少年社区教育，其内容将

有别于传统的社区教育，其内涵将发生如下的变化：①第一，强调社区这一地域场所，并将青少年的社区教育与本社区的发展和服务有机地联系起来。第二，服务的目标不是传统的以"管理"为导向，而是以"需求"为导向，并且将整合社区的需求、家庭的需求、学校的需求和青少年的需求。第三，服务内容不仅仅是托管、课业辅导或者行为矫正，还包括了青少年成长各个阶段在内的生理、心理和社会等多元化体系。同时，由专业的学校社工嵌入青少年社区教育，还能在艺术、广告、营销等方面拓展自己的渠道和特长，并能发挥社区工作者、社会工作者和志愿者各自的专业性和特长，以社区为平台整合各种资源，以此创造出各种不同的青少年社区教育模式，并不断完善和创新。

③从资源整合程度来看，学校社会工作在开展专业社工服务的过程中，专业的社会工作者以学生的家庭、亲友、社区为支持网络，进而收集信息、甄别信息、处理信息、反馈信息，然后开展专业服务。专业的社工服务是以掌握社区内部所具有的社会资本和社会网络为前提和基础的。因此，学校社会工作的嵌入就确保了青少年社区教育能充分整合各种资源，包括：政府、驻区企业、居委会、学校、家庭、热心志愿者等，整个资源网络的互动与发展伴随服务开展的全过程，资源的输出给了网络中的青少年以社会支持，同时网络自身也会不断成长，并与社会形成良性循环。

④从资源互换的角度来看，学校社会工作的嵌入将更加尊重青少年的多元化需要，尊重环境，实现多层次的服务，最终形成积极的生态网络系统。积极的生态网络系统可以帮助青少年与其环境进行情感、信息等各种资源的互换。这种互换实质上是指青少年个体在网络中可以得到外在能量的输入，也可以在网络系统中输出相应的能量。比如：给予网络中的其他人以帮助的同时实现自身的价值等。因此，以社区为平台重整生态系统，并以学校社工为"桥梁"，让青少年接受来自生态网络环境帮助的同时，使青少年自身也融入其中，并为之服务。最后，使青少年与家庭网络、学校网络、社区网络形成互动的新型共生系统。

综上所述，学校社会工作嵌入社区教育具有理论与实践上的必要性与可行性。当然，学校社会工作也不是全能型教育，离开社区教育，学校社会工作也会失去载

---

① 左敏. 青少年社区教育服务模式探讨——社会工作服务机构的嵌入[J]. 北京青年工作研究，2015（6）：53-55.

体和支撑，社区教育同样会对学校社会工作具有一定的促进和影响作用，因此我们应予以二者同样的重视度，把两者结合起来，共同促进双方的实际工作成效。

【实务操作】

在本章"任务情境"里，向大家呈现了武汉市某社区辖区社区教育——"四点半"课堂的相关信息，简单介绍了该辖区"四点半"课堂形成的过程。那么，从学校社会工作的角度出发，怎么嵌入该辖区的社区教育——"四点半"课堂呢？以下做简单分析：

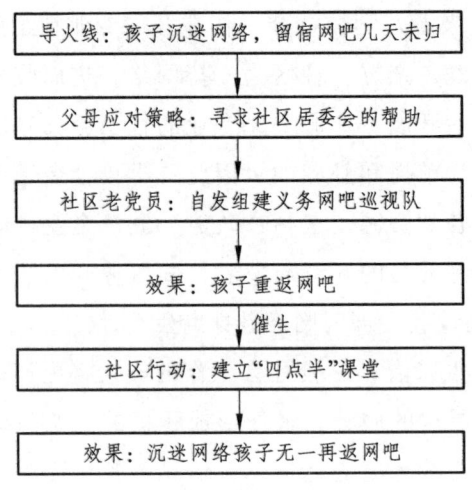

图1 原"四点半"课堂形成始末

从图1我们看到，武汉市某社区辖区的社区教育雏形是社区"四点半"课堂，虽然取了一定的效果，但从中看出社区的嵌入较为被动，且承担教育的主体是社区"五老"（老干部、老专家、老教师、老模范、老战士），其教育内容主要是德育与文体活动，重在"给予"，而没有实际地了解"需求"，单调随意且不专业。而由学校社会工作嵌入的社区教育则将会以"需求"为导向，以实现青少年的全面发展为目标，服务强调专业性与持续性。相关学校社会工作嵌入的"四点半"课堂见以下示例：

具体事实	行动策略	策略依据
孩子沉迷网络，留宿网吧几天未归	原因分析： ① 自身：青少年自身生理、心理原因。 ② 家庭：父母期望高，孩子压力大；父母一味排斥网络，导致孩子产生叛逆心理。 ③ 学校：学生考试、升学压力大，学生缺乏信心，通过网络来发泄内心的苦恼和焦虑；受同学煽动。 ④ 社会：大众媒体对网络游戏、网络交友等的大肆渲染；网吧为了经济利益为青少年提供上网"一条龙"服务。 ⑤ 网络本身：内容丰富，诱惑力大	社会系统理论：生态系统理论的视角将宏观环境与日常生活辩证地统一起来思考，有助于我们整体地、有机地、动态地认识复杂的问题和人的整体性需求
学校社工介入网络成瘾青少年	治疗性措施： ① 个案辅导：提供各种咨询与辅导，包括心理咨询、人际交往辅导、生活方式辅导等；协助其解决学习、生活上的各种压力；引导并为青少年提供各种健康的休闲娱乐方式。 ② 团体治疗：建立各种针对青少年网络成瘾的兴趣小组；把那些成功戒除网络成瘾症的青少年与案主组成一个互助团体。 ③ 社区参与：利用社区资源，宣传和展示网络沉迷的真实面目及危害；加强对社区内网吧的管理。 ④ 社会工作行政：倡导国家和青少年相关部门制定和完善青少年福利服务政策	优势视角：一切问题都是新生的机会；所有面临问题的案主都拥有自身独特的资源与潜能

续表

具体事实	行动策略	策略依据
学校社工联合社区建立社区教育的阵地：四点半课堂	预防性措施： ① 运用专业个人服务技巧，协助青少年增强人际交往能力和社会适应力；通过"心灵驿站"或"心灵信箱"等形式为青少年提供心理健康咨询服务。 ② 开展多类型小组或活动，挖掘青少年兴趣爱好，提供展示自我的舞台，并运用团体影响力促进青少年健康成长。 ③ 组织社区义工团队为社区青少年提供免费课业辅导服务；成立青少年读书俱乐部，构建社区多元智能学习网络。 ④ 带领青少年进行素质扩展，体验参与社会实践等训练活动，培养自决能力与社区居民意识。 ⑤ 运用自身资源或整合社会资源为青少年开展德育教育、预防青少年犯罪讲座等	学校社会工作具有发展功能：发掘和充分利用社会资源，激发个人或制度的潜能，以使个人或群体成长；有效发挥个人的社会功能，使社会制度为个人与社会的发展创造条件，并提高人们的生活质量。即充分利用好现有的资源，并尽可能寻找到更多的社会资源，以帮助人们实现更好的发展

任务二 学校社会工作嵌入社区教育的策略与方法

【任务情境】

辛晴成长路[①]

"辛晴成长路——来沪青少年正面成长计划"于2013年9月在上海闵行区吴泾镇民办塘湾小学落地了。该项目是由上海HX社工师事务所承接的政府投标项目，直接服务于107名五年级学生。在2013年9月至2014年2月项目周期内，HX社工

---

① 朱凌嘉. 社会工作嵌入来沪青少年社区教育探究——基于"辛晴成长路"项目的实践[OL]. 新教育时代电子杂志(教师版). 2014年，2017年3月15日. http://www.xzbu.com/1/view-6612924.htm.

师事务所开展了 10 节正面成长课程以提升学生的 8 个正面成长能力，开展了 2 场以"环保"和"安全"为主题的社区实践活动以促进学生与学校和社区的联结，社区实践活动由学生自主设计准备。项目以提高来沪青少年正面成长能力为目标。"辛晴成长路"注重社区资源的利用，通过社区实践活动对来沪青少年进行社区教育，以培养他们的互助精神，关心自己也懂得关心别人、关心社会，增加他们的专注力，使他们能更容易吸收各种知识和技巧，更好地成长。

阅读上述材料，请思考"辛晴成长路"项目的社区实践活动反映的青少年社区教育模式对我们有哪些有益启示？请尝试为该项目服务对象设计一个暑期理财教育小组。

【任务要求】

- 描述学校社会工作嵌入社区教育的空间。
- 掌握学校社会工作嵌入社区教育的策略与方法。

【必备知识】

如前所述，学习型社会是"人人学习、时时学习、处处学习，学者有其校"的社会。而社区教育却是全面育人、全员育人、全方位育人的重要环节，是推动终身学习体系构建和学习型社会建设的一条有效途径。但社区教育由于自身的非正规性与非专业性，使得在推动学习型社会的构建中功能微弱，而学校社会工作与社区教育有着多方面的相容性，并且专业化的学校社会工作为社区教育的发展带来了全新的理念与方法。相应地，未来社区教育也因为学校社会工作的嵌入而有所不同。具体而言，学校社会工作对社区教育的嵌入策略与方法，都会给社区教育的发展带来裨益，现简述如下：

一、学校社会工作嵌入社区教育的策略

1. 依托社区资源，构建多层次的青少年发展空间，强化载体功能

（1）整合资源，建立社区青少年学校。

社区青少年学校是以社区为平台，以社区所辖青少年为主体对象，整合辖区社

会资源，立足青少年事务管理，对青少年进行教育引导、成长服务的场所。社区青少年学校是加强青少年思想道德建设不可缺少的重要阵地，它起到了学校不可替代的作用，是青少年发展的重要平台。社区青少年学校的建立，需要整合多方面的资源，学校社会工作者作为资源联结人与整合者，一方面可以向政府及社区申请开办资金；另一方面可以联络社会教育资源，为社区青少年学校提供强大的师资保障，也可以结合学生实际、社区实际制订教学计划，做好课程安排。

（2）拓展活动场所，完善青少年教育阵地。

学校社会工作拓展青少年社区教育阵地，可以从两方面入手。一是要积极争取街道和社区支持，整合社区现有场地资源，建立各类活动室，如图书角、书报室、多功能活动室、棋牌室及网络室等，设置完善的社区青少年康乐设施，以完善青少年社区教育的阵地。二是要协助社区，与社区一起向政府争取社区青少年教育经费，并对当地的社区教育中心、文化站、少年宫、家长学校、法制学校、校外辅导站、图书室、博物馆、爱国主义教育基地等资源进行有机整合，全面向青少年开放，形成教育资源在社区共享，教育内容在社区结合，教育情况在社区沟通的青少年社区教育良好局面。

（3）发挥"桥梁"作用，畅通学社沟通渠道

通常，学校社会工作嵌入的途径是将社会工作原则、方法与技巧运用到学校环境中，搭建学校与社区沟通的桥梁，促成学校、家庭和社区之间的协调合作，协助学校形成教学的良好环境。而在"桥梁"的搭建上，学校社会工作可从三个方面入手：第一，联合家庭与学校力量，构建社区、学校、家庭三位一体的全方位社区青少年教育网络，促使家庭、社区与学校一起探讨学生目前存在的问题，发掘新问题，并改变那些不能满足青少年需求的社区环境。第二，把学校的计划和需要提供给社区人士和家长，协助社区人士和家长了解学校的教育方案，并与他们一起制订有利于学生成长的社区教育计划。第三，发掘和利用社区资源。学校社会工作者为了满足学生多方位的需要，通常需要整合不同的社会资源，如义工资源、机构服务、活动设施等。[1]

---

[1] 史柏年. 社会工作实务[M]. 北京：中国社会出版社，2010.

2. 引入专业人才，充实社区教育队伍

青少年社区教育力量薄弱不专业，会严重影响到教育质量与水平，因此要多渠道引入专业人才，充实社区教育力量。具体可以从以下三方面入手：[①]①学校社会工作者可以在原有社区教育工作者的基础之上，鼓励社区引入社会工作人才，如社区社工、司法领域社工、青少年社工，还有学校社工本身等，充实青少年社区教育的人才队伍。他们不仅专业知识背景过硬、工作理念专业，而且实务经验丰富，能够提供丰富多彩的青少年社区教育项目。②善用社区资源，充分发挥"五老"队伍作用。鼓励社区老干部、老战士、老专家、老教师、老模范等"五老"队伍加入社区教育队伍中来，让他们发挥余热，老有所为，当好革命传统教育宣传员、思想道德教育辅导员、社会风尚监督员。③要充分发挥社会团体和志愿者组织作用，扩大青少年教育队伍的范围。社会团体和志愿者组织嵌入社区青少年教育，有助于青少年更好地社会化或者再社会化，同时也有利于增强社区青少年教育者人才队伍的人力资本和社会资源。

3. 丰富服务项目，创新服务形式

（1）开展新颖多元的活动项目。

青少年认知旺盛，有直观的形象思维，观察力、概括力、想象力、记忆力随成长不断增强，具有记忆好、求知欲强，思维敏锐，接受新事物快，富于想象的特质，所以，青少年时期是培养创造力、塑造性格的关键时期。因此，学校社会工作者要协助社区积极开展具有特色的多元、综合、互动的创新服务项目以满足社区青少年多元化的主体需求。第一，以重要节日或纪念日为契机，组织开展主题教育活动。如，三月开展"学雷锋"活动；五四开展"青年梦，中国梦"活动；国际禁毒日开展"拒绝毒品，从我做起"知识讲座等。第二，结合青少年实际需要，开展益智益情的体验活动，使青少年在实践活动中受到熏陶，在锻炼中增强体质，达到寓教于乐的目的。如开展"义"无反顾青少年义工培训小组，将小义工分成助老、助学、环保、宣传、制止不文明行为等分队。助老分队可帮助敬老院孤寡老人打扫卫生，

[①] 李细香，张燕婷. 青少年社区教育现状及学校社会工作的嵌入策略研究——以东莞为例[J]. 课程教育研究，2014（1）：15-16.

陪老人聊天解闷；助学分队可在社区、街道设立捐款箱，募捐财务帮助困难学生；环保分队可帮助街道社区清除乱贴乱画的"牛皮癣"，捡拾垃圾袋等；宣传分队可向社区居民宣传文明知识；而制止不文明行为分队可在马路沿线提醒居民走人行道，不闯红灯，不乱吐乱扔、乱堆乱放。第三，开展形式多样的小型活动或小组，以满足青少年发展兴趣爱好的需求。如开展"其乐无穷冬令营"活动；举办青少年口才演讲大赛、暑期趣味运动会、青少年才艺展等；开展青少年书法培训班、各类兴趣班、智能发展小组等。第四，通过各种外展或团体工作以增强青少年的社会适应力，提升其社区参与意识，发掘青少年自身潜能，使其发展成为更加适应社会的一代新人等。

（2）创新社区青少年辅导计划。

为了促使青少年健康成长，实现青少年"全人发展"的目标，除了一系列多元、互动的活动项目以外，还要需要有各类针对性的辅导。如：第一，课业辅导，即学校社工开展"四点半"课堂，对社区青少年进行课业辅导，或者鼓励社区青少年自发组织形成课余作业辅导班。第二，心理辅导，即学校社工建立心理辅导长效机制，帮助青少年接受和改善自己的个人生理特质、智能并进一步发展自我潜质；引导青少年学会了解、控制并接纳自己的情绪，学会在感情上、经济上成为独立的个体。第三，人际交往辅导，针对出现人际交往障碍的个别或部分青少年，学校社工则以个案或者小组的方式对其进行辅导，教授人际交往的技巧，协助其增强人际交往能力，改善人际关系。第四，法律咨询与辅导，即学校社会工作者鼓励社区青少年组成权益保护小组，通过青少年权益保护保护的宣传和保护，帮助家长和社区人士认识到青少年权益保护的情况，解决社区内学生在权益上遇到的问题，维护其合法权益。第五，历奇辅导，即学校社工展丰富多彩的低结构游戏活动和高空历险挑战活动，让青少年经历新鲜、多变而富有挑战性的历奇程序，从而丰富青少年的人生体验和生命历程。如通过户外拓展训练，熔炼团队，磨炼意志，挑战极限，挖掘潜力；通过情绪压力管理课程，鼓励学生面对挫折，突破自我，释放压力；通过危机处理模拟活动，教会学生如何应对身边的各种危机以及重大的自然灾害；通过亲子游戏活动，让孩子们学会感恩，学会与父母沟通的技巧，学会站在他人的角度思考问题，明白每一个生命都凝聚父母、老师、亲人无尽的爱，使生命意识潜移默化地植根于脑海。第六，志愿者训练及服务计划，即学校社会工作者在社区内一方面邀请社区成年人组成志愿者为社区青少年提供训练服务，另一方面鼓励社区青少年组成志愿者队伍为社区提供服务等。

二、学校社会工作方法对构建社区教育方法体系的启示

本章第一节提到，专业化方法、技术手段对非正规的社会教育至关重要。这一理念对于社区教育的发展，同样具有重要的指导意义。学校社会工作拥有专业的方法与技术，会给社区教育提供重要参考，这也有利于社区教育形成一套独立的、专业的、可操作的方法体系，从而克服其活动的随意性、松散性、不确定性等弱点，保证社区教育有效实现其目标，履行其功能并健康发展。

但在尝试确立社区教育的方法与技巧前，我们要注意几个问题。

首先，学校社会工作的专业方法是指在各种服务过程中实施的方式、程序与步骤。通常，学校社会工作的嵌入方法分为直接服务方法和间接服务方法两大类。其中，直接服务方法是指给服务对象直接提供社会服务，主要包括个案工作、团体工作和社区工作三大方法；间接服务方法是指给服务对象间接提供社会服务，主要包括社会工作行政、社会工作督导、社会工作咨询和社会工作研究等。如此，社区教育专业方法的建立，也可从直接从服务方法与间接服务方法两方面入手。

其次，任何学科方法、技术的运用都必须贯彻专业化原则。因此确立社区教育专业化的方法和技术体系，也应遵循以下原则：①强调独立性与专业性。社区教育虽然是非正规教育，但为了保证服务的功效，也需要建立专业化的方法体系。也就是说，社区教育具有了独立的、专业化的方法体系，才能担负起其基本职能，把各种具有教育功能的社会组织与机构统一协调起来，满足社区居民终身学习的需要。②以"社区为本"研究社区中的教育问题。社区教育的社区性、社区生活性，决定了社区教育方法的特点是要充分考虑社区的社会结构、社会生活、社会关系等方面的特性，根据社区的社会特性开展社区教育，利用社区社会特性提供的社会条件开展社区教育活动。③以"居民为本"研究与解决社区教育问题。即社区居民自己解决社区教育的发展问题，依靠社区各种资源发展社区教育，同时学会依靠自己的力

量解决社区中遇到的教育问题，这也是培养居民的自主自强精神。④注重方法多元化原则。社区教育是一种综合性的社会教育，具有社区整体性、社区生活性、区域性、非正规性、多样性、开放性等特征，而这些特征表明社区教育的工作方法应该强调多元化。

最后，要掌握学校社会工作中社区工作方法的实施程序，因为其程序也能够为社区教育建立、完善专业化方法体系提供参考。一般地，学校社会工作的社区工作程序主要有：①建立社区型教育关系。即教育工作者与社区各界人士建立起彼此理解、信任、尊重、合作型的社区教育关系，这是社区教育工作顺利开展的基础。②评估社区教育状况，制订社区教育计划。即学校社会工作者需要收集社区资料来规划社区教育发展。③开展社区教育。即学校社会工作者应借助社区资源开展社区教育活动。④激发和引导社区成员对社区教育问题的思考与参与。⑤鼓励并协助居民参与讨论解决社区教育问题的方案。⑥协助社区成员选择最佳行动方案。⑦协助社区成员依靠自己的力量解决所碰到的教育问题。⑧协助社区成员增强自助、互助的意识和能力。

综上所述，在遵循一定原则的前提下，参照学校社会工作的专业方法与技巧，以及其社区工作开展的程序，社区教育方法与技术的建立，定能体现一定的专业性。具体见下：

（一）直接服务方法

1. 个案工作方法

学校个案工作是学校社会工作方法的一种，以全体学生尤其是适应不良的在校学生为服务对象，由专业的学校社会工作者运用有关青少年成长的专业知识和技巧，以个别化的方式为学生提供物质或情感方面的支持与服务，以此帮助他们解决一些自身能力和资源条件下无法解决的学习、人际交往和学生生活适应等方面的问题，从而达致个人成长的最佳状态。个案辅导的技术多种多样，包括面谈、家访、电话访谈、多方会谈等方式，协助服务对象处理在情绪、社交、行为、家庭与学业方面遇到的障碍，并给有需要转介的服务对象提供转介服务。受学校个案工作的启发，社区教育工作者可以采用直接沟通的、"一对一"面谈的个案工作或者个案管理的方法与社区各界人士进行沟通，建立起彼此理解、信任、尊重、合作的社区教育关系，为社区教育工作顺利开展奠定良好的基础。而对于特殊的服务对象，则可以采取家访的方式来开展工作。

2. 小组工作方法

学校小组工作是指学校社会工作者以全体学生为对象，运用小组工作的方法与技巧，通过组织有目的的小组活动，促进学生获得情感支持、行为转变、能力提升，进而促进学校社会工作系统的发展。相似地，社区教育工作者也可以运用小组工作的方法来促使社区成员形成受教育和解决社区教育问题的意识。意识对物质具有能动作用，正确的意识能够促进物质的发展。所以，只有在居民产生受教育和解决社区教育问题的强烈愿望的促使下，社区教育工作才好推动。因此，社区教育工作者可以以团体形式把居民集中起来，通过座谈会、茶话会、讲座以及各种主题活动等，让居民彼此沟通互动，交流意见，这不仅保证了居民的自主自决，也调动了居民参与社区教育发展的积极性和主动性。

3. 社区工作方法

学校社区工作是指学校社会工作工作者将工作外延拓展到社区，在工作的过程中坚持学校社会工作的理念、原则、方法，并将社区工作的方法运用于其中，以促进学校与社区、学生及家长与社区建立良好关系，最终促成学生与社区的双赢发展。此方法强调与居民一起工作，重视协调社区资源和形成社区发展的整合动力。此外，开展社区教育活动，还需借助社区中专门的教育机构的力量，并不断挖掘社区中各种组织的教育潜能，充分发挥它们在发展社区教育中的作用。如此，对于社区教育者来说，可以运用社区工作方法来建立社区教育组织并进行社区教育规划，通过专业化的方法、技术，以专业人员为中心，把各种具有教育功能的社会组织、机构统一协调起来，从而促进社区教育目标的实现。

4. 个案工作与小组工作相结合的方法

学校个案工作与小组工作的特点都是与学生面对面直接接触，社工可以直接把服务信息传达给服务对象，对服务对象的影响较大。两种方法的结合使用，可以加深服务对象对服务信息的理解与接受，较快地产生服务效果。一般来说，社区教育的目标之一是协助社区成员不断提高适应社会生活环境的能力，并从中获得发展自我、完善自我的条件和机会。而就这需要社区成员不断增强以自己力量解决社区教育问题的自信心。社区成员只有具备这种自信心，才能采取主动发掘资源改善环境的行动。为达此目的，社区教育工作者可以结合使用个案与小组工作方法，协助社区居民先选择一项较容易产生功效的社区教育问题，共同解决，从初步成效中增强他们的信心，或者协助社区成员认清本社区在发展教育上所具有的潜在资源，而潜在资源的发现也可以增强社区成员依靠自己力量解决社区教育问题的信心。

（二）间接服务方法

1. 社会工作研究方法

社会工作研究是社会工作者获取知识和发现事实的过程。在此过程中，社会工作及其他领域的理论和实务工作者使用社会研究方法，搜集分析与社会工作有关的资料，协助达成社会工作的目标。社会工作者对福利政策、社会服务、社会工作实践、社会工作评估等展开研究，可以提高其专业知识、技能和服务水平。社区教育中遇到的问题都是客观存在的，要找出解决的办法，首要的一步，就是培养社区成员在社区教育中的自主自立的精神，自己去发现、确定最迫切需要解决的教育问题，并提出解决问题的方法。如此，社区教育工作者就可以运用社会工作研究的方法来研讨社区教育问题并探寻相应解决办法。

2. 行动研究法

行动研究法是学校社会工作研究法之一，它既是一种方法技术，又是一种新的科研理念与研究类型。行动研究是从实际工作需要中寻找课题在实际工作过程中进行研究，由实际工作者与研究者共同参与，使研究成果为实际工作者理解、掌握和应用，从而达到解决实际问题，改变社会行为目的的研究方法。社区教育工作者可以运用行动研究方法来与社区成员一起行动，发掘社区教育发展过程中存在的问题，引导社区成员提出各种可行的解决问题的方案，从中选择最佳方案，并依靠自己的力量、运用自己选择的行动方案去解决所碰到的教育问题。

3. 学校与社区综合性服务方法

学校与社区综合性服务方法是指运用学校社会工作理念、原则、方法和技术，在整个学校与社区范围内开展学生工作、协助社区建设与改善教育环境、强化学校与居民的联系、沟通而提供的各种综合服务。该方法希望通过服务社区的实践活动，促进学校与社区的沟通交流，促使各类教育资源的充分整合。受此方法的影响，社区教育者在挖掘社区教育资源时，应运用学校与社区的综合性服务方法，但同时应注意以下三点：①第一，要运用学校与社区的综合性服务方法来理解社区教育资源。也就是说，不能把社区教育资源单纯地理解为学校的教育资源，也不能认为教育资源是学校唯一占有的资源；同时也不能把社区教育资源仅仅理解为有形的教育资源，而忽视无形的教育资源。第二，要理解所拥有资源的性质，养成有形资源与无形资源都是教育资源的意识。其中，有形资源包括人力、物力、财力等；无形资源包括社区意识、教育技术、知识、社区归属感、社区氛围、社区组织等。第三，要具备发现和评估资源的技术。比如根据资源被发掘和运用的程度，理解资源分为显性资源和潜在资源，其中显性资源可以直接运用，而潜在资源则需要我们加以培育、创造和运用，以促使其成为协助学生的有力资源。如此，在社区教育资源的开发与利用上，社区教育者应深化和拓展对资源开发和使用程度的理解，以充分挖掘潜在的、丰富的、区域性的社区教育资源。

综上所述，我们认为学校社会工作与社区教育是彼此影响、相互促进的。专业化的学校社会工作为社区教育的发展带来了全新的理念与方法，学校社会工作在社区教育中的运用能够助力社区教育的专业化与正规化；而社区教育的发展，也为学校社会工作提供了更多的服务空间和载体。因此，不管是发展社区教育还是发展学校社会工作，都应该把二者结合起来，彼此取长补短。

【实务操作】

本节"任务情景"里，我们介绍了"辛晴成长路——来沪青少年正面成长计划"的基本情况。从项目中我们知道，机构社工主要通过三个方面对青少年的社区教育

---

① 李晓凤. 学校社会工作[M]. 北京：中国社会出版社，2010.

进行嵌入。第一，理念的嵌入：坚持优势视角，提倡"助人自助"。第二，服务方式的嵌入：尊重青少年的主体性，提供多元化的服务。第三，队伍建设的嵌入：强调专业化，完善青少年社区教育者队伍结构。下面，我们结合服务方式的嵌入，即"尊重青少年的主体性，提供多元化的服务来"为该项目青少年设计一个暑期理财教育小组。详情如下：

小组策划书

服务单位		×××	
一、基本信息			
名称	小鬼当家集训营	编号	×××
时间	×××	地点	×××
对象	××社区青少年	人数	8~12人
负责社工	×××	是否收费	否
工作员	5名社工，0名义工，0名其他工作人员。		
性质	□治疗 □发展 □兴趣 ■教育 □支持 □倡导 □其他（请注明）：		
招募方法	1. 于社区宣传栏张贴招募海报。 2. 于社区服务中心设立报名点，随时接待报名人员。 3. 人数不足，可致函邀请并加大宣传；若人员过剩，则经过小组筛选减员。		
二、小组背景			
来沪青少年是城市发展进程中一个不容忽视的重要群体，对他们的关注和服务同时也是在关注城市的和谐发展，关注民族的未来。日常家访时，许多来沪家长告知社工，每星期都会给孩子一定数额的零花钱，但是往往还没到周末孩子就已经把零花钱花光，来沪父母希望孩子能够体恤自己赚钱的辛苦，学会勤俭节约。 　　社工在与来沪青少年的接触中了解到，大部青少年没有对零花钱的收支做过总结，更没有记账的习惯。很多青少年对"钱该怎么用？"这一理财的基本问题存在着种种不成熟的偏见和误解。但是他们也同意，如果能够对零花钱进行定期结算和预算，那么零花钱肯定花得更有意义，并且会有一定积蓄。 　　暑假来临，青少年的零花钱肯定会更多。如何才能把自己的钱财管理好，节约用钱，把钱花得有意义，是来沪青少年应该学习的一门课余知识。因此，社工希望通过开展理财教育小组活动，来帮助青少年了解理财的相关知识，明白理财对我们的重要性，从而协助其养成科学的理财习惯，培养节俭意识。			

续表

三、理论架构
优势视角理论相信人们天生具有一种能力,即通过利用他们自身的自然资源来改变自身的能力。优势视角是社会工作中的一种全新工作理念,着重于挖掘案主自身的优点,帮助案主认识其优势,从而达到解决案主外在或潜在的问题。优势视角基于这样一种信念,即个人所具备的能力及其内部资源允许他们能够有效地应对生活中的挑战。在本次小组中,社工相信来沪青少年具有科学管理自己钱财并做到勤俭节约的潜力,也希望通过本次小组,让组员充分认识到自身的优势和潜能,学会依靠自己的努力来获得资本,从而更加自信自尊。
四、目标
总目标:促进青少年身心健康、全面发展。 成效目标: 1. 让组员明白理财的涵义。 2. 协助组员学会如何管理、支配自己的钱财。 3. 协助组员养成良好的理财习惯,树立节俭意识。

五、小组进度一览

序号	时间	工作任务
1	×××	小组活动宣传
2	×××	撰写、修改小组活动策划书
3	×××	小组组员招募
4	×××	小组活动物资准备
5	×××	开展小组活动

六、小组内容

时间/节次	目的	详细内容
××× 第一节	1. 让组员了解小组相关情况。 2. 让组员互相认识。 3. 订立小组规范。	1. 社工自我介绍,致欢迎词,社工介绍小组相关情况,如内容、目的和意义,等等。 2. 小组成员自我介绍(在便利贴上写上自己的姓名、年龄、爱好等)。 3. 每个组员要依次向其他队员再次介绍自己,加深彼此的认识。 4. 通过破冰游戏——"直呼其名",来深化组员之间的认识。 5. 与小组成员一起订立小组规范,使他们对小组更有归属感和责任感。 6. 社工听取组员对本次小组的感受和建议。告知下次活动时间。

续表

××× 第二节	1. 了解组员的理财情况。 2. 教授组员理财的相关知识,以增强其对理财的认识和理解。	1. 回顾上节活动内容,加深组员对小组活动内容的了解和认同。 2. 活跃气氛,进行"一块五毛游戏"(男孩5毛、女孩1元)。比如,社工说一块五,那么就让所有组员自由组合站一起,最后被剩下的就要接受惩罚。每次被剩下的要进行才艺展示(讲故事、唱歌等)。 3. 发放小学生理财情况调查问卷。了解组员的理财情况。 4. 社工由此引出理财的重要性,并以PPT形式向组员讲解理财的相关知识。 5. 社工听取组员对本次小组的感受,并听取大家的建议。告知下次活动时间。
××× 第三节	1. 让组员体会自己动手劳动的快乐,并从中感知只有付出劳动,才能获得生活资本的道理。 2. 使组员养成独立思考的能力,并通过想象力、创造力、专注力和自信心的培养,促进组员个性化发展。	1. 回顾上节活动内容,告诉组员本节活动的内容与目的。 2. 进行分组,2人一组,组员自己动手制作手工艺品。 3. 展示所制成的手工艺品,并要求组员为其命名。 4. 社工听取大家对本次小组的感受和建议。告知下次活动时间。
××× 第四节	1. 培养组员遵循规则、信守承诺的意识。 2. 通过销售手工艺品,让组员体会赚钱的艰辛,感知只有通过劳动,才能获得回报的道理。 3. 使组员明白一分一毫都来之不易,从而学会珍惜和感恩。	1. 回顾上节活动内容,告诉组员本节的主要内容是以团队形式把上节活动制作出来的手工艺品拿出去展卖。 2. 告知组员出行的注意事项,要遵守规则,不可擅自行动,否则就要退出本节小组。 3. 活动地点为××社区,不可到其他地方。 4. 社工随身陪伴、保护组员,但不参与组员的销售行为。 5. 把小组所赚取的金钱进行统计,然后再重新分配到每个小组。 6. 社工听取大家对本次小组的感受和建议。告知下次活动时间。

续表

		1. 回顾上节活动内容，告诉组员本节的主要内容是用昨天所赚取的金钱到市场去购物。 2. 每个小组事先做好预算，并随身带上纸和笔，每一笔花费都应记录下来。 3. 社工随身陪伴、保护组员，但不参与组员的购物行为。 4. 告知组员出行的注意事项，要遵守规则，不可擅自行动，否则就要停止参与今日活动。 5. 活动地点为××社区市场，不可到其他地方。 6. 把每个小组所购买到的物品进行展示，对每一位组员发放荣誉证书。 7. 社工告知组员下一节是本小组的最后一节活动，要求每个组员回家把对整个活动的感受、经验、教训、收获、心得等写下来，在下一节活动上读出来。
××× 第五节	1. 践行理财行为，锻炼预算、记账能力，培养理财习惯，树立节俭意识。 2. 培养组员总结与反思的意识和能力。	
××× 第六节	1. 回顾整个团体历程，分享经验，认清赚钱的不易，从而树立理财观念，提高节俭意识。 2. 鼓励组员把所学到的知识和经验运用到以后的实际生活中去。	1. 社工带领组员一起回顾在小组中获得的知识，每个组员都读出自己的总结和反思。 2. 大家讨论如何将所学到的理财知识和经验教训用于以后的生活中。 3. 话离别：告知组员小组结束，处理好组员的离别愁绪。赞美每一位组员的表现，给每一组员都颁发理财记账本和笔作为纪念品。 4. 组员填写意见表，社工与大家约定定期跟进，以了解大家的情况。

七、人员分工

序号	负责人	工作内容/注意事项
1	×××	撰写、修改小组策划书。
2	×××	小组成员招募。
3	×××	小组活动物资准备。
4	×××	第一节活动：社工自我介绍；组员自我介绍；社工介绍小组相关情况，如时间、地点、目的、规则要求、注意事项，等等。 第二节活动：趣味测试，理财调查，理财培训。
5	×××	第三节活动：组织制作手工艺品。 第四节活动：对上节所制成的工艺品进行展卖（注意出行安全，保证就在×××社区附近。1名社工负责带领2名组员，确保组员安全，注意防暑。）

续表

| 6 | ××× | 第五节活动：组织组员用展卖手工艺品所得的经费到市场进行购物。（注意出行安全，保证就在×××社区菜市场。1名社工负责带领2名组员，确保组员安全，注意防暑） |
| 7 | ××× | 第六节活动：总结与分享。（注意处理组员的离别情绪，引导组员学以致用） |

八、困难对策

序号	可预见的困难	对策
1	第一节、第二节内容太枯燥，无法吸引组员的兴趣，可能会有组员半途退出小组。	刚开始就与组员说明整个活动的内容与流程，告知虽然前期内容枯燥，但后期内容会很有意义，很有乐趣，以此调动组员的积极性。
2	制作的手工艺品卖不出去，筹不到下节活动经费。	若是无法赚取经费，则由活动经费给予补贴，保证每位组员所得到的经费一样。
3	天气太热，恐有暑气。	出行前叮嘱每一位组员要注意带遮阳伞或遮阳帽，带足饮用水。
4	活动涉及有户外行动，必须考虑安全问题。	出行前告知出行注意事项，注意交通安全。每位社工负责带领2名组员，时刻随身看护。出行地点选取在××社区里，不离开社区。

九、评估设计

评估方法	☑过程评估　□产出评估　□质素评估　□成效评估　☑目标达成评估 □其他
简要描述	小组活动是否按照原先计划和期望进行？大部分组员的表现是否是独立自主的、听从社工安排的？社工是否多次澄清小组期望和目标，组员并未偏离预期期望？ 小组所制定的目标是否基本达到？ 过程评估：衡量小组的活动内容是否按照原先计划和期望进行，并审视小组成员是否期望的成员。 产出评估：衡量所提供的服务数量、例如举办活动之数目、提供辅导时数等。 质素评估：衡量小组能符合特定的质素标准之数量或百分比或满足质素因子之要求。质素因子包括：可靠度、保证度、可见度、关怀度和反应度，可依照这些质素因子而制定满意度调查问卷，从而计算他们对小组质素之满意程度百分比。

续表

	成效评估：衡量小组成员能否产生期望的改变或远离那些非理想的改变。 目标达成评估：指对小组所定的目标做出衡量，以判断小组目标达致之程度。为要有效衡量有关小组目标达致与否及其达成水平，这必须为每项目标制定其表现指标。

十、财政预算

编号	项目	单价	规格/数量	预算支出	来源	备注
1	千纸鹤折纸	30元	三包	90元	机构经费	
2	小铃铛	15元	两包	30元	机构经费	
3	丝线	10元	两卷	20元	机构经费	
4	作文纸	5元	六卷	30元	机构经费	
5	彩色胶纸	3元	十卷	30元	机构经费	
				总计：	200元	

十一、整合资源

编号	资源名称	数量	来源
1	场地	1	×××社区服务站

督导建议：×××

【课堂练习】

1. 简述学校社会工作对社区教育的导向意义。
2. 简述学校社会工作嵌入社区教育的策略。
3. 参考第二节案例，请你尝试运用学校社会工作的专业方法与技术，设计一个针对社区青少年的禁毒教育服务计划。

解题思路：

1. 从学校社会工作性质、理念、管理体制、目标等方面来分析对社区教育的导向意义。

2.（1）构建多层次的青少年发展空间，强化载体功能。

（2）引入社会工作人才和志愿者，充实青少年社区教育的人才队伍。

（3）丰富青少年社区教育的项目，创新服务形式。

3．开展禁毒讲座（讲座）或者组织青少年参观禁毒教育基地（活动）。

参考文献

[1] 吴磊，杨琳，汤锦春．社区教育与学校教育协同发展策略探析[J]．江西社会科学，2007（5）．

[2] 任晓秋，周纯义．社会工作嵌入社区"四点半学校"初探．现代教育科学[J]．普教研究，2011（5）．

[3] 房列曙，陈恩虎，柴文杰．社区工作[M]．合肥：合肥工业大学出版社，2005．

[4] 宣兆凯．学校社会工作学[M]．北京：北京师范大学出版社，2000．

[5] 宣兆凯．学校社会工作理念与21世纪中国社区教育发展[J]．北京师范大学学报，2001（2）．

[6] 李晓凤．学校社会工作[M]．北京：中国社会出版社，2010．

[7] 詹栋樑．社会教育学[M]．台北：五南图书出版有限公司，1983．

[8] 李勇，郝文忠．社区教育发展与社会工作介入[J]．中共石家庄市委党校学报．201416，（5）．

[9] 左敏．青少年社区教育服务模式探讨——社会工作服务机构的嵌入[J]．北京青年工作研究，2015（6）．

[10] 朱凌嘉．社会工作嵌入来沪青少年社区教育探究——基于"辛晴成长路"项目的实践[OL]．新教育时代电子杂志（教师版），2017年3月15日．http://www.xzbu.com/1/view-6612924．htm．

[11] 史柏年．社会工作实务[M]．北京：中国社会出版社，2010．

[12] 李细香，张燕婷．青少年社区教育现状及学校社会工作的嵌入策略研究——以东莞为例[J]．课程教育研究，2014（1）．

[13] 李晓凤．学校社会工作[M]．北京：中国社会出版社，2010．